의미 없는 인생은 없다

– 빅토르 프랑클의 의미심리학 –

의미 없는 인생은 없다

★빅토르 프랑클의 의미심리학★

정인석 지음

학지사

| 머리말 |

인간은 생물학적인 차원과 심리학적인 차원을 동물과 공유하고 있다. 비록 동물적 측면이 인간적 측면의 노력에 의해서 얼마만큼은 차원적으로 높아졌다 할지라도 이것만으로는 인간이 동물적 측면을 완전히 벗어날 수는 없을 것이다.

비행기는 지상의 자동차와 똑같이 하늘을 나는 편리한 교통수단이지만 지상의 비행장 활주로를 달리는 과정을 생략할 수 없다. 그러나 비행기가 비행기임이 입증되는 것은 3차원의 공간인 공중으로 상승했을 때다.

이와 마찬가지로 인간도 생물학적인 차원과 심리학적인 차원을 넘어서 '정신적 차원noetic dimension'을 향해 무한히 상승 · 성장할 때 '인간적 인간'이 될 수가 있다. 이렇듯 인간은 지향적 존재로서 동물이면서 무한히 동물 이상으로 의미와 가치를 지향하여 '자유'의 차원으로 비상할 때 비로소 '동물적 인간'에서 '인간적 인간'임이 증명된다.

인간은 또한 '원인'과 '결과', 자극에 대한 '반응'이나 충동의 '해방'에 묶여 있는 폐쇄적 존재가 아니라 존재자의 존재인 현존재의 실존에 대하여 자기 결단에 의해서 주체적으로 '응답responding'하는 존재다. 요컨대, 자기 인생이 자신에 대해서 던지는 물음에 응답하기 위하여 고뇌와 사색을 통해 응답함으로써 자기 인생이 던진 의미를 충족시킬 수 있다는 데 있다.

참으로 사람은 삶의 의미와 이유를 추구하는 존재이며, 언제나 의미의 추구를 지향하고 있는 지향적 존재라는 점에서 동물과 다르다. 진정 '의미를 추구하는 의지'는 인간의 다른 어떤 욕구로도 대신할 수 없는 숭고하고도 가치 있는 인간의 속성이며 인간의 '근원적 관심'이다.

프랑클 심리학은 바로 이 인생의 '의미'에 대한 추구와 그 실현에 대한 메시지를 주고 있다. 어떤 사람의 인생에도 의미가 있고 해야 할 것, 실현해야 할 의미가 주어져 있다. 그러나 '해야 할 것' '실현시켜야 할 의미'는 그 사람에 의해서 발견되기를 '기다리고 있다.' 우리는 항상 나를 기다리고 있는 어떤 누군가(무언가)에 의해서 필요로 하는 존재이며, 나에 의해서 의미가 발견되고 실현되기를 바라는 기다림의 관계 속에 있는 존재다.

사람들 가운데는 성공했음에도 불구하고 불만과 허무와 권태의 늪에 빠져 있는 사람도 있고 실패했음에도 좌절과 고통조차도 의미를 발견하고 태도를 바꿈으로써 이를 극복하여 성취감이나 행복감을 체험하는 사람도 있다. 이는 인간에게 주어진 생물학적 사실, 심리학적 사실, 사회학적 사실에 대해서 '어떤 태도'를 취할 수 있는 '정신적 측면' 이 있기에 가능하다.

프랑클은 이를 '호모 사피엔스*homo sapiens*'와 '호모 파티엔스*homo patience*(고뇌하는 사람)'의 관계로 설명하여 우리에게 의미 있는 메시지를 주고 있다.

호모 사피엔스는 '성공과 실패' 를 양극으로 한 횡좌표축상에서 행동하는 사람이며, '호모 파티엔스' 는 '의미의 실현' 과 '절망'을 양극으로 한 종좌표축상에서 호모 사피엔스의 축과 직교하는 좌표축상에서 참을성 있게 고뇌하는 방법을 알고 있는 사람이다. 요컨대, 자신의 실패나 고통이라 할지라도 존재의 '이유'를 알고 '의미' 실현의 방법을 알고 있는 사람이다.

이런 점에서 '호모 파티엔스' 의 차원은 호모 사피엔스의 차원과 다를 뿐만 아니라 더 가치 있는 상위의 차원이다. 왜냐하면 호모 파티엔스는 자신의 실패 혹은 바꿀 수 없는 운명조차도 자기 자신을 변화시킴으로써, 즉 자기 자신의 생각을 바꾸고 자기 자신을 넘어 성장함으로써 극복할 수 있기 때문이다.

프랑클 심리학이 인생에서 실현해야 할 의미의 지표로 '창조가치schöpferische Werte' '체험가치Erlebniswerte' '태도가치Einstellungswerte'를 말하면서도 '태도가치' 를 더 강조한 데는 그만한 이유가 있다. 왜냐하면 태도가치는 다른 두 가치군의 실현이 불가능한 경우에도 살아 있는 한, 숨을 거두는 순간까지도 의미 실현의 가능성이 남아 있기 때문이다. 또한 사람에게 이 태도가치 실현의 가능성이 아직 남아 있는 한, 의미를 추가하는 노력을 결코 멈출 수 없기 때문이다.

인생의 의미는 창조나 체험(자연 · 예술)의 가치에 의해서도 채워지지만 보다 숭고하고 감동적인 것은 운명적인 사건, 극한적 상황을 긍정적으로 받아들이는 '태도'에 의해서 실현되는 가치다. 이런 점에서 프랑클 심리학은 독자에게 태도가치의 실현에 도움이 되는 유익한 메시지를 많이 주리라고 믿는다. 뿐만 아니라 프랑클 심리학은 '자기의 실현' 보다는 '의미의 실현'을 우선한다는 것도 알게 될 것이다. 요컨대, 자기 실현도 의미 실현을 전제로 하지 않는 한 그 자기 실현은 정당성을 잃게 된다는 것을 말하고 있다.

또한 프랑클 심리학의 임상적 어프로치인 로고테라피Logotherapie도 '의미철학'에 근거를 두고 있다는 것을 알게 될 것이다. 즉, '의지의 자유freedom of will' '의미를 추구하는 의지will to meaning' '삶의 의미meaning of life'는 로고테라피의 기본 가설임을 이해하게 될 것이다. 특히 이 책에서 소개하고 있는 로고테라피의 적용 영역과 기법은 현대인의 정신건강을 관리하고 심리적 장애를 극복해 가는 데 많은 도움이 될 것으로 생각한다.

프랑클 심리학의 메시지는, 삶에 지쳐 있고 계속되는 실패로 인하여 실업신경증, 절망과 자포자기, 무력감에 직면해 있을 때, 또는 일상생활에는 별로 부족한 것이 없지만 삶의 의미와 목적이 없어서 허무감, 소외와 고독에 빠져 있을 때 살아갈 수 있는 열정과 에너지를 충전시켜 줄 것이며, 살아야 할 '이유'와 '의미'와 '가치'를 알게 해 줄 것이다.

이 책을 통해서 독자에게 이런 의미가 주어진다면 필자에게는 이 이상 더 바랄 것이 없다. 왜냐하면 인생의 의미를 찾는 일을 돕는 데서 인생의 의미를 발견할 수가 있기 때문이다. 그리고 언제나 독자의 편에서 독자를 위해 항상 좋은 책을 만들기 위해 산파역을 하는 김진환 사장의 노고에 감사하며, 아울러 '학지學志' 의 이미지에 항상 서광이 함께하기를 빈다.

2013. 1.
자이열제自怡悅齊에서
정인석鄭寅錫 적음

| 차 례 |

우리가 지구에 태어나서 주어진 과업을 다 끝냈다면,

이젠 몸을 벗어 던져도 좋단다.

몸은 번데기가 고치 속에 있다가 날아가는 나비처럼,

우리의 영혼을 싸고 있는 껍질인 것이다.

때가 되면 우리는 몸을 내놓아도 좋을 것이다.

이렇게 생각하면 우리는 아픔과 공포로부터

근심과 걱정으로부터도 자유로울 수가 있단다.

아주 아름다운 나비가 신이 있는 집으로 돌아가는 것처럼……

—암에 걸린 어린이에게 보낸 편지에서

Elisabeth Kiibler-Ross, *The Wheal of Life*, New York: Touchstone, 1998, p. 7.

제1장

프랑클 심리학에 영향을 준 사람들

1. 프랑클의 유년기
2. 고등학생 프랑클과 프로이트
3. 아들러와의 만남과 결별
4. 막스 쉘러의 영향
5. 임상을 통한 독자적인 이론 형성
6. 수용소행을 예상한 결단
7. 프랑클이 수용소에서 체험한 것
8. 프랑클과 종교
9. 종전 이후의 프랑클

1. 프랑클의 유년기

프랑클Viktor Emil Frankl(1905~1987)은 1905년 3월 26일 오스트리아의 수도 빈Wien에서 2남1녀(형 발터Walter, 여동생 슈텔라Stella) 중 차남으로 태어나 성장하였다. 어머니 엘자Elsa는 체코슬로바키아(1917년 오스트리아로부터 분리독립)의 수도 프라하Praha의 귀족가문 출신이었으며, 아버지 가브리엘 프랑클Gabriel Frankl은 체코슬로바키아의 남부에 있는 모라비아Moravia 지방에서 태어나서 가난한 제본업자의 자녀로 성장하였다.

의사가 되는 것이 꿈이었던 아버지는 오로지 의사공부에만 몰두하였으나 경제적인 사정으로 인해 단념할 수밖에 없었다. 유대인이라는 이유 때문에 장학금을 받을 수도 없었고 군의관이 되는 길도 막혀 있었다. 아버지는 어머니의 온유하고 자애로운 성격과는 달리 스파르타적인 인생관을 가진 철저한 원칙주의자였으며, 생계를 위해 속기사로서 10년간 근무한 후 국가공무원이 되어 오스트리아의 정치가 베른라이터Joseph Maria von Bärnreiter(1845~1925) 장관의 개인 비서로서 25년간 근무하는 한편 아동청소년을 보호·육성하는 부서에서도 일을 하였다.

후일에 프랑클이 우울상태의 젊은이를 위한 '청소년상담소'를 개설하여, 학생과 실업자를 위한 상담을 주로 하게 된 것도 실은 아버지의 영향을 받은 것이라고 술회하였다. 이렇듯 프랑클은 귀족집안의 신앙심 깊은 어머니와 의사 꿈을 단념한 관공서 직원인 아버지 사이에서 어려서부터 남달리 강한 호기심을 가지고 성장하였다.

이와 같은 가정 분위기 때문이었는지 프랑클은 세 살 때 이미 앞으로 의사가 될 마음을 먹었다고 하며, 이를 본 아버지는 매우 기뻐했다고 한다. 프랑클 자신의 술회에 의하면, 이 당시에는 외항선장이나 장교가 인기 있는 직업이어서 이 두 가지를 동시에 만족시키고 아버지가 이루지 못한 꿈을 이루기 위해서는 군의관도 되고 선상에서 근무하는 선의船医가 될 수 있는 의사가 되는 것이 좋겠다고 생각하였다고 한다. 이렇듯 프랑클은 어려서부터 생각이 깊은 사람이었다고 한다. 그래서인지 프랑클은 소년 시절부터 진료와 연구에 남다른 관심이 있었다.

이상은 프랑클에 관한 일반적인 일화에 지나지 않는다. 그러나 그의 나이 네 살 때, 프랑클 심리학의 탄생에 결정적인 의미를 가지는 사건이 있었다.

'프랑클 심리학의 탄생' 은 1909년 그가 아직 네 살밖에 안 되는 어느 날 밤에 찾아왔다. 잠이 들기 직전 소년 프랑클은 문득 다음과 같은 생각이 덮쳤다고 한다.

"언젠가는 나도 죽는다. 그렇게 되면 나는 더 살아 있을 수가 없게 된다. 그렇다면 도대체 내가 살아 있다는 의미란 무엇이란 말인가?"

이때부터 소년 프랑클의 마음에는 이런 생각이 뇌리에서 떠나지 않고 몇 번이고 되풀이되었다. 그럴 때마다 프랑클은 "나는 이 물음에 대하여 만족할 만한 답을 찾아야 할 의무가 있는 것처럼 느꼈다."라고 말하였다.

불과 네 살밖에 안 되는 어린 프랑클을 붙잡은 이 물음—내가 살아 있다는 의미란 무엇이란 말인가?—은 어떤 때는 선명하게, 또 어떤 때는 막연하게 어린 프랑클의 마음을 흔들어 놓았다. 돌이켜 볼 때 이 물음은 그의 학문과 인생의 방향을 결정해 주게 되었다.

여기서 우리가 한 가지 놓치지 말아야 할 것이 있다. 그것은 프랑클이 어린 시절부터 자기가 할 일은 '죽음'을 두려워하는 일이 아니라 덧없는 인생의 '무상함'이 삶을 무의미하게 하지 않는가를 묻는 데 있다는 것을 절실하게 느꼈다는 점이다.

보통 아이라면, 아니 대부분의 어른도 자신의 죽음에 대해서 막연한 불안이나 두려움을 느끼는 일은 있어도 여기서 더 나아가지 않고 끝나는 것이 보통이다. 그러나 프랑클은 유년시절부터 이미 죽음에 대한 두려움을 피하지 않고 오히려 죽음을 마주대하여 "과연 죽음은 인생을 무의미하게 하는가?"라고 스스로 문제를 제기하고, 여기서 답을 찾기 위하여 사색하고 고민하였던 것이다. 프랑클은 이때부터 스스로 문제를 제기하는 것을 무서워하지 않고 위기와 회의를 건설적으로 '대처하는 행동coping behavior'이 다른 아이들과는 달랐던 것이다.

또한 프랑클은 스스로의 유년기를 회고하여, 자기는 아름다운 '자연'과 '행복한 감정' 속에서 자라온 것 같다고 말한 바 있다.

이를 말하기 위해서, 프랑클이 다섯 살 때 어느 한 피서지의 조용한 숲 속에서 지냈을 때의 추억을 다음과 같이 말한 바 있다.

> 어느 날 아침 나는 잠에서 깨어났지만 아직 눈을 감은 채 누워 있을 때 말로는 다 표현할 수가 없는 지복至福의 감정과 무언가에 보호받고 있는 감정의 품 안에 안겨 있는 것을 느꼈다. 그리고 내가 눈을 떴을 때 아버지의 웃는 모습이 떠올랐으며, 부모님의 따뜻한 사랑 속에서 자란 나의 모습이 떠올랐다.

특히 피서지의 생활에서 부모와 친교가 있었던 여성 가정교사와 가졌던 꾸밈없는 문답 형식의 대화는 프랑클에게 장차 '사상가' 로서의 자질을 키워 준 계기가 되기도 하였다. 이렇듯 프랑클은 어려서부터 자연의 신비와 부모의 사랑에 대해서도 풍부한 감정을 가졌다는 것에 대해서 더 없는 행복과 감사하는 마음을 가진 사람이었다.

이러한 자연의 신비와 부모의 사랑에 감사하는 심성은 후일 그가 정신과 의사로서 개업(1941)하고 나서 얼마 있지 않아, 히틀러Hitler의 오스트리아 점령과 동시에 자행된 '유대인 민족섬멸 작전genocide' 으로 인하여 닥쳐 올 수용소행을 피할 수 있는 미국 망명비자까지 받아놓았으나, 수용소에 가더라도 부모와 같이 빈에 머물 것을 결심하고 예측된 고행의 길을 선택케 하였다. 프랑클이 이와 같은 결단을 내린 것은 자식으로서보다는 인간적인 차원에서 이렇게 살아가는 것이 의미 있는 삶이라고 보았기 때문이다.

또한 피서지의 생활 체험은 프랑클에게 '자연철학'에 대한 사상적인 관심을 키워 주었던 기회가 되기도 하였다. 그 결과 소년 프랑클은 빌헬름 오스트발트Wilhelm Ostwald(1853~1932)[1)]나 테오도르 페히네르Gustav Theodor Fechner(1801~1887)[2)]의 자연철학 사상에 매료되기도 하였다. 그리하여 열네 살이 되기까지 이들 두 사람의 많은 저서를 독파하고, 「우리와 세계의 성장과정Wir und Weltprozeß」이라는 타이틀로 대학 노트에 빈틈없이 작성한 논문을 학교에 제출하기도 하였다.

이 논문에서 프랑클은 '소우주microcosmos와 대우주macrocosmos'에는 어떤 보편적인 조정의 원리가 작용하고 있다는 확신을 표명하였다. 이때부터 프랑클은 인간 속에 우주의 본성이나 능력이 내재되어 있고, 우주 자체가 하나의 인간과 같은 것임을 알게 되었다.

이 무렵부터 프랑클은 일종의 신비체험 또는 누미노제Numinose 같은 인간의 힘을 초월한 선험적이고 비합리적인, 성스럽고 신비

---

1) 독일의 화학자, 철학자. 라이프치히 대학교수, 물리화학의 개척을 위하여 네덜란드 물리화학자 판트 호프Van't Hoff(1852~1911)와 공저로 『물리화학잡지*Zeitschrift für physikalische Chemie*』(1887), 『자연철학연보*Jahrbuch für Naturphilosophie*』(1901)를 창간하였으며, '독일 일원론자 동맹Deutscher Monistenbund'의 회장(1910~1914)을 역임, 노벨화학상(1909)을 수상하였다.

2) 독일의 철학자. 실험심리학의 씨를 뿌린 사람, 일원론의 입장에서 자연과학과 이상주의와의 조화를 꾀하여 심신관계의 문제 해결을 위한 획기적인 저서 『정신물리학요강*Elemente der Psychophysik*』(1860)이 출판된 1860년은 실험심리학이 시작된 해가 되었다. 실험심리학에서 그가 발표한 '감각은 자극의 대수Logarithm로 변화한다'는 페히네르의 법칙은 감각측정의 방법으로 크게 도움을 주었다.

한 것을 체험한 것이다. 그가 피서지에 가서 여객선을 타고 도나우강 상류를 향하고 있을 때였다. 심야에 혼자 갑판으로 나와 누워서 "저렇게 내 머리 위에서 별들이 화려하게 빛나는 밤하늘과 내면에 있는 조정의 원리를 생각하면서 응시하고 있는 동안 나는 칸트Kant가 『실천이성비판*Kritik der praktischen Vernunft*』(1788)에서 '인간에게는 감탄과 숭고함의 뜻을 가지고 스며드는 것이 두 가지가 있다. 하나는 우리 위에서 별이 빛나는 창공과 하나는 우리 내면에 있는 도덕적 법칙이다.'라고 한 말을 생각하게 되었다. 나는 이때 '아하체험Aha-Erlebnis'을 하였다."라고 회고하였다.[3)]

이 체험이 어떠한 것이었는가에 대해서 프랑클은 "잠시나마 갑판 위에 누워서 밤하늘을 쳐다보고 있는 동안은 번뇌와 고통이 소멸된 열반*nirvāṇa*의 경지였다."라고 말하고 있다. 그리고 이 신비로운 체험은 페히네르가 말한 "밤에 본 것을 낮의 빛으로 본다."는 말의 뜻을 알게 했으며, 이로 인하여 밤에 생각하는 것과 낮에 생각하는 것에는 차이가 있다는 것에 대해서도 관심을 키워 주었을 뿐만 아니라, 나아가서는 이것이 프로이트의 『쾌락원칙의 피안*Jenseits des Lustprinzips*』(1920)에 대한 관심으로까지 발전시켜 주었다.[4)]

3) V. Frankl. *Ärztliche Seelsorge: Grundlagen der Logotherapie and Existerzanalyze*, Franz Deuticke, 1946.

4) V. Frankl. *Was nicht in meinen Büchern steht*, München: Beltz Verlag, 2002, S. 28.

2. 고등학생 프랑클과 프로이트

열다섯 살이 된 프랑클은 고등학생의 신분으로 야간에 성인교육시설인 성인학교Volkshochschule에 다니기 시작했다. 그가 선택한 강좌는 '응용심리학'과 '실험심리학'이었으며, 이어서 프로이트의 정신분석에 대한 강의를 수강하였다. 이것이 계기가 되어 프로이트의 유명한 제자인 쉴더Paul Schilder(1886~1940)와 힛츄만Eduard Hitschmann(1871~1957)을 만나게 되었다. 이 만남은 프랑클에게 있어서는 의미 있는 것이었다.

이곳 학습에 크게 매료된 고등학생 프랑클은 아직 열여섯 살밖에 안 되었지만 대담하게도 프로이트에 편지를 썼다. 프로이트도 소년의 편지를 받으면 즉석에서 답신을 써 반드시 3일 이내 답장을 주었다고 한다. 이런 식의 서신왕래는 오랫동안 이어졌다. 만약에 이때 오고갔던 서신이 남아 있다고 한다면 귀중한 연구 자료가 되었겠지만, 아깝게도 이 자료들은 프랑클이 1942년 수용소로 끌려갈 때 모두 없어져 버렸다.

어느 날 프랑클은 편지 속에 한 편의 짧은 논문을 동봉하고 있었다. 그것은 「몸짓으로 하는 긍정과 부정에 관한 연구Zur Entstehung der mimischen Bejahung und Verneinung」(1922)라고 하는 타이틀의 11페이지짜리 소논문이었다. 아직 열일곱 살의 고등학생이었던 프랑클은 논문을 보내면서 별지에 "이런 글도 발표할 수 있을지 모르겠습니다. 자신도 없으며 기대도 하지 않는다는 것을 여기에 적습니다."라고 함께 보냈다. 역시 편지를 보낸 3일 후에 프로이트로부터 다음과 같은 답신이 왔다고 한다.

> 프랑클 군, 정성과 진심이 담긴 편지 잘 받았네. 원고는 『국제정신분석학회지*Internatlonale Zeitschrift für Psychoanalyse*』 편집장에게 직접 넘겨주었네.

이 논문은 결국 프로이트의 추천에 의해서 2년 후인 1924년 그가 열아홉 살 때 『국제정신분석저널(No. 10, pp. 437-438)』에 실리게 되었다. 그렇지만 이 시점의 프랑클의 마음에는 또 하나의 변화가 꿈틀댔다. 그것은 아들러Alfred Adler(1870~1937)의 개인심리학 individual psychology[5)] 에 대한 관심이었다.

---

5) 아들러 심리학은 알프레드 아들러가 제창하였고, 그 후계자들이 발전시킨 심리학의 이론과 치료기법의 체계를 말한다. 개인심리학individual psychology이 정식 명칭이지만, 오해받기 쉽기 때문에 잘 사용하지 않는다. 아들러 자신은 '인간지Menschenkenntnis'의 표현을 좋아했으며, 미국의 후계자들은 '목적분석학Teleoanalysis'이라고 지칭하기도 한다. 아들러 심리학의 이론적인 특징은 ① 행동의 원인이 아니라 목적을 분석한다(목적론), ② 인간을 나눌 수 없는 전체로 파악하며, 이성과 감정, 의식과 무의식의 대립을 인정하지 않는다(전체론), ③ 객관적 사실보다 객관적 사실에 대한 주관적 의미 부여의 시스템을 중시한다(현상학), ④ 정신내면보다는 대인관계를 분석한다(대인관계론), ⑤ 주체적 판단력을 중시한다(실존주의) 등이다. 이런 점에서 프로이트의 고전적인 정신분석학과는 명제를 달리하며, 현상학적 정신의학이나 실존주의적 정신의학에 가깝다. 또한 사회정신의학, 자아심리학, 인간학적 심리학 등 현대의 여러 심리학 사조의 이론적 선구의 역할을 하였다.

프랑클의 사상 발전에 있어서 프로이트의 영향이 현저했던 것은 고등학교 졸업논문 때까지였다. 빈에서는 당시 고등학생이 대학에서 수학할 수 있는 능력이 있는지를 알기 위한 졸업논문제도가 있었으며, 프랑클의 졸업논문 주제는 쇼펜하우어Arthur Schopenhauer를 정신분석인 측면에서 연구한 「철학적 사고의 심리학에 대하여Zur Psychologie des philosophieschen Denkens」였으며, 내용적으로는 완전히 정신분석적인 것이었다. 요컨대, 프로이트 이론에 근거하여 인간의 본성을 생물학적이며 환원주의적으로 설명하려고 하였던 것이다.

그렇지만 한편으로는 고등학생인 프랑클의 마음속에는 아직 뚜렷하게 자각된 것은 아니었지만 환원주의reductionism에 대한 회의와 반감도 싹트고 있었다.

다음의 일화가 이를 잘 말해 주고 있다.

> 나는 내가 고등학생이었을 때, 이과理科 교사가 인생은 결국 산화과정Oxidation에 지나지 않다고 설명했을 때, 이 말에 대한 거부감을 지금도 기억하고 있다. 이때 나는 일어나서 다음과 같이 질문하였다.
>
> "만약에 그것이 진실이라면 인생에는 무슨 의미가 있는 것입니까?"

치료기법은 ① 집단치료를 중심기법으로 하여 개인치료법 · 가족치료법 등 다채로운 기법을 사용하며, ② 실생활의 문제 해결만이 아니라 인격의 성장을 중시하며, ③ 치료자 · 환자의 대등성을 전제로, ④ 적극적으로 조언하는 등의 특징이 있다. 인지치료법cognitive therapy, 시스템론system theory, 역설치료법paradoxical therapy 등의 기본 아이디어가 많이 함유되어 있다. 아들러 심리학의 응용 분야는 심리임상을 비롯하여 케이스 워크, 학교교육, 부모의 심리교육, 기업의 조직론 등 다채롭게 펼쳐졌다.

이 질문이 계기가 되어 나는 이때 처음으로 나의 정신적 주체성을 자각했는지도 모른다.[6)]

프랑클이 프로이트와 직접 만나게 된 것은 1925년, 프랑클(20세)이 빈 대학의 의과대학 학생이 된 해였다. 프랑클이 대학 가까이에 있는 공원을 산책하고 있을 때, 프로이트처럼 보이는 한 노신사가 지나가는 것이었다. 프랑클은 그 노신사의 뒤를 좇아가 보니 그가 프로이트의 주소지를 향해 가는 것을 확인하고 나서 용기를 내어 프로이트 앞으로 다가가 인사를 했다.

그랬더니 뜻밖에도 프로이트는 "빈 제2지구, 체르닌가 제6아파트 25호에 사는 빅토르 프랑클이로구만." 하며 주소와 이름을 말했다고 한다. 이를 본 프랑클은 프로이트의 기억력에 놀랐다. 지난 2년 동안 정기적으로 서신왕래를 해 왔던 당시의 프랑클의 주소를 3년이 지났는데도 기억하고 있었던 것이다. 프랑클은 프로이트가 자기에게 이토록 관심을 가지고 있는 것을 알고 흥분했고, 가슴이 부풀었다.

설명이 문맥의 흐름에서 좀 벗어나기는 하지만 다음 문맥에 대한 이해를 돕기 위하여 고등학생 프랑클이 열일곱 살 때 자기가 과거에 다녔던 성인학교의 철학 강사 시절 그가 맡았던 강의에 대해

6) V. Frankl, *The Unheard Cry for Meaning: Psychotherapy and Humanism,* New York: Simon & Schuster, paperback edition, 1985, p. 37.

서 생각해 보고자 한다. 그가 선택한 강의 제목은 '인생의 의미Sinn des Lebens' 였다. 프랑클은 이 강의에서 다음과 같은 점에 역점을 두었다고 한다.

- 인생은 인생의 의미에 대한 우리의 물음에 답해 주지는 않는다. 인생은 그 물음을 오히려 우리에게 던지고 있다. 무엇이 우리 인생의 의미인가의 물음에 답하지 않으면 안 되는 것은 우리 자신이다.
- 인생의 궁극적인 의미는 우리가 이해할 수 있는 범위를 넘어서고 있다. 그렇지만 인생이란 그 의미를 모르고서는 살아갈 수 없는 그 무엇이다.

돌이켜 보면 프랑클이 네 살 때 처음으로 회의하였던 '인생의 의미' 는 그가 열일곱 살의 시점에까지 계속되어 온 셈이다. 이 시점은 "인생이 우리에게 물음을 던지고 있다. 때문에 우리는 여기에 답하지 않으면 안 될 책임이 있다."라고 하는 프랑클 심리학의 기본 가설이 이때 이미 정립된 것이었다.

프랑클의 사상은 통념상으로는 지옥 같은 강제 수용소 생활의 체험 속에서 키운 것이라고 이해하기가 쉽지만, 그의 기본 사상의 가설은 일찍이 그의 유소년기부터 사춘기 · 청년기에 걸친 체험을 바탕으로 키워왔던 것이다. 요컨대, 프랑클은 스무 살 이전에 이미 그 기본 사상의 골격을 형성했던 매우 조숙한 사상가였던 것이다. 프랑클의 저술이 젊은이들의 심금을 울린 것도 사실은 이런 데 이유가 있었는지도 모른다.

여기서 한 가지 알고 넘어갈 것이 있다. 그것은 프랑클이 사춘기, 특히 10대 후반에 그의 사상 골격을 형성한 당시의 시대적 배경이다.

먼저 오스트리아의 국정이다. 제1차 세계대전(1914~1918) 전의 오스트리아는 프랑클이 유년기 · 청년기를 보낸 곳이다. 오스트리아를 맹주로 한 오스트리아 헝가리Austria Hungary 제국시대(1867~1918)였으며, 국제적으로는 독일 · 오스트리아-헝가리 제국 · 이탈리아의 3국 동맹과 여기에 대항하는 영국 · 프랑스 · 러시아의 3국 동맹이 각축을 벌이고 있던 시기였다. 특히 오스트리아-헝가리는 국내적으로는 여러 민족을 안고 있어서 민족운동의 격랑 속에서 흔들리고 있었던 차에 오스트리아-헝가리의 신영토 보스니아Bosnia(1871년 오스트리아-헝가리 제국의 지배하에 들어감)의 수도 사라예보Sarajevo에서 오스트리아-헝가리 제국의 왕위 계승자 프란츠 페르디난트Franz Ferdinand(1863~1914) 왕세자와 세자비가 1914년 6월 28일 세르비아Serbia의 청년학생인 프린치프Princip(1894~1918)에 의해 저격되었다.

이에 오스트리아-헝가리가 7월 28일 세르비아에 선전포고를 단행하자, 슬라브계 여러 민족을 보호해야 했던 러시아는 세르비아 구원을 위하여 자국의 군대에 7월 30일 총동원령을 내렸고, 오스트리아-헝가리의 동맹국인 독일은 8월 1일 러시아에 선전포고를 하였다. 이것이 도화선이 되어 유럽은 물론 영국 · 미국 · 일본까지도 참전하는 세계적 규모의 제1차 세계대전이 발발하게 되었다.

민족문제를 내부에 안고 있었던 오스트리아–헝가리는 국내 통일로 큰 부담을 안고 있던 중 전세도 불리해지자 1918년 11월 11일 패전 휴전조약에 조인하게 되었고, 1918년 프란츠 요제프Franz Josef 1세(1848~1916)를 계승한 카르Karl 1세도 1918년의 11월 혁명에 의해 폐위됨으로써 루돌프Rudolf 1세(1273)로부터 시작한 합스부르크 왕조Habsburgische Dynastie, 즉 유럽에서 가장 오래된 왕조가 막을 내리게 되었다.

패전의 영향으로 맺게 된 1919년 전후 강화조약에 의해서 오스트리아의 국토는 4분의 1로 줄어들었으며, 새로운 연방공화국이 되어 존속은 하였지만 인구는 예전의 10분의 1로 줄어들고 말았다. 200만 인구의 빈은 몸은 왜소하면서도 머리만 부풀어 오른 것 같은 도시가 된 느낌이었다. 이 당시의 사회 분위기는 "이 새로운 오스트리아가 존속할 수 있는 의미는 무엇인가?" "오스트리아에서는 무슨 의미를 찾을 수 있는가?" 라고 하는 공허함에 차 있는 물음이 개인적으로나 국가적으로 팽배하고 있었던 것이다.

1910년대 독일의 정신적 풍토는 소위 '키르케고르Kierkegaard(1813~1855) 사상의 재발견'이라는 키르케고르 르네상스가 일어났다. 당시의 헤겔Hegel 철학의 영향을 받은 사변적思辨的 합리주의 철학과 신학을 비판하고 인간의 본질을 이성理性으로 한정하여 진리眞理를 합리적 객관성과 보편적인 이성으로는 설명할 수 없는 '실존'으로서의 인간에 주목, 자유로운 실존으로서의 본래적 인간, 즉 '개성적 단독자den enkelte(덴마크어)/der Einzelne(독어)'의 자유로운 주체성을 갖는 참다운 인간성을 추구함으로써 20세기의 실존철학, 변증법 신학, 실존심리학, 실존주의 문학 등에 지대한 영향을 주었다.

절망의 철학자 키르케고르는 참으로 주체성 상실의 시대적 사조에 적절한 사상적 처방을 내린 사람이었다. 이와 같은 시대적 분위기 속에서 청년 프랑클이 '인생의 의미'에 대한 사상적 골격을 형성하였다는 것을 기억해 두는 것은 프랑클 심리학을 이해하는 데 있어서 매우 중요하다고 본다.

3. 아들러와의 만남과 결별

프랑클에게 있어서 아들러 심리학Adlerian Psychology은 프로이트 이상으로 큰 힘이 되어 주었다. 그것은 아들러 심리학의 이론적인 특징이 ① 행동의 원인이 아니라 목적을 분석하는 '목적론적' 입장, ② 인간을 이성과 감정, 의식과 무의식의 대립으로 보지 않고 전체로서 파악하는 '전체론적' 입장, ③ 객관적 사실에 대한 주관적 의미 부여의 시스템을 중시하는 '현상학적' 입장, ④ 정신 내면보다는 대인관계를 분석하는 '인간관계론적' 입장, ⑤ 주체적 결단력을 중시하는 '실존주의적' 입장이라는 점에서 고전적인 정신분석학과는 명제를 달리하며, 그 성격은 현상학적 정신의학이나 실존주의적 정신의학에 가깝다는 점이 프랑클의 관심을 끌었을 것이다.

그 원인의 하나로 아들러가 개인심리학을 형성할 때가 프랑클이 다감했던 사춘기를 보냈던 제1차 세계대전 전후였다고 하는 것을 지적하지 않을 수 없다. 아들러 심리학은 당시 빈의 현실 상황에 너무도 잘 맞아 떨어졌던 것이다.

당시 사회민주당Sozialdemokratische Parte 정부는 (대학 이외의) 교육 · 사회복지 · 보건간호 분야에 자유주의적인 정책을 펼쳤다. 그리하여 문제아를 위한 아동상담소, 학생과 젊은 노동자를 위한 상담소 같은 것도 설립하였다. 이와 같은 상황 속에서 사회민주주의자를 자인하던 아들러의 이론은 매우 호의적으로 받아들여 빈의 교육당국으로부터 원조금도 받을 수 있었다. 이는 개인의 생활 스타일은 인생의 빠른 시기에 형성되는 것이기 때문에 발달시기에 맞추어 지원해 주어야만 한다고 본 아들러의 관점은 사회민주당 정부의 정책에도 부합되었기 때문이다.

이 당시 빈의 학교 시스템은 학교운영에 학생들의 참여를 허용할 정도로 개방적이었으며, 이를 '학생공동체' 라고 칭했다. 이 점은 아들러의 사상 가운데서 매우 중요시하고 있는 '공동체 감각Gemeinschaftsgefühl'[7)]과 맥을 같이 하고 있다.

이와 같은 상황 속에서 아들러는 개인 카운슬링을 통해서 학생들의 인격적인 태도나 행동을 기를 수가 있으며, 인생의 의미를

7) 아들러는 공동체 감각이 잘 발달되어서 개인과 사회와의 관계가 원만하게 유지되어 갈 때, 인생의 세 가지 과업life-tasks인 ① 일, ② 교우, ③ 사랑을 성공적으로 성취할 수 있고, 한 개인의 인격과 퍼스넬리티도 균형 잡힌 것이 된다고 보았다.

추구하는 동기를 유발할 수 있다고 교육당국에 건의하였다.

고등학생 때 이미 '인생의 의미'에 대해 강의했던 프랑클은 아들러의 이와 같은 제안에 교감하지 않을 수 없었다. 여기에다 아들러와의 만남 시점도 적절하였다. 빈 대학에 들어가 의대생이 된 프랑클은 처음에는 피부과나 산부인과를 전공하려고 생각하였지만, 최종적으로는 정신과를 선택하였다. 정신의학이야말로 '철학과 의학'에 대한 평소의 관심을 동시에 충족시켜 줄 수 있을 것이라고 생각하였기 때문이다.

앞에서도 말한 바와 같이 프랑클은 고등학교 시절부터 프로이트에 상당히 심취해 있으면서도 한편으로는 '인생의 의미'에 대한 독자적인 사상의 싹을 키우고 있었다. 이런 생각이 프랑클로 하여금 프로이트의 '환원주의적'이며 '기계주의적'인 인간관과 대립하지 않을 수가 없었다.

이 대립에서 새로운 사상의 기반을 필요로 하고 있던 차에 프랑클은 대학 입학(1925) 후에 바로 사회민주주의에 동조하여 사회민주주의 학생운동의 리더로서 사회민주주의의 심리학자인 아들러에게 관심을 가졌던 것은 자연스러운 일이었다.

프랑클은 1924년에 『국제정신분석학회지』의 논문 발표에 이어 국제정신분석학회에서도 최연소 회원으로서 『국제개인심리학연보*Internationale Jahrbuch für Individualpsychologie*』에 「심리치료와 세계관Psychotherapie und Weltanschauung」(1925)이라는 논문을 게재하였다. 또한 1926년(21세)에는 독일의 뒤셀도르프Düsseldorf에서 개최한 개인심리학 국제회의에서도 발표하였다. 그리하여 1925년, 1926년,

1927년에는 학회에서도 가장 잘 알려진 회원이 되기도 하였다. 그러나 한편으로 이 무렵에 프랑클은 개인심리학의 전통적인 틀에서 조금 빗나간 내용을 발표하는 변화를 보였다.

프랑클이 아들러에 대해서 가장 큰 위화감을 느낀 점은 신경증 진단의 방법과 치료의 방향성에 대해서였다. 아들러는 사람이 신경증을 '전의식Vorbewußte' 수준에서 자기가 세운 목표를 달성할 수 없다는 것을 느끼게 될 때 생긴다고 생각하고 있었다. 즉, 신경증은 우월하려는 충동 권력의 의지에 의한 자기실현의 실패를 숨기기 위한 '수단'이나 '보상'할 수 없는 열등감에 대한 타협이라고 보았다. 이 때문에 자존심이나 자신을 갖지 못하는 것이 신경증의 기반이라고 본 것이다.

> 개인심리학은…… 매사에 자신이 없는 신경질적인 인간이 지니고 있는 극단적인 권력욕의 근원을 자극하는 일에 힘쓰기 때문에, 그 배후에 숨어 있는 것, 즉 불안정한 열등감을 깨닫게 해서 열등감을 극복할 수 있도록 가르친다. 요컨대, 열등감에 빠져 있는 사람들의 사기를 북돋우며 인간 공동체에 적응하게 한다.[8)]

프랑클은 아들러의 이와 같은 설명에 이해가 안 간다고 『시대정신의 병리학*Pathologie des Zeitgeistes*』에서 아들러의 관점과는 달리 신

8) V. Frankl, *Pathologie des Zeitgeistes*, Franz Deutiake, 1955.

경증을 수단이나 타협이 아니라 순수한 표현의 관점에서 해석했다. 이 무렵에 프랑클은 개인심리학회 회원이면서 자유로운 비판정신도 가지고 있던 알러스Rudolf Allers와 슈바르츠Oswald Schwarz를 알게 되어 이들의 영향도 받았다.

알러스가 감각생리학 실험실을 만들었을 때 프랑클은 여기서 실험적인 연구를 한 바도 있으며, '심신상관의학'과 '의료인류학'의 창시자인 슈바르츠의 사상에서도 배운 것이 많았다. 이들 두 사람도 나중에 결국 학회를 떠나게 되었다. 이때 프랑클은 학회에 그대로 남아 있을 생각 때문에 아들러와 이들 두 사람 사이에서 조정자 역할을 하였지만 마음은 점차 알러스와 슈바르츠 쪽으로 기울고 있었다. 이런 마음은 날이 갈수록 커져갔지만, 여전히 학회에 남아 있으면서 프랑클은 1년 동안 독자적으로 개인심리학연구지 『일상생활에 있어서의 인간*Der Mensch in Alltag*』을 발간한 바도 있었다.

한편 아들러는 프랑클의 이런 태도를 불편하게 생각한 나머지 프랑클에게 개인심리학회를 탈퇴했으면 좋겠다는 메시지를 보냈다. 이에 프랑클은 다소 저항했지만 결국 제명당했다고 한다. 어떻게 보면, 아들러 자신이 한때는 국제정신분석학회장을 역임한 바도 있었으나 학술 이론상의 이견으로 프로이트에 의해 정신분석학회에서 제명된 것을 생각해 볼 때, 똑같은 일의 객체와 주체가 바뀌는 역사의 반복이 되고 말았다.

그러나 프랑클은 제명 후에도 때로는 아들러의 개인심리학에 대한 애착을 표명했다. 그것은 아들러와 결별한 후에도 프랑클은 아들러의 수제자 벡스버그Wexberg, 드라이커스Dreikurs, 아들러의 딸

알렉산드라Alexandra 같은 아드레리안과도 계속해서 친교를 유지해 왔다는 것이 이를 잘 말해 준다.

1969년 프랑클은 버클리Berkley에서 있었던 강연 중에 프랑클 심리학과 아들러 심리학의 차이점에 대해서 질문을 받았을 때 그는 다음과 같이 말했다고 한다.

> 나는 빈의 아들러학회의 막내입니다. 스무 살 때의 일입니다. 만약 내가 아들러보다 좀 앞서 갔다는 이유만으로 제명되지만 않았다면 아마도 나는 아직도 개인심리학자로 남아 있었을 것입니다. 반대로 만약 아들러가 살아 있다면 나의 새로운 관점에 찬성해 주었을 것이라고 생각합니다.

칼마Stephen Kalmar의 말에 의하면, '아들러 심리학'과 '프랑클 심리학'의 가장 큰 차이점은 '인생의 의미'에 대한 접근 방법의 차이에 있다.

아들러가 프로이트에게서 떨어져 나온 가장 큰 이유는 프로이트 이론이 기계론적 모델에 기초를 두고 심리현상도 물리현상과 똑같이 '인과율의 법칙(심적 결정론psychic determinism)'으로 설명하며, 행동이나 의사결정을 충동이나 욕구에 의한 반응으로 이해한 점에 대해 동의할 수 없었기 때문이었다.

또한 아들러는 인간의 행동은 성性에 의해서라기보다는 '권력을 위한 의지Wille zur Macht'(우월하려는 충동)에 의해서 일어나며 개인의

'자유의지'에 의해서 스스로 목표를 선택한다는 점에서 큰 의미를 발견하였다. 신경증의 원인도 성性이 아니라 권력(우월) 욕구의 좌절과 보상할 수 없는 열등감이라고 보았다.

그리고 프로이트의 인과론적 관점에서, 어떤 사람이 자신의 유소년기에 받았던 영향의 모든 것을 알았다 할지라도 그 사람이 어떤 목표를 선택하고 있는가는 예측할 수 없다고 아들러는 주장하였다. 이런 점에 대해서 프랑클도 아들러에 전적으로 동의하였다.

그렇지만 아들러는 사람이 일단 목표를 선택하고 나면 인과법칙이 작용하기 시작해서 자신의 과거에 의해서가 아니라 자신이 선택한 목표에 의해서 조정된다고 주장했다. 프랑클이 아들러에 찬동할 수 없었던 것이 바로 이 점이었다. 요컨대, 프랑클에 의하면 인간은 자기가 실현해야 할 '의미'가 삶의 동기가 되고 있다는 것이다.

프랑클은 다음과 같이 말하였다.

> 프로이트의 정신분석과 달리 아들러의 개인심리학에서는 인간을 충동에 몰리고 있는 존재로서가 아니라, 목표를 지향하고 있는 존재로 이해하고 있다. 그러나 아들러가 말하는 '목표'란 냉철하게 생각해 보면 실제는 미래의 목표와 개인의 주관적인 이념을 넘지 못하고 있다는 것을 이해할 수 있다. 그 목표란 어디까지나 미래지향적인 심적 결정론에 근거하고 있다. 아들러에게 있어서 인간의 노력이란 최종적으로는 자신의 열등감과 타협하기 위한 단순한 수단에 불과한 것이다.[9)]

---

9) V. Frankl, *The Unheard Cry for Meaning: Psychotherapy and Humanism*, New York: Simon and Schuster, paperback edition, 1985, pp. 61-62.

그러나 프랑클은 인간을 초월한 어떤 것과의 연결을 기초로 하지 않는 일체의 '내재주의적 동기이론'을 비판하였다. 아들러에 대한 비판도 이런 원리에 의해서 비판한 것이다.

그렇다고는 하지만 아들러의 사상은 프랑클과 결별한 1920년대 후반부터 1937년 그가 죽을 때까지 약 10년 동안에 상당히 심화되었을 뿐만 아니라 그 방향에 있어서도 프랑클의 사상에 접근하고 있는 것을 보여 주고 있다.

즉, 아들러는 1927년에는 독어판 『인간지*Menschenkenntnis*』(영어판 『*Understanding Human Nature*』)를, 1931년에는 『인생은 당신에게 무엇을 의미하여야 하는가*What Life Should Mean to You*』를, 1933년에는 『인생의 의미*The Meaning of Life*』를, 또 같은 해(1933)에는 잔Ernst Jahn과 공저로 『개인심리학과 종교*Individual Psychology and Religion*』를 저술하였다. 요컨대, '인생의 의미'와 '초월성'을 중요하게 보기 시작한 것이다.

또한 이 시기에 저술된 아들러의 저서에서는 다음과 같은 표현을 발견할 수 있다. '감정이입Einfühlung/Empathy이라는 공감적 이해'의 기능, 즉 사람이 자신의 주관적 상태를 다른 대상에 투입하여 그 대상인 것처럼 느낄 수 있는 가능성은 타고난 사회적 감정inborn social feeling인 '공동체 감각Gemeinschaftsgefühl/Community feeling' 으로 설명하고 있다.

이 공감적 이해는 본래 인간의 우주적인 감정이며 우리 내면에 살아 있는 일체의 우주적인 것에 관련되고 있음의 반영이라고 본 것이다.[10)]

---

10) A. Adler, *Understanding Human Nature*, Translated by Walter Beran Wolfe, London: George Allen & Unwin, pp. 60-62.

이렇듯 아들러 심리학에서는 '공동체 감각', 즉 자기는 공동체의 한 사람이며 공동체는 내게도 도움이 되고 나도 공동체에 도움이 되고 있다는 연대감sense of solidarity을 채워 주는 것이 중요시되고 있거니와, 이 공동체 감각의 근원은 우리 내면에 있는 우주 차원의 '연결' 에 있다고 말하고 있다.

그래서인지 현대의 아들러 심리학에서는 '공동체' 개념을 협의로 이해하는 사람도 '과거 · 현재 · 미래 일체의 인류의 연결'이라는 광의로 이해하여 '사람만이 아니라 자연과 무생물까지도 포함한 우주 전체' 라고 하는 스케일이 큰 개념으로까지 확대해서 이해하고 있다.

아들러에게 있어서 '공동체 감각'의 개념이 이렇듯 우주적 차원에까지 연결되어 있다고 볼 때, 이는 어느 의미에서는 프랑클 이상으로 초월적 요소가 강한 이론이라고도 볼 수 있다. 왜냐하면 프랑클은 '신'에 대해서는 말하고 있지만 '우주' 에 대해서는 거의 언급하지 않았기 때문이다.

이렇듯 만년(1930년대)의 아들러의 사상은 프랑클의 사상에 접근하고 있었던 것은 분명하다. 이 점을 생각해 볼 때 두 사람이 관계를 회복시키지 못한 채, 또한 프랑클의 데뷔작[『의사에 의한 심혼의 치유—로고테라피와 실존 분석의 기초*Ärztliche Seelsorge: Grundlagen der Logotherapie und Existenzanalyse*』(1946)]이 발표되기 전에 아들러가 세상을 떠난 것은 아무리 생각해도 애석한 일이라고 말하지 않을 수 없다.

지금까지 말해 온 바와 같이 프랑클은 아들러에 대해서 매우 미묘한 양가적兩價的인 감정이 있었음을 엿볼 수 있다. 이는 다음 일화를 통해서도 잘 엿볼 수 있다.

> 심리치료에 관한 어느 TV 프로그램에 출연했을 때의 일이다. 프랑클은 자신의 생가—빈 시내에 있는 이 집은 그가 1942년 강제 수용소에 끌려갈 때까지 살았던 집. 제2지구, 샤닌거리, 제6아파트 25호—의 현관 앞에 서서 인터뷰를 할 때 '아들러의 개인심리학에 대해서 어떻게 생각하십니까?'라는 질문을 받았다. 프랑클은 카메라 기자에게 "미안하지만 건너편 집 7호를 클로즈업 해 주십시오."라고 말하였다. 그가 말하는 7호에는 과거에 아들러가 살았었고 그의 프로필이 쓰여 있는 간판이 있기 때문이다.

프랑클은 인터뷰에서 다음과 같이 말하였다고 한다.

> 우습지 않습니까. 내 집과 아들러의 집은 서로 정반대 쪽에 위치하고 있습니다. 그렇지만 거리는 아주 가깝습니다. 참 상징적입니다. 이 점은 나의 학문 이론에도 해당됩니다.

이렇듯 프랑클은 상징적인 유머를 쓸 줄 아는 여유를 지닌 사람이었다. 또한 가까워진 사람에게는 그 사람의 인물화를 삽화처럼 그려서 선물하는 습관이 있을 정도였다. 이를 말해 주고 있는 재미있는 일화도 있다. 프랑클은 프로이트, 아들러와 자기가 다르다는 것을 설명할 때도 일러스트레이션을 사용했다고 한다. 즉, 프로이트의 경우에는 시가를 물고 카우치에 앉아 있고, 아들러는 담배를 물고 의자에 앉아 있고, 자기는 담배를 입에 물고 전화 옆에 서 있는 그림이었다. 과연 프랑클다운 위트가 넘친 표현이라고 볼 수 있다.

4. 막스 셸러의 영향

프랑클의 사상에 영향을 준 사람으로서 프로이트, 아들러와 더불어 철학자 막스 셸러Max Scheler(1874~1928)[11)]를 들지 않을 수 없다. 셸러는 프랑클의 사상 내용에 있어서는 오히려 프로이트나 아들러보다 더 큰 영향을 준 사람이다. 생존 시의 그의 검소한 서재에는 막스 셸러의 사진과 프로이트의 사진이 함께 걸려 있었다는 것

11) 셸러는 독일의 철학자이자 사회학자이며 예나Jena 대학에서 오이켄Rudolf Eucken(1846~1926)의 지도하에 철학을 사사하고 학위를 받았다(1899). 1901년 형상학의 창시자 후설Edward Husserl(1859~1938)을 알게 되고, 1919년 케른 대학에 초빙되어 철학, 사회학을 가르쳤고, 1938년에 프랑크프루트 대학에 초빙되었으나 병사하였다. 그의 사상에는 두 가지 특색이 있다. 즉, 현실적인 '삶'에 대한 강한 관심과 인간의 '정신성' 우위에 대한 신념이다. 이와 같은 관심이 윤리학과 사회철학, 현상학, 종교철학, 심리학 등 다방면에 걸친 업적을 남겼다.
대표적 저서로는 역저 『윤리학에 있어서 형식주의와 실질적 가치 윤리학*Der Formalismus in der Ethik und materiale Wertethik*』(I. 1913, II. 16) 외에 『동정의 본질과 형식*Wesen und Formen der Sympathie*』(1923), 『가치의 전도*Von Umsturz der Werte*』(1919), 『우주에 있어서 인간의 지위*Die Stellung des Menschen im Kosmos*』(1927) 등이 있다.

만 보아도 쉘러에게 받은 영향이 얼마나 컸는가를 짐작할 수 있다.

프랑클 자신도 그가 집필한 『의미를 추구하는 의지—로고테라피의 기초와 응용*The will to Meaning: Foundations and Applications of Logotherapy*』(1969)[12]의 모두에서 "빈스방거Ludwig Binswanger(1881~1966)가 한 현존재 분석Daseinsanalyse/existential analysis은 결국 하이데거Martin Heidegger(1889~1996)의 『존재와 시간*Sein und Zeit*』(1927)의 이론과 후설Edward Husserl(1859~1938)의 '현상학' 이론을 정신의학에 응용한 것이며, 한편 로고테라피를 막스 쉘러의 '개념'을 심리치료에 적용한 결과로 보는 학자가 있다는 것은 언급할 만한 가치가 있다."[13]라고 기술하고 있는 점으로 보아 프랑클은 암묵적으로 이를 인정하고 있다.

프랑클이 쉘러의 사상을 알게 된 것은 앞서 말한 바 있는 아들러의 사상을 자유롭게 비판하던 같은 개인심리학회원이었던 알러스를 통해서였다. 알러스는 오스트리아의 정신의학자였으며, 그가 1913년까지의 의대생 시기, 사 강사(민간의 연구기관이나 관청에서

12) V. Frankl, *The Will to Meaning: Foundation and Applications of Logotherapy*. New York: New American Library, 1969; paperback edition, 1981, pp. 3-9.

13) 쉘러의 사상에는 ① 현실적인 '생'에 대한 강한 관심과 ② 인간의 '정신성' 우위에 대한 신념이라는 두 가지 특색이 있다. 즉, 구체적인 생을 어떻게 이해할 것인가의 관심에서 발표한 『윤리학에 있어서 형식주의와 실질적 가치 윤리학*Der Formalismus in der Ethik und materiale Wertethik*』(1913~1916)의 사상과 오이켄Rudolf Eucken(1846~1926)에게서 배운 정신적 생인 '정신생활Geistesleben'의 원리가 쉘러 사상의 중심을 이루고 있다.

근무하고 있는 전문지식을 가진 사람을 대학의 강사로 채용한다) 시대를 뮌헨의 현상학자들, 특히 막스 쉘러와 밀접한 접촉을 하면서 지낸 사람이었다.

알러스는 현상학, 실존주의와 정식의학의 관련을 통합적으로 연구한 사람으로서, 제1차 세계대전 후 빈으로 돌아가 아들러의 연구집단에 참여한 바 있다. 여기서 프랑클과 만나게 되었다. 알러스를 통해서 전해진 쉘러의 '가치론Wertlehre'은 프랑클에게는 큰 충격이었다. 그것은 한마디로 말하자면 '심리주의로부터의 해방'이었다. 이때의 충격을 프랑클은 다음과 같이 말하고 있다.

> 이 무렵에 나는 결정적으로 잠에서 깨어나게 되었습니다. 즉, 나 자신의 심리주의에서 깨어나게 된 것입니다.[14)]

이 당시의 프랑클은 쉘러의 역저 『윤리학에 있어서 형식주의와 실질적 가치 윤리학*Der Formalismus in der Ethik und materiale Wertethik*』(I. 1913, II. 1916)을 마치 성서처럼 항상 가지고 다녔다고 한다.

그렇다면 프랑클에게 이 정도로 영향을 줄 수 있었던 쉘러의 철학은 과연 어떠한 것이었는가?

---

14) V. Frankl, *Ärztliche Seelsorge: Grundlagen der Logotherapie und Existenzanalyse*, Franz Deuticke, 1946.

쉘러는 1901년 '현상학'의 창시자인 후설Edmund Husserl(1859~1938)[15]과의 만남을 통해서 칸트철학에서 현상학으로 전향한 철학자로서 그의 다양한 업적 가운데서도 가장 큰 것은 앞에서 말한 '실질적 가치 윤리학*materiale Wertethik*'과 『철학적 세계관*Philosophische Weltanschaung*』(1929) '철학적 인간학philosophische Anthropologie'의 이론이라고 볼 수 있다.

쉘러가 후설을 처음으로 만나게 된 것은 1901년 할레Halle에서였다. 만나게 된 계기는 학술지 『칸트연구*Kantstüdien*』(1897)와 칸트협회Kant-Gesellschaft(1905)를 설립한 파이힝거Hans Vaihingers(1892~1933)가 『칸트연구』의 협력자들과 회합을 가졌을 때였다. 쉘러는 후설을 만나기 전에 이미 학술지 『칸트연구』 제7권(1902)과 제8권(1903)을 파이힝거와 공동편집한 바 있다. 그는 20년 후 당시를 회상하여 집필한 논문(「현대의 독일 철학」)에서 후설에게서 많은 힘을 입었다고 고백하고 있다.[16]

---

15) 후설은 독일의 철학자이며 논리학적 · 심리학적 기초 위에서 산수의 엄밀한 구조를 규명하기 위하여 수학과 자연과학을 공부했다. 그 결과 그의 데뷔작 『산수의 철학*Philosophie der Arithmetik*』(제1권, 1891)을 내놓았다. 빈 대학에서는 브렌타노Franz Brentano(1838~1917)로부터 사사하여 『논리적 제연구*Logische Untersuchungen*』(2권, 1900~1901)를 발표하였다. 여기서 그는 직관적 · 명증적인 것과 경험적 · 심리학적인 것을 엄격히 구별하여 심리주의를 비판하고 '순수논리학'을 기초적인 학으로서 논리주의 입장을 명확히 하여 순수의식의 본질학인 현상학 분야를 개척하였다.

16) M. Scheler, *Die deutsche Philosophie der Gegenware, in: Deutsches Laben der Gegenwart*, hrsg. v. P. Witkop (Berlin), 1922, S.197.

쉘러의 '실질적 가치 윤리학'은 칸트의 형식적 가치 윤리학에 대항하여 생각해 낸 윤리학이다. 즉, 그는 윤리학 분야에서 칸트의 윤리학의 업적을 높이 평가하면서도 형식주의적 결함을 극복하고 실질적 가치 윤리학을 주장한 것이다.

그 내용이란, 요컨대 '선험적인 것'(개개의 경험에 좌우되지 않으며 보편적으로 타당한 것)을 이성적인 것 · 형식적인 것과 동일시한 칸트와는 달리 정의적情意的인 것에도 선험적인 가치가 있다고 보아 윤리학의 새로운 면을 개척하였다.

사람들은 일상생활에서 도움이 되는 것, 가치 있는 것, 아름답고 좋은 것을 선택하고 이것과 반대되는 것은 피하려고 한다. 이때 선택되는 것(재財, Güter/goods)이 가지고 있는 좋은 점을 통상 가치Wert/value라고 본다. 여기서 가치 있는 것은 경험적으로 생멸하게 되지만 가치 있는 것이 가지고 있는 '유용성'이라는 '가치 성질'은 가치 있는 것의 생멸 변화와는 상관없이 영원하며 불멸하다는 것이 중요한 의미를 갖는다. 요컨대, 가치 성질은 바람직하고 쓸모있는 것(재)의 성질이 아니라 이것과 독립되어 있으며, 경험에 '선험'한다.

쉘러는 이렇듯 현실적으로 존재하는 사물과 이념적인 대상으로서의 가치를 구별하여, 가치의 '객관성'을 확인하려고 한 것이다. 이 점은 후설이 그의 '논리학'에서 주관주의를 극복하려고 했던 노력의 영향이라고도 볼 수 있다.

그가 말하고 있는 '가치의 위계hierarchy of value'도 앞에서 말한 가치의 객관성이나 가치의 실질적인 질서나 고저에 대응시켜 한 말이다. 즉, 가장 낮은 가치 양상인 ① '감각적 가치(쾌 · 불쾌의 상태)'에서부터, ② '생명가치(감각적 가치의 근저에 있는 것)', ③ '정신 · 문화적 가치(진리탐구, 예술적 창작에 수반하는 가치이며, 감각가치와 생명가치도 정신 · 문화적 가치를 위해 도움을 줄 때 가치가 있다)', ④ '성聖 가치(인격의 발현으로서의 '성 및 불성'의 절대적 가치)'라고 하는 실질적 가치 서열을 세운 것은 셸러의 큰 업적이다. 요컨대, '가치 서열'은 현실적인 존재물의 질서와는 전혀 별개의 것이며, 따라서 가치 인식은 존재 인식이 아니라 이와는 전혀 다른 가치에 대한 인식작용이 가치에 속한다고 본 것이다.

특히 그가 제시한 가치의 고저 · 단계 서열을 결정하는 최고 규준은 적극적 가치를 확증적으로 직관할 수 있도록 크게 도움을 주었다. 그가 말하는 가치 서열의 최고 '규준'이란 무엇인가? 그것은 다음과 같다.

① 가치는 지속적(영속적)일수록 높다.
② 가치는 분할되는 정도가 적을수록 높다.
③ 다른 가치의 기초가 되지 않는 가치일수록 높다. 이 점에서 정신적 · 문화적 가치가 생명가치보다 우선한다.
④ 충족된 만족도가 깊은 가치일수록 높다. 여기서 만족이란 가치 충족의 체험을 말한다.
⑤ 높은 가치일수록 덜 상대적이며, 최고의 가치는 절대적인 가치다.

쉘러의 또 하나의 업적인 '철학적 인간학'은 '환경세계Umwelt'의 개념을 제창한 독일의 동물학자이며 비교심리학자였던 육스퀼Jakob johanu von Uexküll(1864~1944)의 환경세계론과 전체관 · 역학관을 중시하는 게슈탈트 심리학이 지향하는 철학적인 의미를 규명하려고 하였다는 점이다. 이는 1930년대 이후의 여러 가지 생명과학에 새로운 방향을 제시하였고, 큰 영향을 주었다.

그는 '철학적 인간학Philosophische Anthropologie'을 통해서 동물은 환경세계의 구조에 얽매어서 완전히 폐쇄적으로 적응하고 있는 것(환경세계 속박성Umweltgebundenheit)과는 달리 인간은 환경세계에 독자적인 방식으로 의미를 부여하고 변형 · 조정할 수 있는, 보다 넓은, 자유로운 생활의 장에 열려 있다(세계 개방성Weltoffenheit)고 주장하여 인간세계의 특질을 '개방성offenheit'에서 찾았으며, 여기에 동물적 생명과는 다른 인간정신의 독자성이 있다고 보았다.

프랑클이 인간의 본질을 '자기초월성Self-transcendence'에서 발견한 것도 쉘러의 이와 같은 '세계 개방성'으로부터 큰 시사를 받은 것도 분명하다. 뿐만 아니라 프랑클은 인간의 본성을 생물학적이며 심리학적인 것으로만 환원시켜 설명하는 것에 강하게 반대하고 혹독한 비판을 가하였으며, 어디까지나 개인 '밖'에 있는 '의미'와 '가치'로부터의 부름에 반응하며, 그 의미와 가치를 실현하고자 하는 곳에 인간의 마음의 본질이 있다고 생각하였다. 이 관점도 역시 정신이 인간의 본질이라는 쉘러의 '정신생활Geistesleben'의 이론이 발상의 핵이 되고 있다고 생각한다.

이와 같은 사고가 가능하기 위해서는 '의미'와 '가치'를 인간의 마음 안으로 돌리지 않고 어디까지나 의미와 가치가 마음 '밖'에 있으면서 나를 향해 부르고 있다고 이해하지 않으면 안 된다. 이 때문에 프랑클은 의미와 가치의 객관적 성질—프랑클은 조심스럽게 '초주관적'이라는 용어를 좋아했다—을 강조하였거니와 여기에는 선험적인 가치의 서열을 강조하는 셸러의 관점이 버팀목이 되고 있다.

요컨대, 셸러의 가치론에서 발견할 수 있는 가치의 '반상대주의'와 '반주관주의'가 의미와 가치의 객관적 성질을 전제로 하는 프랑클 사상의 기둥이 되고 있다고 생각할 수 있다. 또한 이러한 의미와 가치를 실현하고자 하는 마음의 노력(의미를 추구하려는 의지)도 셸러의 가치 인식의 원천인 '가치 감정의 지향적 성격'에 해당한다고 볼 수 있다.

이해하기 쉽게 말한다면 다음과 같다. 다른 심리학자들(프로이트, 융, 매슬로, 로저스)은 인간의 '마음' 내면에는 그 사람을 움직이게 하는 무언가가 있다고 생각한다. 예컨대, 그것은 프로이트의 '에로스Eros'나 '타나토스Thanatos' 같은 충동일 수도 있고, 융의 '태모Große Mutter'나 '노현자der alte Weise' 같은 원형일 수도 있고, 매슬로의 '안전 욕구' '승인 욕구' 같은 계층적 욕구hierarchic needs일 수도 있으며, 로저스의 '실현 경향성actualizing tendency'(잠재적 능력이나 자기다움을 발휘하고자 하는 경향 또는 성장의 동기)이라는 성장을 추구하는 힘이 있다고 본 것이다.

이들은 표현과 내용은 달라도 모두 '마음의 내면'에 있다고 이해되고 있다. 프랑클이 '마음의 내적'인 것을 비판하고 있는 것은 이러한 것을 의미한다.

이와는 달리 프랑클은 '마음 밖'에 의미와 가치가 있으며, 그 의미와 가치의 부름의 소리에 깨어나 여기에 부응해 가는 데 인간 '마음'의 본질이 있다고 생각한 것이다. 프랑클이 이와 같은 발상을 할 수 있도록 계기를 만들어 준 것이 '가치의 선험적인 질서'와 이를 인식하는 원천인 '가치의 지향적 성격'을 말한 쉘러의 '현상학적 가치론'이었다.

이와 같은 관점에서 볼 때, 프랑클 심리학의 근원적인 특징은 거의 모든 것이 쉘러의 영향을 받아 구상된 것임을 알 수 있다. 때문에 프랑클의 로고테라피도 막스 쉘러의 개념(각주 12 참조)을 심리치료에 응용한 결과로 보는 관점도 결코 틀린 말은 아니다.

쉘러 다음에 프랑클의 사상에 영향을 준 사람으로는 또 한 사람이 있다. 그 사람은 바로 후설을 스승으로 한 마틴 하이데거Martin Heidegger(1889~1976)다.

프랑클 자신도 자신의 이론에 대하여 "하이데거의 명저 『존재와 시간*Sein und Zeit*』(1927)—정확히 말해서 제1부—에서 발표된 실존의 개념적 파악으로부터 도움받은 바가 적지 않다."[17]라고 말하고 있다. 특히 하이데거의 존재자의 존재인 '현존재Dasein', (인

---

17) V. Frankl, *Theorie und Therapie der Neurosen*, Ernst Reinhardt, 1956.

간)의 본질을 '실존' 으로부터 이해하고자 한 존재론으로부터 실존사상의 정립에 영향을 받았다. 즉, 현상학과 존재론을 긴밀하게 접목시켜 실존하는 인간(현존재)의 의미를 묻는 인간존재를 다른 현존재와 더불어 존재하는 '공존재Mitsein' 인 동시에 '세계 내 존재In-der Welt-sein' 로 본 하이데거의 실존사상은 프랑클의 실존주의적 정신의학의 정립에 큰 영향을 주었다.

특히 현존재의 의미를 주관적으로만 이해하는 실존이 아니라 탈자적脫自的으로 이해하려는 실존(출존出存 또는 탈존脫存, Ek-sistenz)을 강조한 점은 프랑클의 실존 분석뿐만 아니라 빈스방거의 현존재 분석에도 영향을 주었다.

이렇듯 프랑클은 쉘러와 하이데거에 대해서는 절찬에 가까운 평가를 하고 있는 것과는 달리 사르트르Jean Paul Sartre(1905~1980)에 대해서는 별로 도움받은 바가 없음을 말하고 있다. 프랑클은 수용소에 연행되기 전에 이미 로고테라피나 실존 분석에 관한 원고가 완성된 상태였던 것과는 달리 사르트르의 『존재와 무*L' Être et le néant*』(1943)는 1940년대에 발표되었다는 점에서 사르트르에게서는 별 영향을 받지 않았음을 강조하고 있다. 특히 인생을 자기결단에 의해 '즉자존재Ansichsein' 가 추구하는 '대자존재Fürsichsein' 의 설명에 있어서, 자기를 초월한 것과는 관계없이 설명하고 있는 사르트르의 관점에 대해서 비판하고 있다.[18]

---

18) ibid.

사르트르는 실존을 본질에 선행한다고 보아, 인간의 존재 · 인생은 자기 이외의 그 누구에 의해서도, 그 무엇에 의해서도 의미는 주어져 있지도 않으며, 무의미한 우연적인 존재, '즉자en soi'의 존재이며, 처음부터 자기 자신(자아)이 있는 것은 아니며 오직 무언가를 향하고 있는 존재, '대자pour soi'의 존재에 지나지 않다고 보았다. 때문에 인간은 자유로운 존재이므로 자기를 초월한 것과는 상관없이 전체적 자기, 즉 '즉자-대자'를 선택할 수 있으며, 자기의 무의미성에 자기가 의미를 주는 것이 인간의 인생이라고 본 것이다.

요컨대, 인생이란 자기 이외의 것에 의해서 의미가 주어지는 것이 아니라 자기 결단에 의한 끊임없는 자기 투입이라는 것이다. 프랑클은 사르트르의 이와 같은 '무정부'적 실존주의의 입장을 비판한 것이다.

5. 임상을 통한 독자적인 이론 형성

프랑클은 아들러와 결별한 후 1929년(24세) 아직 의대생의 신분이면서 억울 상태의 젊은이를 위한 '청소년 상담소'를 개설하여 주로 학생과 실업자의 상담 활동에 힘썼다. 여기서는 젊은이들이 익명으로 상담을 받을 수 있다는 점에서 세간의 좋은 평판을 얻어 중앙유럽 6개 도시에 같은 상담소가 만들어졌다고 한다.

프랑클은 개설된 상담소의 설명을 위해 각지에 강연차 돌아다니는 등 매우 바쁜 나날을 보냈다. 이뿐만 아니라 성인학교에서는 '정신위생학' 수업을 하기도 하였다. 프랑클에게 있어서 이때의 생활은 바쁘기는 했지만 보람이 있었다. 이런 활동을 인정받아 프랑클은 학생의 신분으로 대학에 찾아오는 환자에게도 심리치료를 할 수 있도록 허가를 받기도 하였다.

이 시기(1920년대 후반)로부터 약 10년간(24세 전후에서부터 33세 무렵까지) 프랑클은 임상활동에 전념한 시기였다. 따라서 그가 1925년(20세) 『국제개인심리학연보』에 「심리치료와 세계관」이라는 논문을 발표한 이후부터 1938년에 이르기까지의 13년간은 개인적인 연구 업적은 발표하지 못했다.

그러나 이 시기야말로 임상활동에만 전념함으로써 많은 새로운 구상을 할 수 있었던, 프랑클에게는 매우 내적 결실이 많은 시기였다. 즉, 그는 환자로부터 직접 그들이 고민하고 있는 절실한 문제가 무엇이며, 어떻게 하면 그들을 도와줄 수 있는가를 배웠던 것이다.

프랑클은 이 시기에 했던 임상활동에 대하여 어느 잡지 인터뷰에서 다음과 같은 일화를 피력하고 있다.

> 나는 프로이트와 아들러에게서 배운 바가 있지만 이보다 컸던 것은 환자에게서 배운 것이다.
>
> 1929년 나는 아직 의대생의 신분이었지만 대학병원 진료에서 슈퍼비전supervision을 거치지 않고 치료할 수 있도록 병원이 편의를 제공하였다. 나는 지금도 기억나는 한 환자가 있는데, 그 환자는 몇 년

동안이나 카우치에 누워서 정신분석도 받고 최면치료도 받았지만 아무런 효과도 얻지 못한 상태였다. 이 환자는 광장공포증agoraphobia 때문에 혼자 밖에 나가면 졸도하지나 않을까, 실신하거나 발작이 일어나지 않을까 하는 '예기공포anticipatory phobia' 때문에 괴로워하였다.

오스트리아의 말 가운데는 "목적이 없는 공포보다는 공포가 따른 목적이 더 낫다."라는 말이 있다. 그래서 나는 이 환자에게 말했다. "언제까지나 예기공포증 때문에 괴로워하지 말고, 의도적으로 길에서 졸도, 실신, 발작을 일으켜 봅시다. 집에서 나가면 무언가 안 좋은 일이 일어날 것이라고 두려워하고 걱정하지 말고 의도적으로 먼저 용기를 내 밖으로 나아가 졸도, 실신, 발작을 각오하는 것이 어떻겠습니까."라고.

잠시 후 그 환자는 졸도와 발작을 각오하고 밖으로 나아갔다. 그랬더니 그는 의외로 아무렇지도 않았다. 1주 후 나는 그 환자에게 물었다. "어떻습니까?" "아주 좋습니다." "어떻게 해서 그렇게 좋아지게 된 것입니까?"라고 물었다. 그 환자는 말했다. "선생님이 말한 대로 역설적으로 생각했습니다."

여기서 나는 로고테라피를 배우게 되었다.[19)]

이 일화는 후일(1939)에 『스위스 신경정신의학회보*Schweizer Archir für Neurologie und Psychiatric*』에 '역설적 의도die Paradoxe Intention'라는 신경증환자 치료기법의 용어로 처음 기록되고 있다. 오랜 침묵을 지

19) Frankl interview with Robert Schuler, How to Find Meaning in Life, In *Posibilities*, March/April, 1991, pp. 8-12.

켰던 이 시기에 프랑클은 환자와의 일상적인 접촉을 통해서 '실존적 공허das existentielle Vakuum' 라고 하는 현대인에게서 볼 수 있는 마음의 문제, 즉 삶의 의미와 목적을 상실한 공허감의 문제에 대해서 깊은 인식을 하게 되었다.

이 시기(주로 1930년대)에 이미 프랑클은 사람들의 마음의 문제에 대한 관심이 리비도의 억압(프로이트)에서부터 '의미의 억압'으로 옮아가고 있음을 실감할 수 있었다. 사실 '실존적 공허' 라는 용어를 사용하기 시작한 것은 1955년부터이지만, 이와 같은 내용은 이미 1946년 그의 데뷔작인 『의사에 의한 심혼의 치유*Ärztliche Seelsorge*』에서도 자세히 논술되고 있다.

이렇듯 임상활동에 전념한 이 시기가 프랑클에게 있어서는 배운 것이 가장 많았던 시기였다고 하는 것은 그의 연구 접근의 두 가지 명칭인 '로고테라피Logotherapie'와 '실존 분석Existenzanalyse'이 잘 말해 준다.

'로고테라피' 라는 용어를 처음으로 사용한 것은 프랑클과 빗텔스F. Wittels, 질머만M. Silbermann이 창설한 의학심리학학술연구회Akademische Verein für Medizinische Psychologie에서 발표한 학술강연(1926)에서였다. 프랑클이 스물한 살 때, 아들러에 대해서 비판적인 거리를 갖기 시작했으나 아직 완전히 관계가 단절되었다고 볼 수는 없는 시점에서 '로고테라피' 라고 하는 용어를 사용하였다.

한편 '실존 분석'이라는 용어는 그가 임상활동에 가장 열정을 쏟고 있던 1933년경에 사용하기 시작하여 점차적으로 파급되기에 이르렀다. 그리하여 앞에서도 말한 바와 같이, 프랑클이 1925년

(20세) 『국제개인심리학연보*Internationale Jahibuch für Indiridualpsychologie*』에 논문(심리치료법과 세계관)을 발표하고 나서 13년의 침묵을 깨고 발표한 논문 「심리치료의 정신적 문제성에 대하여Zur geistigen Problematik der Psychotherapie, Zentralblatt für Psychotherapie, 10, 33」(1938년)에서 이 두 개념이 처음으로 활자화되었다.

또한 프랑클 심리학의 중심 개념의 하나인 '가치의 3영역설', 즉 창조가치schöpferische Werte/creative value, 체험가치Erlebniswerte/experiential value, 태도가치Einstellungswerte/attitude value라는 세 가지 가치의 범주로 나눈 것도 역시 이 시기(1929년)에 있었다. 한편 빈대학으로부터 의학박사 학위를 취득한 후 프랑클은 빈의 '암 슈타인호프' 정신병원에 여성 자살기도 환자병동의 책임자로서 헌신하였다.

이로부터 10년 후인 1939년, 서른네 살에 프랑클은 드디어 빈의 신경과 및 정신과의 전문의로서 개업을 하게 되었다.

6. 수용소행을 예상한 결단

짓궂은 운명이라기보다는 너무도 처참하게 다가올 운명을 앞에 둔 프랑클은 개업한 지 수개월 후, 오스트리아가 히틀러에 의해 점령되고 말았다. 이 현실을 직시한 프랑클의 심정은 허탈과 절망뿐이었을 것이다.

1941년의 어느 날 아침 프랑클은 나치 독일 비밀경찰인 게슈타포Gestapo에 출두하라는 통고를 받았다. 프랑클은 이를 예상했던 터라 담담한 심정이었으며, 출두와 동시에 강제 수용소행을 각오하였다. 그렇지만 한 게슈타포 경찰관과의 대화는 상황을 의외의 방향으로 돌리고 말았다.

그 경찰관은 "신경증이란 무엇인가?" "공포증이란 무엇인가?" 등을 프랑클에게 질문한 다음, '자기 친구들'의 증상에 관해서 말하는 것이었다. 그 증상은 기실 경찰관 자신에 관한 것이라는 것을 안 프랑클은 "친구들에게 내가 말한 대로 조언해 주십시오. 그러면 불안은 해소될 것입니다."라고 하며 로고테라피의 '역설적 의도'를 사용하는 방법에 대해 수 시간에 걸쳐서 상담을 해 주었다.

이 조언이 얼마나 치료 효과가 있었는지는 알 수 없지만 이 일이 계기가 되어 프랑클과 그의 가족은 수용소행이 1년 연기되었다고 한다. 프랑클은 이런 일이 있기 전에 이미 게슈타포의 감독하에 있는 빈의 유대인 병원인 로드쉴드Rothschild 병원의 정신신경과 부장 자리에서 일하기로 되어 있었기 때문에 프랑클이 그 자리에 있는 동안은 그와 그의 부모는 수용소행이 연기된 셈이다. 이와 같은 불안한 시점에 프랑클은 빈 병원 도나트Doanth 교수 진료실의 수간호사였던 틸리Tilly Grosser를 만나 1941년 12월에 결혼하였다.

프랑클은 이 시기에 언제 수용소에 연행될지도 모를 불안과 공포에 떨면서 그의 데뷔작, 『의사에 의한 심혼의 치유*Ärztliche Seelsorge*』(출판은 1946년임)의 원고 집필을 서둘렀다고 한다. 그는 이만큼 이 저술에 큰 의미를 두었다. 이는 수용소에 연행되면 죽음만이 기다리고 있을 뿐이라고 생각했기 때문이다. 어떻게 해서라도 그 이전에 자기가 살았던 흔적으로써 이 저술을 끝내지 않으면 안 되겠다는 절박한 생각이 프랑클을 그렇게 만들었을 것이다.

이렇게 하루하루를 불안한 상황 속에서 보내고 있는 동안 프랑클에게 수용소에 연행될 위기를 벗어날 수 있는 기회가 찾아왔다. 그것은 일본이 1942년 12월 8일 하와이 진주만을 공격함으로써 미국이 제2차 세계대전에 참전하기 전에 프랑클은 운 좋게 미국에 망명할 수 있는 비자를 얻을 기회를 얻게 된 것이다.

그렇지만 프랑클은 고민하고 고민한 끝에 부모와 같이 빈에 머물 것을 결심하였다. 그래서 일부러 비자 기한을 넘기고 말았다고 한다. 이때의 심정을 프랑클은 한 인터뷰에서 다음과 같이 술회하였다.

> 나는 3년간이나 기다린 끝에 미국에 갈 수 있는 비자를 받았습니다. 이것을 안 아버지, 어머니는 '드디어 빅토르가 자유인이 되는구나.' 하면서 매우 좋아하였습니다. 그러나 나는 한편으로는 주저했습니다. 부모님을 두고 떠나는 것이 잘 하는 일인지 고민하였습니다. 부모님과 운명을 같이 하는 것이 나의 의무가 아니겠는가라고 생각하였습니다. 내가 지켜드리지 않으면 나치는 즉시 부모님을 생활 무능력자로서 수용소로 데려가고 말 것입니다.
>
> 나는 자문하였습니다. "나의 책임은 어디에 있는가? 온갖 심리치

료법이 유행하고 있는 미국으로 갈 것인가, 아니면 부모에 대한 윤리적 책임을 선택할 것인가?" 어떻게 해야 할 것인가? 정말로 어떻게 해야 할지 답을 찾지 못했습니다. 그래서 나는 스테판Stephan 대성당으로 가서 풍금소리와 내 양심의 소리에 귀를 기울였습니다. 몇 번이고 몇 번이고 생각했으나 답은 나오지 않았습니다.

나는 집으로 돌아가면서 "빅토르 너는 하느님의 계시를 필요로 하고 있다."라고 속으로 말하였습니다. 나는 집에 돌아가서 뜻밖에도 한 조각의 대리석이 책상 위에 있는 것을 발견하였습니다. 나는 아버지께 "이 대리석은 무엇입니까?"라고 물었더니, 아버지는 "빅토르, 내가 오늘 아침에 산책갔을 때 나치스에 의해 불타 버린 시나고그 Synagoge(유대교의 집회 및 예배 장소로서의 회당)의 폐허더미에서 발견했단다. 신성한 것이기 때문에 가지고 왔단다."라고 말하였습니다.

왜 신성하냐고 아버지께 물었더니, 아버지는 이 조각은 본래 대리석에 히브리어로 새겨져 있던 '십계명Decalogue' 가운데서 두 글자가 새겨진 조각이기 때문이라고 말하였습니다. 아버지는 "빅토르, 나는 이 두 글자가 어느 계명의 계시인지도 안단다. 이 글자는 십계의 기호 중 하나이기 때문이다."라고 했습니다. 나는 어떤 계율인가 궁금해서 다시 물었습니다. 그랬더니 그 계율은 "네 부모를 공경하라. 그러면 네 하느님 여호하가 네게 준 땅에서 생명이 길리라."의 계율인 것을 알았습니다. 이 순간 나는 부모님과 오스트리아에 남을 것을 결단하였습니다.[20)]

20) Frankl interview with Robert Schuler, How to Find Meaning in Life, In *Possibilities,* March/April, 1991, pp. 8-12.

이상은 프랑클이 얼마나 깊은 고뇌 속에서 헤매다 결단을 내렸는지를 말해 준다. 또한 이 결단은 프랑클이 유대교도로서의 결단이었다는 것도 알 수 있다.

1942년 9월 25일 드디어 프랑클이 근무하는 유대인 병원이 폐쇄될 시기가 찾아왔다. 37세의 프랑클과 그의 부모와 아내는 병원 폐쇄와 동시에 체코의 보헤미아에 있는 테레지엔슈탓트 수용소Theresienstadt Concentration Camp로 보내졌다. 이때 프랑클은 아내와 헤어져 수용되었다. 그렇지만 프랑클은 부모와 같은 지붕 밑에서 생활할 수 있도록 허락되었으며, 하루에 몇 분 정도는 서로 얼굴을 대할 수 있었다. 이런 점에서는 절망과 비탄 속에서도 다른 사람에 비해서는 일말의 행복을 느꼈다고 프랑클은 술회하고 있다. 이것도 잠시 아버지는 노인 수용소로 보내져 거기서 아사했다고 한다.

한편 2년간의 테레지엔슈탓트 수용소 생활은 프랑클이 정신과 의사로서 충격과 슬픔 속에 빠져 있는 사람들을 위해서 봉사할 수 있는 매우 의미 있는 시기이기도 했다. 그는 새로 수용소에 들어오는 사람들에게 무엇보다도 마음의 안심감을 갖도록 돕고 수용소 생활을 극복할 수 있는 방법을 가르쳐 주었다. 참으로 프랑클은 이 수용소에 와 있는 수십만 명이나 되는 유대인의 정신건강을 보살펴 주는 정신적인 기둥이었다.

그러나 이런 생활도 끝나고 다시 1944년 10월 19일(39세)에는 폴란드의 '오시비엥침Oswiecim'에 있는 악명 높은 아우슈비츠 수용소Auschwitz Concentration Camp(1940년 5월에 세워짐)로 보내졌다. 프랑클의 어머니도 1주 후에 보내졌지만 불행하게도 그대로 가스실로 보내지고 말았다. 아우슈비츠 수용소에서는 잠시 6일 동안 머물렀으며, 다시 1944년 10월 25일 다카우 수용소Dachau Concentration Camp(1933년 3월에 세워짐, 뮌헨München에서 약 12마일 떨어져 있다)로 이송되었다. 프랑클은 이 수용소에서 6개월 2일 동안 노예와 같은 생활을 하다가 1945년 4월 27일 자유의 몸이 되었다.

한편 그의 아내 틸리 그로서는 베르겐 벨젠Bergen Belsen 수용소(독일 북부에 있음, 1943년 7월 세워짐)에 이송되어 여기에서 죽었다. 이제 프랑클의 혈육으로는 오스트레일리아로 이주한 누이동생 슈텔라Stella만 살아 있을 뿐 가족을 수용소에서 다 잃어버리게 되었다. 그는 여기서 다시 한 번 '삶의 의미'를 통절하게 숙고해 보았을 것이다.

후일 그의 회고담에서 수용소 생활에서 가장 마음 아팠던 체험 가운데 하나는 자기가 생전에 자기 인생의 흔적으로서 꼭 남기고 싶었던 원고를 아우슈비츠 수용소에서 나치친위대원에게 빼앗겼을 때였다고 말하였다.

사실 프랑클은 원고를 빼앗기기 전에 이 원고만은 어떤 일이 있더라도 단념할 수 없다고 생각하여, 연행되어 갈 때를 생각하여 미리 상의 안감 속에다 원고를 넣어서 꿰매 입는 등 최후까지 사력을 다해 저항을 시도했다고 한다. 참으로 그의 집념과 노력에 놀라지 않을 수가 없다. 프랑클의 이 원고에 대한 집념은 자기의 화신과도 같이 생각할 만큼 절대적인 것이었다. 그러기에 프랑클은 어떤 역경 속에서도 이를 포기하지 않았다.

어느 날 프랑클은 중년의 한 포로로부터 40세 생일선물로 받은 몽당연필 한 자루와 또 한 사람이 수용소 카포Capo(피수용자 속에서 선출된 수용자를 감독하는 사람)로부터 훔쳐 와서 준 인쇄된 용지의 이면을 사용해 속기용 기호로 빼앗긴 원고를 재생하기 시작했다.

이 얼마나 초인적인 학자로서의 집념이란 말인가! 참으로 결단과 '의미'를 지향하는 강인한 그의 모습에 대하여 고개를 숙이게 된다. 그는 역시 살아야 할 이유와 의미를 알고 있었기에 어떤 상황에서도 견딜 수가 있었다.

7. 프랑클이 수용소에서 체험한 것

지금까지의 여러 가지 서술을 통해서 프랑클 심리학은 그의 강제 수용소 체험에서 나온 것이 아니라 그 골격은 이미 제2차 세계대전 이전에 형성되어 있었다는 것을 이해할 수가 있다. 그렇다면 프랑클 심리학에 있어서 그의 약 3년간(1942년 9월 25일~1945년 4월 27일)에 걸친 강제 수용소 체험은 아무런 의미도 없다는 것일까?

미국의 프랑클 심리학의 일인자 조셉 파브리Joseph Fabry는 이 물음에 대해 다음과 같이 말하고 있다.

역시 강제 수용소의 체험은 로고테라피에 결정적인 영향을 주고 있다. 단, 그것은 '기본 개념'에 대해서가 아니라 개척 영역에 대해서 영향을 주고 있다. 로고테라피의 개척 영역은 가장 극한적인 상황에서 발견되었다. 의미를 통한 치료는 상상할 수 있는 한, 가장 의미가 없는 절망적인 상황에서 꽃을 피웠다.[21)]

요컨대, 당초에는 꽤 일반적인 영역을 염두에 두고 구상된 로고테라피가 이른바 '수용소'라고 하는 구체적인 한계 상황인 '극한 상황Grenzsituation'에서 특히 그 의미를 더 드러내게 되었다는 것이다. 즉, 한계 상황을 통해서 실존을 체험하게 된다는 것이다.

이런 문맥에서 본다면, '상황'과 '환경'의 의미는 다르다. '상황'은 '환경'보다 한층 현실적이고 구체적 · 개별적이며 한 사람 한 사람의 인간을 때와 장소에 따라서 그 사람의 실존에 내면적 관계를 맺고 있다. 싫든 좋든 태도를 분명히 하고 자유로운 결단과 선택에 의해서 대처하며 그 속에서 삶의 의미를 알아내지 않으면 안 된다. 이 경우에 능력의 한계를 넘어선 상황, 행동이 벽에 부딪혀서 이러지도 저러지도 못하는 극단의 상황이 극한 상황이다. 이와는 달리 '환경'은 적응하고 순응하는 관점에서 생활 공간일 수도 있고 물리적 공간일 수도 있으며, 보다 생물학적이고 매우 객관적이다.

---

21) Joseph Fabry, "The Frontiers of Logetherapy." *The International Forum for Logotherapy*, Vol. 4, No. 1(Spring-Summer 1981), p. 3.

그렇다면 이와 같은 극한적 상황의 의의를 갖는 수용소의 체험이란 과연 어떠한 것이었을까? 먼저 그가 말하는 수용소 입소 시의 충격적인 체험을 중심으로 생각해 보자.

아우슈비츠 수용소에서는 생존 확률이 불과 30분의 1이었다고 한다. 입소 단계에서 95%의 사람이 가스실로 직행했으며, 나머지 5%만이 노동자로서 뽑혀 소독실로 보내졌다. 프랑클은 다행히도 이 5% 속에 들어가게 되었으나, 욕조로 들어가기 전에 그때 가지고 있던 소지품을 몽땅 빼앗기고 말았다. 특히 그 가운데는 그가 입고 있던 상의 안감 속에는 자기 화신처럼 생각했던 원고도 있었던 것이다. 허리띠나 안경을 착용하는 것은 허가되었으나, 놀랍게도 몸에 있는 털까지도 깎아 버렸다고 한다. 프랑클은 이렇게 모든 것을 완전히 빼앗기고 말았다. 이 상황이 주었던 좌절과 절망을 무슨 표현으로 가능하겠는가?

입소 다음날 아침에는 아우슈비츠에 1주일 먼저 온 한 사람이 프랑클 일행이 있는 바라크로 잠입하여 다음과 같이 일러 주었다.

> 여러분 아시겠습니까. 내가 한 가지 말해 줄 것이 있습니다. 그것은 수염을 매일 깎는 일입니다. 왜냐하면 수염을 깎으면 조금이라도 젊어 보이며, 건강해 보이기 때문입니다. 그리고 가슴을 펴고 똑바로 걷는 것입니다. 어쨌든 노동이 가능하다는 인상을 주지 않으면 안 됩니다. 그렇게 하면 가스실로 보내질 걱정은 할 필요가 없습니다.

이어서 이 사람은 프랑클 쪽을 가리키면서 아주 불길한 말을 했다고 한다. "어쩌면 이번에 가스실로 보내질 가능성이 있는 사람들은 당신 또래일지도 모릅니다."라고. 참으로 무섭고 소름끼치는 광경을 보고 프랑클은 모든 것을 빼앗겼을 뿐만 아니라 생명조차도 위협받게 되었다. 그래도 프랑클은 여전히 다음과 같이 생각하고자 노력했다고 한다.

이처럼 사람은 다른 사람의 모든 것을 빼앗아 갈 수 있다. 그 사람의 자유까지도. 단, 그런 상황에 대하여 자기 자신이 어떤 '태도attitude'를 취하느냐의 자유만은 빼앗아 갈 수 없다. 이 태도야말로 인생에서 가장 소중한 것이다. 프랑클은 사람의 '자유freedom'는 조건으로부터의 자유가 아니라 그 조건에 대결하는 자유라는 것을 굳게 믿고 있었다.

죽음을 눈앞에 둔 극한 상황에서 프랑클의 이러한 태도는 믿기 어려울 만큼 낙관적인 것이었다. 그는 어떠한 상황 속에서도 잃어버린 것, 빼앗긴 것보다는 그래도 아직 남아 있는 태도에 눈을 돌렸다. 이런 자기 자신의 태도를 그는 '발견적 낙관주의heuristic optimism'라는 말로 표현하였으며, 이 태도가 그의 강인한 생존 의욕을 키워 주었던 것이다. 다음 글은 프랑클이 어느 인터뷰를 통해서 한 말이다.

아우슈비츠에 있었을 때조차도—여기서 생존할 가능성은 29명에 1명꼴이라고 생각하고 있었으나[22]—내가 생존할 가능성은 100% 없다고 그 누구도 말할 수는 없지만, 설혹 확률은 낮더라도 생존을 위해 할 수 있는 일은 다 하지 않으면 안 될 책임이 나한테 있다고 생각하였습니다.[23]

오히려 프랑클은 다음과 같이 계속해서 자기 자신을 타일렀다고 한다.

너는 지금까지 인생에 관해서, 특히 인생의 의미에 대하여 글로 말해 왔다. 그리고 그 인생의 의미는 무조건적이며 어떤 상황에 있어서나 의미는 있다고 말해 왔다. 설령 고통이 제거되지 않을 경우에도 그 고통으로부터 어떤 의미를 포착할 수 있을 것이다. 빅토르 이번에는 네 자신이 그것을 실현할 차례다.[24]

이렇듯 프랑클은 자신에게 타이름으로써 수용소의 비극적인 극한 상황을 내적인 승리의 체험으로 전환시키려고 하였던 것이다.

---

22) 유럽 전역에서 끌려온 유대인들이 아우슈비츠로 밀려들 때, 많을 때는 하루에 9,000명의 유대인이 독가스실로 끌려갔다. 독가스를 마시고 죽어 간 사람은 150만 명, 홀로코스트 때 죽은 유대인 600만 명 중 4분의 1이 아우슈비츠에서 숨졌다. 1945년 1월 아우슈비츠를 해방시킨 소련군은 7,000kg이 넘는 머리카락을 찾아냈다. 독가스실로 끌려간 사람들로부터 잘라 낸 머리카락이었다.

23) Robert Schuler, op.cit.

24) ibid.

그렇지만 수용소에서의 생활은 날이 갈수록 참기 어려울 정도의 비참한 장면을 눈앞에서 보기도 하고 체험하기도 하였다.

수용소 생활이 장기화되어 감에 따라서 사람들은 믿기 어려울 정도로 무감동 · 무감각한 사람이 되어 갔다. 친구가 혹독하게 매를 맞으며 가학적으로 고통받고 있는 상태를 보아도, 또는 분뇨 위에서 몇 시간이고 서 있거나 누워 있어도 공포에 질려서 넋 나간 사람처럼 그저 물끄러미 보고만 있는 사람이 되고 말았다. 사람이 이렇게 극한 상황에 무감각해지는 것은 삶에 대한 포기에서 나타나기보다는 극한 상황을 극복하기 위한 일종의 자기방어기제self-defense mechanism라고 볼 수 있다.

발진티푸스가 발생한 바로크에서는 한 사람이 죽으면 동료들이 잇달아 들어와서 아직 체온이 남아 있는 시체를 옆에 두고 조의를 표하기보다는 죽은 사람이 먹고 남은 감자를 재빠르게 집어 주머니에 넣는가 하면, 또 어떤 사람은 죽은 자의 신발이 자기 것보다 좋은 것일 경우에는 바꾸기도 하고, 죽은 자의 윗옷이 자기 것보다 좋아 보일 때는 서슴없이 바꿔치기를 하는 등, 실로 한계 상황에서나 볼 수 있는 인간의 적나라한 행동을 볼 수 있었다.

프랑클 자신도 이 상태를 그냥 방관할 수밖에 없었다고 한다. 불과 2시간 전까지만 해도 말을 하던 사람이 시체가 되어 눈을 감지 못한 채 물끄러미 눈을 뜨고 죽은 비참한 모습을 창 밖에서 사람들이 들여다보고 있는 것을 보면서도 프랑클은 담담한 심정으로 수프를 마시게 된 자신의 무감각 상태에 놀랐다고 말하였다.[25)]

그렇지만 이 무감동 · 무감각은 매일같이 두들겨 맞는 사람에게는 자신의 마음을 감싸 주는, 가장 필요한 갑옷이기도 하였다. 모든 행동과 감정 생활은 오직 생명 유지만을 위해 집중되며, 이 때문에 사람들 사이에서는 주로 먹는 것에 관한 대화만이 강박적으로 되풀이되었다. 이 때문에 하루에 한 번만 배급되는 적은 빵을 어떤 식으로 나누어 먹을 것인가에 관해서 수없이 논의가 되풀이되었다.

이와 같은 생활에 장기간 수용되어 있는 사람들에게는 생명 유지라는 목적에 도움이 안 되는 것은 무엇이 되었든 전혀 가치가 없는 것으로 보게 되어 수용소에는 이른바 '문화적 동면cultural hibernation'이 지배하게 되었다.

그렇지만 한편으로는 사람들 사이에는 두 가지 관심사가 일어났다고 한다. 하나는 시시각각 변하는 정치 · 군사 정세에 관한 정보였고, 또 하나는 의외로 종교에 대한 관심이었다. 특히 종교적 관심에 관해서 프랑클은 '상상 이상으로 가장 내면적인 것'이었다고 다음과 같이 말하고 있다.

> 우리가 멀리 떨어져 있는 공사장으로부터 피로와 굶주림과 추위 속에서 누더기를 걸치고 수용소로 올 때 타고 왔던 어둡고 더러운 화물운송 칸이나 수용소 막사 모퉁이에서 볼 수 있는 잠깐 동안의 기도나 예배 같은 것은 아주 인상적인 체험이었다.[26]

---

25) V. Frankl, *Ein Psycholog erlebt das Konzentrationslager*, Verlag für Jugend und Volk, 1946.

26) V. Frankl, *Men's Search for Meaning: An Introduction to Logotherapy,* Preface by Gorden W. Allport, Boston: Beason Press, 1959; Paperback

프랑클은 이것을 보고 정신적으로 조금이라도 여유가 있는 생활을 하고 있는 사람에게는 "살벌한 분위기로부터 정신의 자유와 내적으로 풍요로운 세계로 피할 수 있는 길이 열려 있었기 때문에 수용소 생활이 힘들기는 하지만 정신생활에 있어서는 그렇게 절망적인 체험을 하지 않고 끝낼 수 있다고 하는 것을 알았다. 여기서 프랑클은 초월적이고 섬세한 성질을 갖고 있는 사람이 때로는 튼튼한 몸을 가진 사람들보다 수용소 생활을 보다 잘 참아냈다고 하는 패러독스를 간파했던 것이다.

프로이트는 일찍이 인간은 굶주림에 시달리게 되면 개개인의 차이가 없어지게 되고 충족되지 못한 획일적인 충동이 지배한다는 것을 말했다고 한다. 그러나 수용소에서 프랑클이 목격한 것은 이와는 정반대였던 것이다. 프랑클은 "수용소에서 사람들이 체험한 것은 도덕적으로 퇴행이 아니라 진보이며 진화였다. 이것은 도덕적이며 종교적이기도 하다. 실제로 수용소 생활을 하고 있는 사람들 가운데는 "구속된 생활을 통해서 무의식에 억압되어 있던 신에 대한 지향성이 발현되었다."[27]고 말하고 있다.

여기서 프랑클은 인간이 가지고 있는 거의 모든 것을 빼앗긴 수용소의 비참한 생활에도 불구하고 마지막으로 남아 있는 인간 정신의 숭고성에 관심을 갖게 되었다.

edition, New York: Poket Books, 1987, pp. 53-54.

27) V. Frankl, *Theorie und Therapie der Neurosen*, Ernst Reinhardt, 1956.

프랑클이 수용소에서 본 것은, 동일한 상황에 직면하여 어떤 사람은 돼지 같은 사람이 되고, 어떤 사람은 성인聖人 같은 사람이 되는 것을 보고, 이는 상황이 그렇게 만드는 것이 아니라 자신의 '결단'이 그렇게 만든다고 본 것이다. 성인과 돼지는 두 사람이 아니라 한 인간 안에 있는 두 가지 가능성이 그렇게 만든다는 것이다. 이 두 가지 가능성은 보통은 좋은 환경에서는 잘 드러나지 않지만 극한 상황에서는 두 가지 모습이 선명하게 드러나게 된다고 본 것이다.

이와 같은 사례는 많다. 바이에른 지방의 다카우 강제 수용소에서는 포로의 최연장자가 같은 포로를 소름이 끼칠 정도로 학대하였는가 하면, 이와는 반대로 나치 친위대원인 수용소 소장 호프만Hoffmann은 몰래 호주머니 돈으로 포로에게 약을 사 주었다고 한다.[28] 프랑클은 이와 같은 사례로부터, 인간은 감정의 마비를 극복하고 자극성을 억제할 수 있다는 것, 그리고 '정신적 자유'(환경에 대한 주체의 자유로운 태도)는 절대적인 강압 상태라 할지라도 외적으로나 내적으로도 존재를 지속할 수 있다는 것을 배웠다.

이와 똑같은 관점에서 프랑클은 수용소에는 석방 기한이 없기 때문에, 마음을 의지할 수 있는 정신적인 지주를 잃은 사람일수록 정신적으로나 신체적으로도 붕괴된다고 하는 사실을 다음과 같은 일화를 들어 설명하였다.

28) V. Frankl, *…trotzdem Ja zum Leben sagen*, Franz Deuticke, 1946.

부다페스트의 오페레타 작곡가 겸 각본가였던 한 포로는 2월 중순경 이상한 꿈을 꾸었다. 꿈속에서 그는 누군가에게 전쟁은 언제 끝나는가를 물었더니 3월 20일이라는 말을 들었다고 한다. 그는 3월 중순경 발진티푸스에 걸려 3월 하순이 되어도 전황이 석방에 유리한 쪽으로 달라지지 않는 것을 알고 점점 기력을 잃어, 3월 29일에 고열이 나서 3월 30일 꿈속에서 전쟁이 끝난다고 말한 그날에 의식을 잃고 사망했다.

이 사실은 인간이 '시간적 존재'임을 절실하게 느끼게 하는 사례다. 또 하나의 사례도 앞의 사례와 동일한 사실을 보여 주고 있다.

1944년의 성탄절에는 집으로 돌아갈 것이라는 소박한 희망이 포로들 사이에 부풀어 있었다. 그렇지만 희망대로 되지 않는다는 것을 알게 되자 실망과 낙담이 퍼지고 저항력을 잃고 나서부터는 과거에는 없었던 대량의 사망자가 발생했다.[29)]

이런 사례와는 반대로 '미래의 희망이나 마음이 의지할 정신적 기둥'을 발견한 사람, 미래에 '자기를 기다리고 있는 사람이나 일'을 발견한 사람은 강인한 정신적 저항력을 가질 수가 있었으며,

---

29) V. Frankl, *Ein Psycholog erlebt das Konzentrationslager*, Verlag für Jugend und Volk, 1946.

생명력을 회복할 수 있었다고 한다.

이렇듯 프랑클 심리학의 기본 가설은 그가 수용소에서 행했던 임상실천을 통해서 증명되었다.

이러한 사례도 있었다. 수용소 생활에 절망한 나머지, '이젠 내 인생에서 아무것도 기대할 수가 없다.' 라고 생각하고 자살을 꾀했던 두 사람의 남성 포로에 대하여 프랑클은 다음과 같이 말해 주었다.

> 설령 당신이 당신 인생에서 아무것도 기대할 것이 없다 할지라도 당신의 인생이 당신에게 기대하고 있는 것이 있을 것이다. 또한 해야 할 어떤 일이 당신을 기다리고 있을 것이다. 그러자 그들 입에서 다음과 같은 말을 들을 수가 있었다.
>
> 한 사람에게는 그가 유별나게 애정을 가지고 있는 자식이 외국에서 그를 기다리고 있으며, 또 한 사람에게는 그가 아니면 할 수 없는 일이 그를 기다리고 있다는 것이다. 그는 과학자로서 중요한 주제에 관한 원고를 쓰다가 잡혀 왔기 때문에 아직 완성되지 않고 있는 연구가 완성될 것을 기다리고 있었던 것이다.[30)]

이렇듯 이들 두 사람은 자기를 기다리고 있는 사람이 있고, 일이 있다는 것을 자각함으로써 자살에서 벗어날 수 있었다고 한다. 자기를 기다리고 있는 일이나 자기를 기다리고 있는 사랑하는 사람

30) V. Frankl, …*trotzdem Ja zum Leben sagen*, Franz Deuticke, 1946.

에 대한 책임을 의식한 인간은 스스로의 생명을 결코 포기할 수가 없는 것이다. 왜냐하면 그런 사람은 정말로 자기 존재의 '이유'를 알고 있기 때문이며, 존재의 이유를 알고 있는 사람은 어떤 좌절과 공허감에 대해서도 견딜 수 있기 때문이다.

이 점은 수용소 생활을 하고 있는 프랑클 자신에게도 적용된다. 프랑클이 수용소 안에서 오랫동안(1942. 9. 25.~1945. 4. 27.)의 처참한 체험에도 불구하고 이를 극복할 수 있었던 것은 그를 '기다리고 있는' 두 가지가 있다고 생각했기 때문이다.

하나는 사랑하는 아내와 부모가 수용소에서 나와 '기다리고 있다.'는 믿음이었으며, 또 하나는 아우슈비츠에서 빼앗긴 그의 원고를 출판하여 프랑클 심리학의 체계를 발표하여 평가를 받고자 하는 일이 '기다리고 있다.'는 사명감이었다. 이 두 가지가 프랑클을 지옥 같은 생활 속에서도 정신적인 지주가 되어 주었고, 그를 살아남게 해 주었다.

그렇다고는 하지만 물론 나치스의 수용소라고 하는 비참한 환경 속에서 생존을 유지할 수 있었던 것은 이런 정신력으로만 가능했다고는 볼 수 없을 것이다. 왜냐하면 그의 저서나 인터뷰 기록을 본다면 몇 번의 거듭되는 행운이 자기를 구해 주었다는 것을 말하고 있기 때문이다.

첫째, 앞에서 이미 말한 바와 같이, 그가 빈에서 게슈타포 감독하에 있는 로트쉴드 병원의 정신신경과 의사로 근무하고 있었던 관계로 수용소로 연행되는 것이 1년 정도 연기되었다.

둘째, '가스실'이 있는 아우슈비츠 수용소에 프랑클이 수용된 기간(1944. 10. 19.~1944. 10. 25.)이 단기간이었다는 점이다. 곧 독일 바이에른 지방의 다카우 수용소로 가게 되어서 위험을 피할 수가 있었다. 프랑클은 다카우 수용소에 도착했을 때 어디선가 들려오는 "걱정하지 말라. 이곳에는 가스실이 없다."는 소리를 듣고는 몇 번이고 안도의 한숨을 내쉬었다고 한다. 그러고 난 후 그는 자원하여 환자 수용소로 옮기게 되었는데 옮기기 직전까지만 해도 이곳은 인육을 먹지 않을 수 없을 정도로 처절한 기아 상태였다고 한다.

이렇듯 몇 번에 걸친 행운이 있었기에 프랑클은 살아남을 수가 있었다. 하지만 자기 생명 유지를 위해 체면 불구한 이기적인 행동을 하였던 것은 아니었다.

1945년 4월 27일 종전을 맞이하여 수용소는 해방되었다. 그런데 다카우 수용소에서는 해방을 맞이하여 다음과 같은 믿기 어려운 이상한 사건이 벌어졌다. 세 사람의 젊은 유대인 포로가 수용소의 소장 호프만을 미국 군인의 눈으로부터 숨겨 주기 위하여 숲속으로 데리고 갔다고 한다. 그리고 이들 세 사람은 미군과 교섭하여 호프만의 신변안전을 위해 노력했다고 한다.

왜냐하면 호프만은 수용소 소장이면서도 용돈을 털어 아픈 포로를 위해 약을 조달해 주었던 사람이었기 때문이다. 종전 후 호프만은 과거의 지위와 역할 때문에 후회와 자책에 시달리면서 살았다고 한다.

프랑클은 유대인이 나치스의 수용소 소장의 구명운동을 하는 것을 보고 나서 사람은 어떤 환경이나 지위에 있어도 인간으로서의 고귀한 자기초월적인 정신을 잃지 말아야 되겠다는 소신을 더욱 굳히게 되었다. 프랑클은 인간으로서의 박애정신을 실천한 수용소 소장 호프만과 식사라도 같이 하려고 그를 수소문해서 찾았다고 한다. 그렇지만 그는 이미 이 세상 사람이 아니었다고 한다.

8. 프랑클과 종교

프랑클의 성장에 영향을 준 것 가운데서 또 하나 빠뜨릴 수 없는 것은 종교에 대한 관점이다. 앞에서 설명한 것을 미루어 알 수 있는 바와 같이 프랑클은 한 이론을 구상하거나 인생에 대한 큰 결단을 내리거나 할 때 때로는 유대교나 그리스도교, 특히 구약성서의 영향을 받은 것을 엿볼 수 있다. 이 때문에 프랑클은 정신의학과 종교를 혼동시켰다고 비난을 받기도 하였다.

이런 비난에는 특히 다음과 같은 외적 요인의 영향이 있었던 것으로 보인다.

프로이트가 신앙을 신경증 취급을 했기 때문에 정신분석은 그리스도교, 오스트리아의 로마가톨릭교회로부터 비난을 받기도 했다. 아들러Alfred Adlers에 대해서도 마찬가지였다.

이와는 달리 프랑클은 그리스도교에서 대체로 호의적으로 받아들였다. 모차르트Mozart의 출생지이며 음악의 도시로 알려진 잘츠부르크의 대주교 프란즈 야심Franz Jachym은 프랑클의 저서를 애독하는 독자로 알려졌다. 또한 미국에서는 로버트 래슬리Robert C. Leslie(목회심리학 · 교화카운슬링 교수)가 『예수와 로고테라피*Jesus and Logotherapy*』(1965)라는 책을 써서 성서에 있는 예수님의 말씀을 로고테라피의 이론으로 해설할 정도였다.

그러나 프랑클이 그리스도교계에서 호의적으로 받아들일수록 '프로이트 학파'나 '아들러 학파'는 점점 거부적이었다. 그리하여 정신의학과 종교를 혼동시켰다고 하는 비난도 받게 된 것이다.

그렇다면 프랑클 개인의 신앙생활의 실제는 어떠한 것이었을까? 먼저 분명히 말할 수 있는 것은 역시 프랑클은 독실한 유대교도였다는 점이다. 프랑클은 성격상 자기 개인의 종교에 관한 인터뷰는 사양하는 사람이었으며, 직업상 친한 사이라 할지라도 개인의 종교에 관해서는 가급적 말하지 않는 사람이었다고 한다. 기록에 의하면, 어느 한 목사와의 대담 가운데서 그가 다음과 같은 말을 한 것으로 보아 이를 짐작할 수가 있다.

> 목사님은 자신의 확신이나 신앙에 관해서 솔직하게 말할 자유가 있지만 의사인 나에게는 그것이 허용되지 않습니다. 저술에 있어서도 그렇습니다. 있었다면 불과 몇 번 신학과 심리학의 경계 영역에 대해서 말한 것이 있었을 뿐입니다.[31)]

31) Robert Schuler, op. cit.

프랑클의 법률고문이었던 굿이너프Robin W. Goodenough의 말에 의하면, 프랑클은 철저히 금욕적인 태도를 지켰으며 학회나 연구집회 때도 유대교의 축일인 금요일에는 모습을 보이지 않는 일이 허다했다고 한다.

그러나 두 번째 아내 엘레오노레 카타리나Eleonore Katharina(1947년 재혼)가 로마가톨릭교의 신자라는 점을 통해 미루어 알 수 있는 바와 같이 개인의 사생활에 있어서도 프랑클은 모든 종교를 이해하려는 관용적인 자세를 일관되게 가지고 있었다고 볼 수 있다.

이처럼 프랑클은 여러 종교에 대해서는 관용적이었지만, '신의 존재'에 대해서는 상당히 강한 소신을 가지고 있었다. 예컨대, 프랑클은 유물론자에 대한 질문에 다음과 같이 말하고 있다.

> "나의 개인적인 소신을 말한다면, 유물론자들조차도 역시 초월적인 것에 대한 지향성을 무의식 가운데 가지고 있다고 생각합니다."
> "내가 해명하고자 해 왔던 것은 신에 대한 인간의 무의식의 관계가 존재한다고 하는 점입니다. 예컨대, 의식 수준에서는 무신론자의 환자라 할지라도 그들의 꿈을 해석해 보면 종교적인 갈망을 스스로 자기 무의식 속에서 발견하는 것을 나는 보아 왔습니다."[32)]

이 점은 프랑클 스타일의 '신의 존재 증명'을 느끼게 하는 대목

32) ibid.

이다. 즉, 꿈을 다루다 보면 무신론자에게도 숨어 있는 종교성을 발견할 수 있다는 것이다. 이런 점에서 본다면 '무의식의 종교성 unconscious religiousness'에 착안한 점은 융Jung에 가까운 면도 있다. 그러나 융의 종교관(나는 신을 믿지는 않지만 누미노스numinous 경험에 의해서 변화된 '의식'의 특유한 태도에 영향을 주는 힘에 대해서는 분명히 알고 있다. 나는 이것을 '신'이라고 부른다)[33]에 대해서는 비판적이다.

제6장에서 말하겠지만 프랑클은 융이 종교성을 에스Es로, 즉 충동성으로 폄하시켰다고 하여 혹독하게 비판하였다. 프랑클은 신의 존재 그 자체를 직접 증명하려고는 하지 않았다. '신의 존재'는 동물의 흔적을 발견하는 것과 같은 방법으로는 증명할 수가 없다. 즉, 신은 동물의 흔적을 발견하여 동물이 존재한 것을 증명할 수 있는 화석과 같은 존재는 아니다. '신은 현존한다God is now'[34]라고 본 것이다.

오히려 프랑클은 신이란 우리 인간에게는 볼 수도 알 수도 없는 대상이며, 따라서 말로 나타낼 수 없는 존재라는 것을 강조한다. 요컨대, 신의 절대적 초월성과 신과 인간과의 절대적인 차이를 역설한다.

이와 같은 프랑클의 '신'의 이미지를 가장 구체적으로 말해 주고 있는 것은 '신은 눈에 보이지 않는다.'는 것에 대해서 은유적으로 말한 다음과 같은 설명이다.

---

33) C. G. Jung, In *C. G. Jung Letters*, ed. G. Adler, Vol. 2, Routledge & Kegan Paul, London, 1955, p. 274.

34) Robert Schuler, op. cit.

풋라이트와 스포트라이트를 받은 무대 위의 배우는 눈이 부셔 관객의 모습을 볼 수가 없다. 객석 쪽은 다만 넓고 어두운 빈자리로 보일 뿐이다. 그들은 누가 자기를 보고 있는지 그 모습을 볼 수 없는 것이다.

인간도 인생의 무대에 서서 자기 역할을 맡고 있지만, 역시 배우와 똑같이 자기가 누구 앞에서 역할을 수행하고 있는지 그 모습을 볼 수는 없다. 인간은 누군가의 앞에서 자기 역할을 올바르게 실연하지 않으면 안 되지만, 자기가 누구 앞에 있는지는 알 수가 없는 것이다. 뿐만 아니라 일상생활이라고 하는 빛에 눈이 부셔서 못 보고 있는 사이에 자기가 주시되고 있다는 것, 어둠 속에 숨어 있지만 객석에는 누군가 있어서 끊임없이 자기를 주시하고 있다는 것을 망각해 버리고 만다.[35]

앞에서 말한 '관객'이란 '신God'의 비유로 사용한 것이며, 무대 위의 배우가 보이지 않는 관객 앞에서 연기를 하는 것처럼 인간은 눈으로는 볼 수 없는 신 앞에서 인생이라는 무대 위에 서 있다는 것을 말한 것이다.

프랑클의 이와 같은 비유는 '구약성서'의 출애굽기the Exodus(8:12) 가운데서 모세가 야훼께 "당신의 존엄하신 모습을 보여 주십시오."라고 간청하자 "내 얼굴은 보지 못하겠지만 내 뒷모습만은

35) V. E. Frankl, *The Will to Meaning: Foundations and Applications of Logotherapy,* New York: New American Library, 1969; paperback edition, 1981, pp. 152-153.

볼 수 있으리라."라고 대답하신 말씀에 감동되어 이러한 아날로지의 착상을 하게 되었다고 한다.

이렇듯 프랑클은 '어둠에 싸여 있는 신'을 말하며, 신의 절대적 초월성을 강조한다. 인간에게 있어서 '신의 인지 가능성은 극한제로'이며 '신'은 생각할 수도 없으며 말로 다 할 수 없고, 오직 믿고 찬미하고 사랑만이 가능한 존재라고 본 것이다.

이러한 관점은 비트겐슈타인Ludwig Wittgenstein(1889~1951)[36]이 『논리철학 논고*Tractatus logico-philosophicus*』(1922)[37]에서 '보여 주는 것Zeigen'과 '말하는 것Sagen'에 관한 학설에서, '신비적 보여 줌mystische Zeigen'을 문장을 통해서 말할 수도 없고 보여 줄 수도 없으며, 표현 불가능한 것das unaussprechbar으로 본 것으로 보아, '말할 수

---

36) 비트겐슈타인은 오스트리아의 빈에서 강철업계의 거물 칼Kahr의 아들로, 유대인의 혈통을 이어받은 9남매 중 막내로 태어난 철학자다. 나치스Nazis를 피해 영국에 이주 · 귀화하였다. 케임브리지 대학강사(1929), 교수(1939)로서 활약하였으며, 그의 유일한 철학서 『논리철학 논고*Tractatus logico-philosophicus*』(1922)는 오스트리아의 빈Wien을 중심으로 일어난 철학의 '반형이상학화(논리실증주의logical positivism)' 운동을 주도했던 철학자의 집단이었던 빈 학파Wiener Kreis(Vienna Circle)에 큰 영향을 주었다.
기념비적 역서 『수학원리*principa mathematica*』(3권, 1910~1913)를 공저한 러셀Bertrand Russell(1872~1970)과 화이트헤드Alfred North Whitehead(1861~1947)와 신실재론Neurealismus의 창시자 무어George Edward Moore(1873~1958)의 영향을 받아, 철학의 역할을 언어분석에 두었다. 사후에 간행된 『철학적 탐구*Philosophische Untersuchungen*』(1958)는 그의 후기 학풍을 담고 있으며, 이는 영국의 옥스퍼드학파에 큰 영향을 주었다.

37) L. Wittgenstein, *Tractatus logico-philosophicus*, London: Routledge (original published, 1922) 1961; *philosophical investigations*, New York: Macmillan, 1965.

도 나타낼 수도 없는 것에 대해서는 침묵하지 않으면 안 된다.' 고 하는 관점과도 통한다. 프랑클은 표현을 달리하여 "말로 나타낼 수 없는 것에 대하여 기도하지 않으면 안 된다."라고 말한 것이다.

뿐만 아니라 이미 앞에서 든 은유적 설명이 시사하고 있는 바와 같이, 우리가 말할 수도 없고 볼 수도 없는 신이란, 어둠 속에서 끊임없이 우리 인간을 응시하고 있는 신, 우리는 깨닫지 못해도 우리와 끊임없이 대화하고 있는 신이기도 하다. 인간은 이와 같은 신과의 관계를 통해서 자기 자신을 이해하지 않으면 진정한 자기 이해에 도달할 수 없다고 보았다.

그러나 프랑클이 말하는 신은 무한히 멀리 있는 신인 동시에 무한히 가까운 신, 절대적 초월성과 절대적 친근성the absolute intimacy을 동시에 갖춘 '역설적인 신paradoxical god'이다.

이 점은 키르케고르Sören Aabye Kierkegaard(1813~1855)나 칼 바르트Karl Barth(1886~1968)[38]에 가까운 신에 대한 이해라고 볼 수 있다. 이렇듯 프랑클의 신의 역설성도 구약성서에서 인용한 것임을 이해할 수 있다.

그렇다고 하여 프랑클 심리학을 이해하기 위해서 이와 같은 신

38) 바르트는 스위스의 프로테스탄트 신학자이며, 신학적 입장은 칼뱅주의Calvinism에 가깝다. 그의 초기 대표작 『로마서 강해*Der Römerbrief*』(1919)는 당시의 신학계를 깜짝 놀라게 했다. 이후 발전한 그의 신학사상은 일반적으로 '위기신학' '신의 말씀의 신학' '변증법신학dialektische Theologie' '계시의 절대성' '신의 말씀의 초월성'으로 불렸으며, 근대 신학의 인간적 경향에 경고를 주었다. 따라서 인간에 대한 신의 초월과 신의 주권적 성격을 강조하고 신을 절대 타자로 보고 절대적 초월성을 강조하였다.

앙을 공유할 필요는 없다. 그렇지만 '인생' 그 자체를 우리 인간에게 보내 준 당위의 '과제'이며 '사명'이라고 생각하는 프랑클 심리학의 배경을 이해하는 데 있어서는 프랑클의 신앙과 신의 관점을 알아두는 것은 결코 헛된 일은 아닐 것이다.

프랑클도 불필요한 오해를 없애기 위하여 자신의 관심이 종교와 다르다는 점에 대해서 몹시 신경을 쓴 흔적이 보인다. 그의 유명한 실존적 심리요법인 로고테라피도 초기(1940년대)의 저술에서는 종교성의 의식화에 대한 저항을 제거하지 않으면 안 되었던 표현을 발견할 수가 있으나, 1950년대 이후의 저술에서는 의사로서의 중립성을 지킬 필요성을 강조하고, 치료 과정에서 개인적인 가치관을 환자에게 주입하는 것을 '세계관적 역전이' 라고 보아 이를 경고하였다.

심리치료기법으로서의 로고테라피는 어디까지나 '마음의 건강' (정신적 건강)을 목적으로 한 데 반해 종교의 목적은 '영혼의 구제'에 있다. 로고테라피가 때로는 치료 결과가 환자를 신앙생활로 인도하는 경우도 있으나 그것은 '결과'이며 의도적인 목적은 어디까지나 마음의 건강을 지향한다고 하는 것이 프랑클의 주장이다. 이 점은 프랑클 저서의 도처에서 집요할 정도로 되풀이하여 서술되고 있다.

이렇듯 로고테라피는 유대교, 그리스도교의 심리치료법의 도구에 지나지 않다는 비판에 반론하기 위하여 프랑클은 무척 많은 심혈을 기울였다. 로고테라피는 무신론자를 포함한 모든 클라이언

트에게 적용 가능할 뿐만 아니라 모든 임상가가 사용 가능하다고 본 것이 그의 일관된 생각이다.

9. 종전 이후의 프랑클

수용소 생활(1942. 9. 25.~1945. 4. 27.)을 끝내고 꿈에도 그리던 고향 빈으로 돌아간 프랑클은 그동안 펼치지 못했던 것을 마치 울안에서 풀려난 사자와 같은 기세로 희망에 찬 활동의 일보를 내딛었다. 왜냐하면 그동안의 꿈도 꿈이지만, 프랑클을 살아남게 해 준 정신력이야말로 종전 후 혼란에 빠진 오스트리아 사회에 절실하게 필요한 것이라고 생각했기 때문이다.

여기서 그 경과를 간단하게 살펴보기로 한다.

1945년 4월 27일 다카우 수용소에서 해방된 프랑클은 여러 가지 복잡한 사무적인 절차를 거쳐서 어렵게 빈에 도착했다. 그리고 사람들의 권고로 가설 노인의 집으로 들어가서 하룻밤을 지낸 후, 어느 의사를 통해 사회문제 담당 장관의 비서였던 브루노 피텔만 Bruno Pittelman을 만나게 되었다. 피텔만은 즉시 프랑클이 생환한 사실을 라디오를 통해서 알리고, 프랑클에게는 전에 하던 일에 복귀할 수 있는 논문을 쓰도록 하였다. 그 결과 프랑클은 1946년 빈 시립종합병원 정신신경과 부장으로 일하게 되었다.

한편 프랑클은 아우슈비츠 수용소 입소 시에 빼앗겼던 원고의 복원을 위해 혼신의 힘을 다했다. 그리고 종전 후 1년쯤 지나고 나서 적십자사의 도움을 얻어 겨우 가족 소식을 알 수 있었으나 결과는 참담하였다. 즉, 아버지는 테레지엔슈타트Theresienstadt 수용소에서, 어머니는 아우슈비츠Auschwitz 수용소의 가스실에서, 그리고 사랑하는 아내 틸리는 베르겐 벨젠Bergen Belsen의 여성 수용소에서, 형 발터는 아우슈비츠 부속 수용소로 이송된 후 광산에서 운명한 것을 안 프랑클은 잠시 비탄과 인생의 무상 속에서 넋을 잃었다고 한다.

프랑클은 마음을 추스리고 나서 친구인 폴락Paul Polak을 찾아가 눈물을 왈칵 쏟으며 이렇게 말했다고 한다.

> "인간이 갑자기 어려운 일을 당해 고통스런 시련에 부닥치는 건 그 자체로 의미가 있다고 생각해. 뭔가가 기다리고 있는 듯한, 내게 뭔가를 요구하는 듯한, 무언가가 결정되어 있는 듯한 느낌이 들어."[39)]

프랑클은 이런 역경의 인생이 자기 인생이라고 생각하고, 이런 인생이 자신에게 준 고난을 극복해 가는 것이 의미 있는 인생이라고 생각하여 있는 힘을 다해서 빼앗긴 원고 재생을 위해 노력했다. 그리하여 1946년에, 그가 그토록 염원했던 데뷔작인 『의사에 의한

39) V. Frank, *Was nicht in meinen Büchern steht* (1995), München: Beltz Verlag, 2002, S. 82.

심혼의 치유—로고테라피와 실존 분석의 기초*Ärztliche Seelsorge: Grundlagen der Logotherapie und Existenzanalyse*』를 간행하게 됨으로써, 로고테라피와 실존 분석의 체계를 처음으로 세상에 내놓게 되었다.

또 같은 해에 출판된 『한 심리학자의 강제 수용소 체험*Ein Psycholog erlebt das Konzentrationslager*』은 프랑클이 수용소 체험을 정리한 것이다. 수용소에서 죽어 간 희생자들을 대신하여 세상 사람들에게 홀로코스트에 대하여 말해야 할 책임을 느낀 프랑클은 처음에는 이 저술을 익명으로 출판할 생각이었다고 한다.

불과 2, 3주 동안에 탈고한 이 책은 프랑클의 저서 가운데서도 가장 많은 사람이 애독한 책이 되었으며, 특히 이 책의 영역판인 『인간의 의미 추구*Man's Search for Meaning*』는 미국에서만도 1985년 기준으로 74판의 기록을 올리는 롱셀러가 되어 200만부를 돌파했다고 한다. 이 책은 또한 18개 국어로 번역될 정도였다. 이 책이 얼마나 세상 사람들의 심금을 울렸는가는 짐작하고도 남음이 있다.

미국 국회도서관의 조사에 의하면 '자기 인생에 가장 큰 영향을 준 책' 제7위에 빛나고 있다. 제1위는 물론 성서이며, 심리학 · 정신의학 분야에서는 이 책이 유일하며 가장 좋은 책 10권 속에 들어갔다고 한다.

그 후에도 프랑클의 열정적인 집필은 계속되어, 1946년, 1947년의 2년 동안에는 놀랍게도 6권의 저서를 내놓았다. 그중에서도 가장 대표적인 것은, 앞에서 말한 두 권의 책과 빈의 '시민대학'에서 행한 '3회에 걸친 연속 강연'[40]을 정리하여 『그럼에도 불구하고 인생에 예라고 대답하라*…trotzdem Ja zum Leben sagen*』(1947)를 발표하였다는 점이다. 이어서 1948년부터 1952년에 걸쳐서도 1년에 1권꼴로 저술을 하였다. 그는 정신과 의사이기 전에 훌륭한 학자였다. 그가 생을 마감할 때까지 그는 독일어판의 전문 저서만도 20여 권에 이르며, 영어판도 몇 권의 독창적인 저서 등 총 31권의 책을 저술하였다.

수용소에서 나온 후 20년 정도, 즉 프랑클이 40세에서부터 60세가 되는 1960년대 중반까지는 그가 가장 왕성하게 활약한 시기였으며, 또한 프랑클 심리학이 눈부신 발전을 이룬 시기였다.

임상 면에 있어서도 정신신경과 부장으로서 활동한 빈 시립종합병원에서는 수천 명에 이르는 환자를 치료하면서 한편으로는 로고테라피의 방법을 보다 완전한 방법으로 만들기 위해 갈고 닦았다. 또한 빈 대학에서는 철학 분야에서 두 개의 학위를 취득하는 한편 의학부 정신과 교수로서 활약하는 등 실로 지칠 줄 모르는 의지와 도전의 사람이었다.

1960년에 이르러 프랑클은 유럽대륙과 미국 전역을 돌아다니며

---

40) 첫 번째 강연 '사는 의미와 가치' 에서는 인생에는 어떤 상황에서도 의미가 있다는 것을, 두 번째 강연 '질병을 넘어서' 에서는, 신체적 · 심리적인 질환을 가지고 있다 할지라도 삶의 의미를 빼앗아 갈 수 없다는 것을, 세 번째 강연 '인생에는 예라고 말한다.' 에서는, 강제 수용소 같은 한계 상황 속에 있는 운명에서도 인생으로부터 운명을 빼앗아 갈 수 없다는 것이 그 내용이다. 요컨대, 첫 번째와 두 번째 강연은 『의사에 의한 심혼의 치유』, 세 번째 강연은 『한 심리학자의 강제 수용소의 체험』의 진수를 각각 말한 것이다.

『그럼에도 불구하고 인생에 예라고 답하라』의 타이틀은 부헨발트Buchenwald 강제 수용소에 수용되었던 헤르만 레오폴트Herman Leopold와 프리츠 베타레나Pritz Betarena에 의해서 작사 · 작곡된 수용소의 수감자들이 불렀던 노래의 한 소절에서 인용한 것이라고 한다.

강연 여행을 하면서 로고테라피의 보급에 힘썼다. 그 결과 150교가 넘는 대학에서는 그를 강사로 초빙하였으며, 하버드 대학교, 남감리교 대학교, 스탠포드 대학교에서는 객원교수로 초빙하였고, 1972년에는 미국 샌디에고의 합중국국제대학에서 로고테라피의 교수로 초빙되어 매년 겨울 학기마다 7년간에 걸쳐서 강의를 해 왔으며, 이 대학에 부설된 로고테라피 연구소 소장까지도 겸하였다.

1977년에는 버클리의 신학협회에 '빅토르 프랑클 기념 도서관 Viktor Frankl Memerial Library'이 설립되었으며, 같은 해에 역시 버클리에 조셉 파브리Joseph Fabry가 중심이 되어 로고테라피 연구소가 설립되어, 전문가 양성을 위한 교육에 기여하였다. 특히 크럼보J. C. Crumbaugh에 의해 구안된 PIL test Purpose in Life test(인생의 목적 테스트)와 엘리자베스 루카스Elisabeth Lukas의 로고테스트Logotest 같은 심리검사가 만들어짐으로써 로고테라피에 대한 보다 깊은 연구가 가능해졌으며, 이로 인하여 로고테라피에 관한 논문으로 학위를 받는 사람 수도 늘어났다고 한다.

한편 프랑클은 심리학의 제4세력the fourth force의 선도자가 된 에이브러햄 매슬로Abraham Harold Maslow(1908~1970)와도 '자기실현'과 '자기초월'에 관한 토론을 통해서 참다운 자기실현은 반드시 자기초월적 요소를 포함한다는 점에 의견의 일치를 보았다. 이와 같은 학문적 공감대의 관계는 매슬로가 중심이 되고 안토니 수티치 Anthony Sutich(1907~1976), 스타니슬라프 그로프Stanislav Grof(1931~)

와 더불어 만든 『트랜스퍼스널 심리학회지*Journal of Transpersonal Psychology*』(1969)의 창간호에도 프랑클의 이름이 등재되어 있는 것과 무관하지 않다고 본다.

이 밖에도 1980년 11월에는 샌디에이고San Diego에서 제1회 세계 로고테라피 회의the First World congress of Logotherapy를 개최하였으며, 이 기록은 1982년 로고테라피 연구소에서 발간한 『프랑클린 선집*ANALECTA FRANKLIANA*』을 통해서 발표되었다.

이 회의에서 프랑클 자신도 개회 기조 강연자로서 '로고테라피: 탈권위화의 길Logotherapy on Its Way to De-gurufication'이라는 주제로 강연을 한 바가 있다. 이 강연을 통해서 프랑클은 프랑클 심리학의 발전, 특히 적극적인 호응과 연구에 의해서 로고테라피가 과학적으로 다져져 가고 있다는 점에 대하여 기쁨을 표명함과 동시에 자기를 마치 종교적 지도자 구루Guru처럼 본다거나 자신의 사상을 교조주의적으로 받아들이는 경향에 대하여 경고하였다.

말년에 와서도 프랑클은 건강이 허락되는 한 활동은 멈추지 않았다. 1991년 86세의 생일(1905. 3. 26.)을 며칠 앞둔 시점에서 프랑클은 한 인터뷰에서 다음과 같이 말하였다.

> 인생에서 중요한 것은 이것이 자기 인생의 의미라고 생각한 바를 끝까지 추구하는 데 있으며, 어떤 명성을 얻는 데 있지 않습니다. 그렇기 때문에 내가 쓴 책이 다른 저자의 이름으로 출판되어 그 책이 독자들에게 도움을 주고 있다면 나는 그것으로 족합니다.

그는 늙어 가는 자기 자신에 대해서도 매우 자연스럽게 긍정적으로 수용하면서 성숙해 가고 있는 자신의 모습을 보면서 노후를 보낸 것처럼 보인다.

영어 간행도서 『저자 목록*Who's Who*』의 편집자 로버트 슐러Robert Schuler로부터 "당신의 인생과 업적을 한마디로 요약한다면 무엇이라고 생각합니까?"라는 질문을 받았을 때 그는 다음과 같이 대답했다.

> 나는 다른 사람들이 인생의 의미를 찾도록 돕는 데서 나의 인생의 의미를 발견했습니다.[41)]

프랑클은 특히 시력 상태가 매우 좋지 않음에도 세계 여러 나라를 다니며 강연 활동을 하는 등 80대 노령에도 정력적인 나날을 보냈다. 90세인 1995년에는 고향 빈에서 개최된 제1회 세계심리치료회의에서 기념 강연도 하였다. 그러나 1997년 9월 2일(현지 시간) 아깝게도 심장병으로 빈 시의 자택에서 92년의 생애를 마감하였다.

프랑클의 죽음은 단순히 한 사람의 고명한 학자를 잃은 아쉬움만이 아니라 아까운 인재를 잃은 상실감을 주는 죽음이었다. 그는

41) R. Schuler, op. cit.

고통과 절망 속에서 일어서려고 몸부림치는 많은 사람에게는 정신적인 버팀목이 되어 주었으며, 때문에 그의 죽음은 삶의 용기와 활력을 주었던 사람이 세상을 떠났을 때만 느낄 수 있는 독특한 상실감을 주는 죽음이었다. 프랑클의 죽음은 많은 사람에게 그런 의미의 죽음이었다.

프랑클의 유족으로는 그가 종전 후 1947년에 빈 대학병원 구강외과 간호사와 재혼한 아내 엘리오노레 카타리나Eleonore Katharina와 외동딸 가브리엘 프랑클Gabriele Frankl(빈 대학에서 신경학과 정신의학으로 교수직을 얻었으며, 하버드 대학교 객원교수이기도 하였다), 사위 프란츠 베절리Franz Versely(빈 대학 물리학 교수)와 두 사람의 외손자 Katharina와 Alexander와 증손녀 안나 빅토리아Anna Viktoria가 있다. 한 TV 방송국에서 가진 딸과의 인터뷰에서 아버지는 완벽주의자이며 이성주의자이면서도 상당히 유머감각도 있는 사람이었으며, 가정은 항상 즐거운 분위기에 차 있었다고 한다.

그는 인간의 동물 공유의 본능적인 심리 차원을 넘어선 정신 차원noetic dimension과 인간적인 차원human dimension에서 인생의 의미를 찾고자 했으며, 철저한 인간 회복을 위한 '정신의학자'인 동시에 카운슬러와 '의미철학자'로서 정신의 자유성과 책임성을 이론과 실천으로 살다 간 사람이었다. 참으로 그는 수용소의 문을 걸어 나오면서부터 덤으로 받은 50년의 인생에 책임을 대하기 위해 최선을 다해 살다 갔다.

제2장

삶의 의미를 찾는 프랑클 심리학

1. 실존적 공허
2. 행복의 패러독스—실존주의적 심리학의 관점
3. 의미를 추구하는 의지
4. '삶의 의미의 물음'을 어떻게 물을 것인가
5. 물음을 받고 있는 '나'의 발견
6. 의미 발견의 지표—세 가지 가치의 범주
7. 프랑클 심리학과 아들러 심리학의 물음에 대한 공통점과 차이점
8. 모든 것에는 의미가 있는가

1. 실존적 공허

프랑클 심리학의 요점은 "어떤 경우에나 인생에는 의미가 있다. 내가 해야 할 것이 있고, 내가 채워 주어야 할 의미가 내게 주어져 있다."는, 인간적인 자유와 책임과 의미철학을 제시해 주는 심리학이다.

때문에 프랑클 심리학은 인간적인 현상의 인간적인 측면을 중시하며 휴머니즘의 극에 있는 '결정론'이나 '환원주의적' 사고에 대해서는 비판적이다. 그러기에 그는 인간에게서만 볼 수 있는 인간의 '정신적 차원noetic dimension'을 중시하였으며, 환원주의(정신분석이나 행동이론도)가 인간적인 현상을 '프로크루스테스의 침대Procrustean Couch'[1]처럼 미리 만들어 놓은 한정된 해석의 패턴인 '과학적'인 진리의 틀에 집어넣어, 이를 인간 이하로 폄하하여 해석하는 것을 '서브 휴머니즘sub-humanism'이라 하여 배격하였다.[2]

특히 프랑클이 인간적인 차원 가운데서도 중시한 것은 인간은 상황에 묶인 '폐쇄적 존재'가 아니라 열려 있는 '개방적 존재'라

1) 프로크루스테스Procrustes는 그리스 신화에 나오는 도둑이며, 통행인을 붙잡아 침대에 눕게 하여 신장이 침대보다 클 때는 긴 것만큼 잘라 버리고, 침대보다 짧을 때는 침대 길이만큼 잡아 늘렸다고 한다. 후에 아티카Attica의 영웅 테세우스Theseus에 의해 살해되었다.

2) V. Frankl, The Unheard Cry for Meaning: Psychotherapy and Humanism, New York: Simon and Schuster, 1985, p. 88; *Journal of Existentialism*, 5. 1964, p. 229.

고 보아 인간은 인생의 의미란 무엇인가를 묻기 전에 인생으로부터 '어떻게 살면 좋은가' '어떻게 살 것인가'의 물음을 받고 있는 존재라는 것을 강조한다. 요컨대, 인간은 삶의 의미를 자기 인생에 물을 것이 아니라 인생으로부터 받은 물음에 답하지 않으면 안 되는 존재라는 '인생의 이 역설적인 진실'을 강조하고 있다.

이와 같은 관점에서 프랑클은 인생으로부터 받은 물음의 답을 찾지 못한 현대인이 겪고 있는 생존의 의미와 목적의 상실감에서 오는 허탈감을 실존적 공허das existentielle Vakuum 또는 실존적 좌절das existentilelle Frustration이라고 하였다.

프랑클은 어느 한 환자를 통해서, 경제적으로는 충족된 생활을 하고 있지만 정신적인 허무나 공전이 일어나고 있는 것을 보았다. 이로 인하여 발생하는 허무감 · 소외감 · 우울증 때문에 삶의 의미와 목적을 상실한 것을 보고, 이를 단순히 환자 개인의 문제로만 보지 않고 인간으로서 겪게 되는 고통의 문제로 이해하지 않으면 안 된다고 보았다. 자기 존재가 아무런 의미도 갖고 있지 않다는 감정, 끝도 없이 찾아오는 의미 상실감은 현대인을 불행하게 만들고 있는 정신적인 질환이라고 본 것이다.

경제적으로 풍요로운 사회나 인간의 기본적 욕구가 충족되고 있는 선진국에서 허무감 · 공허감의 문제가 갈수록 심각해져 가는 경향이나, 사회보장제도가 잘 발달되어 있는 복지국가 사회에서도 자살률이 높아 가고 있는 경향은 생존의 의미를 발견하는 것이 얼마나 중요한가를 잘 말해 주고 있다.

이런 문제는 일찍이 프랑스의 사회학자 뒤르켕Emile Durkheim(1858~1917)이 그의 『자살론*La Suicide*』(1897)에서 공황기에 자살률이 증가하는 경향도 있지만 비정상적인 경제적 호경기에도 자살률이 상승한다는 아노미적 자살anomic suicide이나, 오스트리아의 브루노 크라이스키Bruno Kreisky(1911~1990/재임기간 1970~1981) 총리가 복지국가 오스트리아에 대해서 걱정되는 것은 실업자의 문제보다 국민의 인생에 대한 무의미 감각이라고 말한 것도 '생존의 의미'를 갖는다는 것이 건강한 사회를 만들어 가는 데 있어서 얼마나 중요한가를 잘 보여 주는 사례다.

실존적 공허에는 크게 두 가지 유형이 있다. 하나는 돌발적인 사고나 좌절로 인해 발생하는 '급성'의 실존적 공허나 '절망형'의 실존적 공허이며, 또 하나는 '만성'의 실존적 공허나 '권태형'의 실존적 공허다. 전자는, 예컨대 3대 독자를 교통사고나 폭행사건으로 잃게 된 부모, 결혼 직전에 약혼자에게 버림받은 여성, 몇십 년 동안 연구한 결과가 하루아침에 실패로 끝나 버린 과학자 등이 겪는 실존적 공허를 말한다.

후자의 경우는 특별히 이렇다 할 만한 고민거리가 있는 것도 아닌 데 어딘가 모르게 허무한 경우다. 그래서 이 허무감에서 도피하고자 일상적인 일이나 술·놀이에 몰두한다. 이른바 도피형의 태도다.

그러나 이런 태도는 공허함을 숨김으로써 일시적으로 공허함에서 벗어날 수 있는 효과는 있어도 근원적인 대처는 못 된다. 오히려 도피 수단을 멈추고 집에 돌아와서 마음의 허무함과 생활의 권태를 느끼게 되면 더 심한 공허의 깊은 수렁에 끌려 들어가고 만다. 이 점을 두렵게 생각하는 현대인 가운데는 점점 생활의 속도를 빠르게 만들어 끊임없이 자기를 바쁘게 만듦으로써 감각을 마비시켜 버리려고 한다. 심지어는 환각제를 사용함으로써 절망이나 허무함에서 벗어나려는 극단적인 도피 수단을 사용하는 사람도 있다.

프랑클은 다음과 같이 말하고 있다.

> 생활의 속도는 현대인에게 있어서 의미를 추구하는 의지의 좌절, 불만, 불충족을 마비시키는 역할을 하고 있다. 현대인은 자기가 어디서 와서 어디로 가고 있는지를 모르고 있다. 현대인은 그것을 모르면 모를수록 점점 더 생활 속도가 빨라서 이를 간과하고 만다.[3)]
>
> 물리학만이 아니라 심리학에서도 공허에 대한 공포, '진공 혐오'가 존재한다. ……나는 현대인이 생활의 빠른 속도를 통해서 자신의 실존적 좌절을 치유하려고 하는 것은 무모한 시도라고 본다. 이렇게 보는 것은 인간은 사는 목적을 모를 때 그만큼 생활의 속도를 빠르게 할 수 밖에 없기 때문이다.[4)]

---

3) V. Frankl, *Theorie und Therapie der Neurosen*, Ernst Reinhardt, 1956.
4) ______, *Das Leiden am sinnlosen Leben: Psychotherapie für heute*, Herder, 1977.

이렇듯 프랑클은 현대인들의 바쁜 생활과 끊임 없는 말초신경적 자극과 관능적 쾌락을 추구하는 행동의 배후에서 허무와 절망에서 도피하려고 하는 숨은 동기를 간파한 것이다. 지금 우리 사회에도 딱 들어맞는 말이라고 본다. 프랑클이 말한 바와 같이 직업적 과잉활동과 '원심적 여가centrifugal leisure' 사이를 왔다 갔다 하는 사람들이 무엇을 침착하고 깊게 생각할 수 있는 시간이 없다고 하는 것은, 현대인에 대한 경고라고 본다. 바쁘게 사는 것만이 바람직한 인생은 아니다. 혹자는 의도적으로 자기를 바쁘게 함으로써 공허함에서 벗어나려는 사람도 있다.

프랑클에 의하면 '원심적 여가'란 마음을 밖으로만 돌려서 신경을 쓰기 때문에 마음을 산만하게 하는 경우이며, 이에 대비되는 '구심적 여가centripetal leisure'는 심사숙고하고 명상을 하는 경우와 같이 내면으로 마음을 모으는 그런 유형의 여가를 말한다. 프랑클은 이런 점에서 사람은 고독의 시간을 가질 용기가 필요하다는 것을 말하고 있다.[5)]

'직업적 과잉활동'과 '원심적 여가'에 의해서 끊임없이 자기를 바쁘게 만들며 감각을 마비시키고 있는 현대인에게 가장 무서운 것은 '권태'다. 일 중독자에게는 '아무것도 할 일이 없는 일요일'이 제일 싫고 권태롭다는 것이 이를 잘 설명해 준다. 예컨대, 토요일, 일요일도 없이 일하는 사람 중에는 국경일이나 쉬는 날에도 어딘가에 가지 않으면 마음이 허전해진다고 하는 사람도 있다. 이

5) V. Frankl, *The Will to Meaning*, Paperback, 1981, pp. 97-98.

역시 자신의 감각을 마비시켜서 내적인 허탈감을 잊으려는 동기 때문일 것이다.

실존적 공허로부터의 도피 방법으로 프랑클이 문제 삼은 주된 것은 지금까지 설명한 '바쁜 생활로의 도피'와 '감각 마비에 의한 도피'다. 이러한 병리현상의 대부분은 '실존적 공허로부터의 도피'에 해당한다.

누구에게나 자신의 내적인 허무를 응시한다는 것은 매우 고통스러운 일이며, 여기에 용기 있게 대처하지 못하는 사람은 여기서 벗어나기 위해서 끊임없이 자기를 어떤 필요한 자극에 노출시켜 감각을 마비시키려고 한다. 요컨대, '아무것도 느끼고 싶지 않다.' '아무것도 보고 싶지 않다.' '아무것도 생각하고 싶지 않다.' 고 생각한 나머지 오직 감각을 마비시켜 주고 말초신경만을 만족시켜 주는 '쾌락주의' 문화와 '감각을 마비시키는 관능적인 말초신경 문화'만을 추구하게 된다.

특히 사춘기 · 청년기의 젊은이들은 감수성도 예민하고 보다 강한 충동성이나 에너지를 가지고 있기 때문에 때로는 자기 자신조차도 짐스러워 주체하지 못한다. 이런 젊은이의 감각을 마비시키기 위해서는 보다 강렬한 자극이 필요하다. 예컨대, 여학생의 경우 '돈'이나 '명품'에서 찾았던 자극을 '원조교제'나 '가출' '혼숙' 같은 데서 얻게 되고, 남학생의 경우라면 감각을 마비시켜 줄 자극으로 '폭력'보다는 각성제나 환각제를 더 선호하는 경우와 같다.

그러나 성인 사회의 경우는 공허한 자기를 마비시키기 위하여 '돈' '폭력' '권력'의 세계에서 자극을 찾으려고 한다. 이와 같은 도피행각은 삶의 의미를 찾지 못하여 방황하며 삶의 목표와 이유를 상실한 채 세파에 자신을 내던진 행동으로서, 이는 일시적으로 공허한 자기를 마비시켜 주는 효과 이외에는 아무것도 없다.

이와 같은 불건전한 도피 수단은 '돈'과 '권력'이 인생의 수단이 아니라 목적처럼 전도된 성인 사회 도처에서 볼 수 있다는 것은 사회가 그만큼 돈과 권력으로 병들었다는 것을 말해 준다. '건전사회sane society'는 그 사회를 이루고 있는 사람들에 의해서 만들어지고 유지된다. 그중의 하나가 실존적 공허를 인간적인 고뇌로 받아들여 자신이 사는 의미를 고민하고 발견하는 적극적인 대결의 자세가 요구된다. 이런 자세는 인간적 성숙을 위해서도 큰 의미를 갖는다.

현대인에게 스트레스가 많은 것도 정신적으로 긴장해야 할 생활 때문이기보다는 풍요와 단조로운 사회에서 지향해야 할 '이상'이나 '목표'도 없고 해야 할 '사명'도 없는 나머지 좋은 의미의 긴장감(실존적 긴장existential tension)도 결여되어 있을 뿐만 아니라 사람들의 마음도 무르고 약해져서 스트레스에 민감해진다는 것도 생각할 필요가 있다. '풍요만 있고 좋은 의미의 긴장'이 없다는 것은 결코 바람직한 것은 아니다.

2. 행복의 패러독스—실존주의적 심리학의 관점

행복이란 우리의 정신 가운데서 최고선의 실현, 윤회로부터의 해탈, 참된 자기실현, 만족, 기쁨, 쾌락 등 그 사람 나름의 다양한 소망과 요구가 지속적으로 충족된 주관적인 상태를 의미한다. 이 행복의 추구는 사람이라면 누구나 갖게 되는 자연적이며 피할 수 없는 공통된 관심사다. 그러나 행복을 추구하는 내실에 있어서는 사람마다 달리하는 생활방식에 의존하기 때문에 '행복'에 대한 개념 정의를 하나로 내리기란 불가능하다. 왜냐하면 그 사람이 지향하는 의지나 욕구와 만족의 정도 · 종류에 따라서 행복하다고 생각하는 방법도 생물학적 차원에서부터 정신적 차원에 이르기까지 매우 다양하기 때문이다.

현대인의 내면에 만들어지는 '마음의 허무함' 도 행복에 대한 욕구의 좌절에서 만들어진다. 누구나 "행복하게 살고 싶다." "알찬 인생을 살고 싶다."라고 피나는 노력을 하지만 그렇게 뜻대로 되지 않는 것이 현실이다. 이렇게 되는 것은 무엇 때문일까?

한마디로 말해서 그것은 자기가 누구인지를 잘 모르고 있을 뿐만 아니라 일반적으로 자기가 알고 있는 나는 자아에만 의식된 '나'이기 때문에 그것이 진정한 나라고 볼 수 없다. 행복해지고 싶다는 끝이 없는 욕망에만 쫓기고 있기 때문이다.

인생의 화복禍福은 모두 마음에서 만들어진다. 석가도 말하기를, "욕심이 불길같이 타오르면 이것이 곧 불구덩이가 되고, 탐욕에 빠지면 이것이 곧 해가 되지만, 한 생각이 맑고 깨끗하면 세찬 불길도 연못이 되고 한 생각을 깨닫게 되면 배는 저 언덕에 오른다.”

(利欲熾然(이욕치연)이면 卽是火坑(즉시화갱)이요 貪愛沈溺(탐애침닉)하면 便爲苦海(편위고해)나 一念清淨(일념청정)하면 烈焰成池(열염성지)하고 一念警覺(일념경각)이면 船登彼岸(선등피안)이다)고 하였다.

단적으로 말해서 우리의 욕망에는 끝이 없다는 데 문제가 있다. 예컨대, 물질 · 돈 · 지위 · 명예 · 권력 · 성욕 등 가지면 가질수록 더 갖고 싶은 것처럼 욕망은 무한하다. 사람에게는 안분자족安分自足의 삶에 대한 통찰이 필요하다. 지족불욕知足不辱이니 지족자부知足者富라는 말은 현대를 살아가는 사람의 행복에 대한 마음의 한 자세라고 할 수 있다.

지금 우리는 자유시장경제와 무한경쟁체제가 정보화를 매개 삼아 소비자의 소비 욕망을 최대로 자극하고 있는 소비 사회에서 살고 있으며, 그 결과 소비자의 적정 필요를 넘어선 욕망의 무한 공간을 마음대로 창출할 수 있는 사회에서 살고 있다. 때문에 넘치는 소비 정보에 의해서 만들어지는 소비자의 욕망은 적정선을 넘어서 끝없이 자극을 받고 비대해져서 팽창을 계속하고 있는 것이다. 그리하여 한 수준의 욕망을 채우고 나면 또다시 곧이어 새로 산출된 상품에 의해서 욕망은 사로잡히게 된다.

이렇듯 현대사회를 살고 있는 우리는 끊임없는 욕망의 포로가 되어 채워도 채워도 만족할 줄 모르는 결핍감에 중독되어 살게 된다. 이런 사람은 물질적으로 아무리 풍요한 사회에서 살고 있어도 만족할 줄 모르고 감사할 줄 모르기 때문에 허무함에서 벗어날 수 없다.

행복을 얻기가 어려운 것은 이와 같은 사회구조의 영향 때문만은 아니다. 우리의 '마음'에도 행복 추구가 좌절될 수밖에 없는 이유가 숨어 있기 때문이다. 프랑클은 우리의 마음속에 숨어 있는 '행복의 법칙'에 대해서 다음과 같이 말하고 있다.

> '행복의 추구'는 행복을 방해한다.[6] '행복의 추구는 자기모순'이다.[7] '행복은 추구할 수는 없다. ……행복을 의식함으로써 사람은 행복을 얻기 위한 이유를 놓치게 되고, 행복 그 자체는 사라져 버린다.'[8] '우리는 행복을 획득하려고 하면 할수록 점점 멀어지고 행복을 얻을 수 없게 된다.'[9]

인간의 마음이란 자신의 행복에 매여서 이를 직접 추구하게 되면 결코 만족을 얻을 수 없다. 무엇을 잡듯이 행복을 잡으려 한다면 그 행복은 반드시 달아난다. 행복뿐만 아니라 '쾌락' '자기실현' '건강' '절정 체험' 등 이러한 것들은 그 자체를 추구하면 반드시 실패할 수밖에 없는 성질이 그 안에 숨어 있다.

---

6) V. Frankl, *The Will to Meaning: Foundation and Application of Logotherapy,* New York: New American Library, 1969; paperback edition, 1981.

7) ________, *Psychotherapy and Existentialism: Selected Papers on Logotherapy,* Simon and Schuster, 1967, Washington Square Press, 1985.

8) ________, *The Will to Meaning*, 1981.

9) ________, *Psychotherapy and Existentialism,* 1985.

좀 더 "행복하고 싶다."고 하는 바람 그 자체는 말할 것도 없이 옳은 일이며, 그 누구에 의해서도 침해받아서는 안 될 소망임에는 틀림없다. 누구나 자신의 행복을 바라며 이를 얻으려는 것은 인간의 기본적인 권리이기 때문이다.

그러나 자신의 행복을 바라고 직접 이를 추구하는 사람은 결국 그런 마음 때문에 자신의 소망대로 행복을 얻을 수 없게 된다는 것을 프랑클은 말한다. 즉, 직접적인 행복의 추구는 자기모순self-contradiction에 이르게 된다는 것을 경고하였다.[10)]

그렇다면 어떻게 하면 좋단 말인가?

그것은 오직 행복해지자는 것이다. 행복을 손에 넣고자 하는 집착을 버리고 자기가 해야 할 일을 성실하게 하는 데 있다. 이렇게 하는 동안에 마땅히 때가 되면 저절로 행복은 찾아온다는 것이 프랑클의 관점이다. 자업자득의 원리와 같다. 즉, "만약 행복해질 이유가 있다면 저절로, 즉 자연발생적으로 행복은 그동안 살아온 결과로서 찾아온다. 이 점이 인간은 행복을 직접 추구할 필요가 없는 이유다."[11)]

이렇듯 행복은 자기가 해야 할 일을 하는 데서 보람을 느끼며, 그 결과에 집착하지 않고 전심전력한 결과로서 주어지는 것이며, 결코 행복 그 자체를 얻으려고 하는 것은 무리이며, 실망과 좌절만

10) V. Frankl, *Psychotherapy and Existentialism,* 1985, p. 52.
11) ________, *The will to Meaning*, 1981, p. 38.

을 가져올 뿐이다.

이런 뜻에서 행복은 결코 목표는 아니며, 목표가 되어도 안 되며 목표가 될 수도 없다. 행복은 찾아오는 결과에 지나지 않는다. 예컨대, 기쁨이나 웃음도 우리가 직접 기쁨이나 웃음 그 자체를 얻을 수는 없으며, 어떤 행동의 결과로 저절로 기쁨이나 웃음이 묻어나는 경우와 같다. 의도적인 억지웃음은 보기도 어색할 뿐만 아니라 의미도 없다.

이와 같은 순서를 잘못 생각하여 '자신의 행복' '자신의 기쁨'을 직접 얻으려고 마음먹을 때, 그 '행복'이나 '기쁨'은 어디까지 가더라도 결코 얻을 수 없다. 그럴수록 '영원한 불만 상태' 와 좌절만을 경험하게 될 것이다. 그 결과 행복에서 점점 멀어져 가는 '행복의 환상'만이 보일 것이다. 이와 같은 태도는 인간다운 인간의 본성에도 역행한 매우 어리석은 처세임에 틀림없다.

사람의 마음이 진정으로 즐거움과 기쁨과 만족과 행복으로 채워지려면 자신과 자신의 행복에 관한 것을 깨끗이 잊고 무념과 무심의 마음으로 자기가 자기 위치에서 해야 할 일, 자신에게 의미 있는 것만을 위해 살아감으로써 얻어진다.

인생에 있어서 이 역설적 진실은 '행복의 패러독스' 이며, 우리는 그 함정에 빠지지 않는 마음가짐이 무엇보다도 중요하다.

3. 의미를 추구하는 의지

프랑클은 '의미를 추구하는 의지der Wille zum Sinn'를 인간 생존의 근본 동기로 보았다. 인간에게는 이 생존의 근본 동기가 있기 때문에 인생의 시작에서부터 생을 마칠 때까지 끊임없이 의미와 목적을 발견하고 이를 실현하는 기본적 노력을 기울이게 된다는 것이다.

프랑클에 의하면, 인간은 겉보기에는 인생의 의미에는 전혀 관심이 없고 쾌락 추구적이고 권력 추구적인 인생을 살고 있는 것처럼 보이는 경우에도 기실 의미를 추구하는 의지와 완전히 떠나 있는 것은 아니다. 그렇게 보이는 것은, 의미를 추구하는 의지를 실현시키고 싶어도 그렇게 되지 않기 때문이다. 즉, 의미 있는 인생을 살고 있다고 생각하고 싶어도 그렇게 안 되기 때문에 여기서 생기는 허무감으로부터 도피하기 위한 대체 수단으로써 쾌락이나 권력을 추구한다고 생각한 것이다.

요컨대, 인간은 '의미를 추구하는 의지'에 지배되고 있기 때문에, 생존하고 있는 한 인생에서 자기가 해야 할 일을 생각하며, 인생의 진정한 삶의 의미를 실현하고 싶은 생각에서 벗어나는 일은 한시도 있을 수 없다는 것이다.

프랑클이 고등학생일 때 프로이트와 편지 왕래를 했으며, 대학생 때 아들러의 직접적인 영향을 받았음에도 불구하고 프랑클은 이에 만족하지 않고 프로이트의 '쾌락의 의지'나 아들러의 '권력의 의지' 보다는 '삶의 의미' 문제에 초점을 맞춘 독자적인 자기 이론을 만들었다. 그 결과 프랑클의 학설은 프로이트, 아들러 학파에 이어 '빈심리치료 제3학파Dritte Wiener Richtung der Psychotherapie'로 불리게 되었다. 그러나 프랑클은 '쾌락의 의지'와 '권력의 의지'는 단지 '의미를 추구하는 의지'가 좌절되었을 때 그 대체 수단으로써 나오게 된다고 말한다.[12)]

프랑클은 '쾌락'이나 사회적인 '힘' 그 자체를 부정한 것은 아니다. 쾌락도 전인간적 생활의 관점에서 건전하고 적당하게 충족시키는 것이 바람직하다. 그렇지만 쾌락이란 본래 '의미 실현의 부수적 결과'에 지나지 않는다. 요컨대, '자기가 해야 할 일을 했다.'든가 '의미 있는 일을 했다.'고 했을 때 그 결과로서 얻게 되는 쾌락을 말한다.

이 원리를 무시하고 '쾌락' 그 자체를 직접 추구한다면 이는 수단과 목적의 본말이 전도되고 만다. 이와 같은 일은 '의미를 실현하고자 하는' 본래의 욕구가 이루어지지 못했을 때만 생긴다고 볼 수 있다.

마찬가지로 사회학적인 '힘(권력)' 도 그 자체는 나쁜 것이 아니다. 오히려 정당한 권력은 생활과 목적에 따라서는 그보다 더 좋은 것이 없다. 현실적으로 볼 때 때로는 권력을 행사하지 않으면 해야 할 의미 있는 일을 할 수 없는 경우도 얼마든지 있기 때문이다. 프랑클도 "의미 실현이 어떤 사회적이며 경제적인 여러 가지

---

12) ibid. pp. 35-36.

불합리한 조건이나 전제 때문에 펼쳐지지 못하고 있을 때만은 권력이 목적 달성의 수단"으로써 필요하다고 말하고 있다.[13)]

요컨대, 권력의 경우도 그것은 본래 '의미 실현을 위한 수단'에 지나지 않는다. 즉, 이 사회를 위해 의미 있는 일, 당연히 해야 할 일을 하기 위한 '수단'으로 사용할 때만 권력은 그 빛을 발하게 된다. 그럼에도 불구하고 권력 그 자체가 인생의 궁극 목적이 되어 권력 그 자체를 추구하는 데서 만족을 얻는 것은 역시 본말이 전도되고 있는 것이다.

프랑클의 이와 같은 지적은 우리 사회의 현실에 대한 비판이기도 하다. 오늘의 우리 사회가 프랑클이 문제 삼은 '쾌락'과 '권력', 이 두 상징적 존재인 '돈'만을 맹목적으로 추구하는 정치인이나 지도층 · 재벌이 많은 사회에서 금욕에 눈이 어두워 인생을 전락시키고 있는 추태를 보게 된다면 그 누구도 이런 사람이 인생을 잘 살고 있다고 생각하지는 않을 것이다.

이런 사회적 풍토는 청소년 비행에서부터 정치가나 관료의 비리와 독직에 이르기까지 만연하여 심각한 사회병리현상을 만들게 된다. 흔히 말하는 '유전무죄, 무전유죄' '유권무죄, 무권유죄' 도 금전 그 자체, 권력 그 자체를 인생의 수단으로써 아니라 목적으로 추구하는 본말이 전도된 병든 사회다. 이런 사회는 국민의 양심과 정의감을 마비시킬 뿐만 아니라 희망이 없는 허무감이나 압

13) ibid.

도적인 폐색감閉塞感만을 만들어 낸다.

이와 같은 사회란 국가적인 목표 상실 상태이며, 국가적인 실존적 공허나 좌절 상태다. 이런 상황에서 그래도 살아갈 수밖에 없는 사람들은 의미 실현의 수단보다는 허무감을 달래 줄 수 있는 강한 자극을 찾게 된다.

무릇 사회병리현상은 인간의 근원적인 관심인 '의미 실현을 위한 기본적 노력'의 결핍에 있다는 문맥 속에서 이해하지 않으면 안 될 것이다. 삶의 의미란 어느 누가 찾아 주는 것이 아니라 자기 삶 속에서 자기 책임과 의지의 자유에 의해 스스로 발견하는 것이기 때문에, 사회가 병들었다고 한탄만 할 것이 아니라 한 사람 한 사람이 "내가 어떻게 살아가야 할 것인가." "나의 존재 이유는 무엇인가." "과연 나는 어디로 향해 가야 할 것인가." "지금의 절망적인 폐색 상황을 어떻게 극복할 것인가." 등, 이런 일련의 물음에서 삶의 의미를 찾아야 할 것이다. 이런 노력은 개인에게도 필요하며, 사회정신적인 풍토에 있어도 필요하다.

살아야 할 이유와 의미가 있는 사람은 어떤 극한적인 상황에서도 살아 남을 수 있고, 내가 나의 인생에 무엇을 기대할 것이 아니라 나의 인생이 내게 기대하고 던진 물음에 답을 줄 수 있는 사람만이 삶의 의미를 발견할 수 있다고 말한 프랑클의 심리학은 현대를 살아가는 사람에게는 큰 정신적 기둥이 되어 주고 있다고 생각한다.

4. '삶의 의미의 물음'을 어떻게 물을 것인가

인생에 의미가 있느냐 없느냐는 인생을 얼마나 오래 살았느냐에 의해서 결정되는 것은 아니다. 흔히 인생의 의미 유무의 문제를 말할 때 다음과 같은 관점에서 말할 때가 있다.

> 우리는 언젠가는 어차피 죽는다. 한 사람도 예외일 수는 없다. 죽으면 다시 흙으로 돌아간다. 그렇다고 한다면 살아 있다는 것의 의미란 없지 않는가? 어차피 죽어야 할 운명이기 때문에 인생에 의미란 없지 않는가?

또는 자식이 없어서 자신의 혈통을 계승할 사람이 없는 것을 비탄하는 경우도 있다. 이는 종種으로서의 유전자를 다음 세대에 남긴다는 '이기적인 유전자'의 관점에서 개체로서의 생명보다도 종으로서의 생명을 더 소중하게 생각하는 경우다.

개체의 생명 수준이든 유전자 수준이든 그 생명에 끝이 있고 유한하다면 생명의 의미가 없다고 하는 점에서는 두 경우가 생각이 같지만 다음 두 가지 가능성을 생각한다면 이런 생각의 모순이 분명해질 것이라고 프랑클은 말하고 있다.[14)]

---

14) V. Frankl, *…trotzdem Ja zum Leben sagen, Franz Deuticke*, 1946.

- 유한한 개인의 인생 그 자체에 의미가 없는 경우다. 이 경우에 만약 인생이 영원히 지속한다거나, 자손이 영원히 존속한다 할지라도 이런 것 모두가 무의미하다는 것이다. 왜냐하면 무의미한 것은 아무리 영속된다 하더라도 역시 무의미한 것이 될 수밖에 없기 때문이다.
- 유한한 개인의 인생 그 자체에 의미가 있는 경우다. 이 경우에는 유한한 개인의 인생이라 할지라도 생각을 바꿔 '수많은 생명체 가운데서 인간으로 태어난 것을 한없이 감사하고 의미 있는 존재로 본다.' 면 생명이 어디까지 계속하며, 자손이 있고 없고는 전혀 중요하지 않다는 것을 이해하게 될 것이다.

어느 경우나 인생의 의미의 유무는 죽음이나 자손의 유무에 의해서 좌우되는 것은 아니다. 그것은 개인의 유한한 인생의 내면에서 답을 찾아야 할 문제라고 본다.

프랑클도 이와 같은 관점에서, 인생의 의미의 유무는 단명이냐 장수냐에 의해서 결정되는 것은 아니라고 보아 다음과 같이 말하였다.

> 장수했다고 해서 그 사람의 인생이 반드시 의미 있는 것이 되는 것은 아니다. 반대로 짧은 인생으로 끝났다 하여도 장수했던 사람보다도 훨씬 의미 있는 인생일 수도 있다. 한 사람의 자서전을 평가하는 기준은 페이지 수가 아니라 그 자서전에 담겨 있는 내용에 있다.[15)]

15) ibid.

이렇듯 인생의 의미의 유무는 인생의 장단이나 자손의 유무와는 관계가 없다. 혹 죽음이 찾아 왔다 할지라도 덧없는 인생 그 자체에 대해서 의미가 있다고 보면 인생은 역시 의미가 있으며, 의미가 없다고 보면 인생은 여전히 무의미한 것이다.

또는 인생의 의미를 인류의 영원한 존속이나 멸망에 관련지어 생각해 볼 수도 있다. 이런 관점은 현대과학의 일방적인 독주와 거대 충돌이 가져 올 인류의 미래를 우려한 관점이다. 요컨대, 우주 생성 때의 '대폭발big bang'로 시작해서 억제와 조화에 실패한 인류문화의 '대충돌big crash'로 인하여 우주의 종말이 찾아올 것이라는 매우 비관적인 관점이다.

그러나 이와 같은 발상의 도식을 초극할 수 있는 우주관이 제시되고 있는 것은 매우 다행한 일이다. 그것은 꿈과 희망이 있는 우주관을 제시해 주고 있는 켄 윌버Ken Wilber의 『만물의 역사*A Brief History of Everything*』(1996)[16]를 들 수 있다.

윌버는 그의 '우주론Kosmology'에서 흔히 생각하고 있는 물질적 우주를 뜻하는 코스모스cosmos가 아니라 물질권physiosphere, 생물권biosphere, 마음psyche 또는 정신nous의 심권noosphere, 신권theosphere 또는 신성 영역divine domain을 포괄한 전 존재의 진화 과정을 뜻하는 우주를 대문자 K로 시작되는 'Kosmos코스모스'라고 말하였으며, 이

16) K. Wilber, *A Brief History of Everything*, Boston: Shambhala Publications, 1996, p. 17.

코스모스는 그 자체의 '목적'과 '방향성'을 가지고 있다고 보았다.

그의 코스모스론은 다양한 영역에서 진행되는 진화의 특질에 대한 재인식을 비롯하여 "실재reality는 전체 · 부분 또는 홀론holons에 의해서 구성되어 있고"[17] "그 홀론은 일정한 특성을 가지고 있으며, 또한 각 홀론은 한 존재의 전체인 동시에 다른 시스템, 다른 전체성의 일부분이기 때문에 자율하는 독립성agency을 가지고 있을 뿐만 아니라 다른 전체의 부분으로서 협력교류communion 하지 않으면 안 되는 속성을 가지고 있다."[18]고 보았다. 즉, 홀론은 홀라키holarchy(holon + hierarchy)의 성질로 출현한다는 것이다.

따라서 인간이라는 홀론도 인간 이외의 다른 모든 홀론과 똑같이 보다 낮은 단계를 포함하면서 보다 높은 단계를 향해 초월해 나아가지 않는 한 자기 붕괴라는 가공할 운명에 덮칠 수밖에 없다는 것을 말해 준다. 특히 '개인'의 홀론 내면과 외면, '사회(집단)'의 홀론 내면과 외면으로 이루어져 있는 '네 상한象限, the four quadrants'의 균형을 서둘러 회복함으로써 자기 붕괴와 충돌을 극복할 수 있다는 이론은 인류에게 큰 희망과 꿈을 주고 있다.

인생을 비관적으로 허무하게 보는 사람은 "인생을 초로인생이나 순간적인 불꽃처럼 덧없고 인류의 역사도 영원성에 견주어 본다면 인생은 한순간에 왔다가 가는 것에 지나지 않는다."라고 생

17) ibid, p. 17.
18) ibid, p. 19.

각하기 때문에 인생의 의미는 발견할 수 없을 것이다. 그러나 우주의 진화에 있어서 인간이 우주의 눈이 되어 만물의 근원적 평등성과 상대적인 질적 차이를 이해하고 홀론의 속성(자율적 독립성 · 계층적 초월성 · 균형을 지향하는 공통성)에 따라서 이를 존중하며 살아간다면 인간은 우주에 태어난 자체만으로도 감사하고 큰 의미를 발견할 수 있을 것이다.

5. 물음을 받고 있는 '나'의 발견

앞에서 인생은 초로인생과 같아서 덧없고 무상하며, 인류의 역사 또한 영원성에 견주면 한순간 등장했다가 사라지는 것에 지나지 않는다고 말했다.

이것을 진리로 받아들이는 것은 말하자면 무無를 무로써 추구해 가는 허무주의 관점이라고 볼 수 있다. 이는 마치 우주는 '목적'도 '종말'도 없이 오직 무한히 의미도 없이 반복적으로 운동하기 때문에 인간의 생도 무한이 무의미한 영원의 반복에 지나지 않다고 본 니체Friedrich Wilhelm Nietzsche(1844~1900)의 '영원회귀Die ewige Wiederkehr des Gleichen'의 사상과도 같다.

그러나 니체는 인간 존재의 '무'와 '부정' '허무'의 문제를 약자의 문제로 소극적으로 받아들이는 수동적 니힐리즘보다는 '권력에의 의지der Wille zur Macht'나 '초인Übermensch' 사상을 내세운 적극적인 능동적 니힐리즘을 생각해 냈다. 요컨대, 니힐리즘을 단순히 해소시키기보다는 오히려 이를 살려서 인간문제의 진리를 찾은 것을 말한 것이다.

니체 이후 실존주의 사상에서도 니힐리즘은 중요한 사상이 되기도 하였다. 하이데거Heidegger, 야스퍼스Jaspers, 사르트르Sartre로 대표되는 현대의 실존주의에서도 니힐리즘을 전통적 기독교 사상이 보고 있는 죄와 악의 문제나 마르크스주의 같은 사회주의적 사상이 보고 있는 착취와 억압의 결과로 대하지 않고 좀 더 적극적으로 의미를 부여하여 충전시키려고 하였다.

실존주의에서 우리가 배워야 할 것은 인간의 '무nothingness'에 대한 교훈이 아니라 인간 존재의 '비-사물성non-thingness', 즉 인간 존재는 사물의 존재가 아니라는 교훈이다. 결코 인간은 각종 다양한 사물 존재 가운데 있는 하나가 아니라는 것이다.[19]

앞에서도 말한 바와 같이 하이데거 등을 통해서 적지 않은 실존사상의 영향을 받은 프랑클도 인간은 '무無, Nichts'[20]에 '유有'를 대립하는 상대적 의미의 무가 아니라 유무의 대립을 넘어서 유를

---

19) V. Frankl, *The Unheard Cry for Meaning: Psychotherapy and Humanism*, New York: Simon and Schuster, paperback, 1985, p. 55.

20) 무는 유형적으로, ① 존재론적으로는 순수무를 의미하며, 이는 창조론을 전제로 하는 무다. ② 인식론적 언어 표현적으로는 절대자의 선善과 존재의 충만함이 무로 이해되고 표현된다. ③ 윤리적 가치론적으로는 영혼의 소멸이나 죄악이 유비적으로 무로 이해되기도 한다. ④ 신비주의+종교적 실존에 있어서는 무와 자기비하는 구제론적 의의를 갖는다. 프랑클의 관점은 ①과 ④에 가깝다.

성립시킬 수 있는 무, 즉 절대적 무(존재자의 가능적 존재와 현실적 존재를 부정하는 무)에 아무렇게나 내던져진 뿌리 없는 풀처럼 '불행한' 존재임을 인정하는 것에서 출발한다. 하지만 존재자의 존재인 현존재Dasein의 본질이나 의미는 각자의 결단에 의한 존재방식인 실존을 통해서 이해되어야 한다고 보았다. 모든 인간에 타당한 인생의 보편적 의미보다는 각 개인의 실존을 통한 인생의 의미를 중시한 것이다.

프랑클은 다음과 같이 말한다.

> 무로부터 와서 무를 향해 감에도 불구하고 스스로 현존재를 긍정한다. 바꿔 말하자면 자기는 어차피 죽을 수밖에 없는 덧없는 존재라는 것을 알면서도 이에 굴하지 않고 오히려 인생을 긍정한다고 하는 '비극적 영웅성'에 인간의 위대함이 있다고 말하였다.[21)]

이와 같은 태도는 과연 어떻게 함으로써 가능하다고 말할 수 있는가? 프랑클에 의하면 그것은 오로지 '인생의 근원적 사실', 즉 인생으로부터 물음을 받고 있다는 사실을 얼마만큼 절실하게 자각하고, 이 체험을 통해서 얼마만큼 인식하고 있느냐에 달려 있다.

이 점이 프랑클 심리학에서 가장 중요하게 생각하고 있는 핵심이다. 그렇다면 프랑클의 '인생의 근원적 사실'이란 무엇인가?

---

21) V. Frankl, *Zeit und Verantwortung, Franz Deuticke*, 1949.

인생 체험의 근원적인 구조를 회고해 보기 위하여 한발 물러나서 생각하면, 인생의 의미를 찾는 물음에는 다음과 같은 코페르니쿠스적 전환이 일어난다. 즉, 인간이 인생의 의미를 묻기 전에 인생이 인간에게 물음을 던지고 있다. 때문에 인간은 자기 인생에 의미를 물을 필요가 없다. 인간은 오히려 인생으로부터 물음을 당하고 있기 때문에 인생에 답하지 않으면 안 된다. 자기 인생에 책임을 가지고 답하지 않으면 안 된다. 이 답은 자기 인생의 구체적인 물음에 대한 구체적인 답이 될 수밖에 없다.[22)]

인생이 인간에게 묻는 물음이란 사실은 시시각각으로 묻고 있는 것이다. 뿐만 아니라 인생으로부터의 물음은 인간의 일체의 번뇌에 앞서서 어떤 때 어느 경우나 물음을 던지고 있는 것이다. 다만, 인간이 그 물음을 의식하지 못할 뿐이다. 요컨대, 인간은 본래 자기 '인생으로부터의 물음'에 답하지 않으면 안 되는 존재인 것이다.

그렇다면 인생의 근원적 사실은 인생의 의미와는 어떤 관계를 맺고 있는가를 생각해 보자. 먼저, 우리는 자기 인생에게 내가 사는 의미에 대해 묻는 것을 그만두어야만 한다. 왜냐하면 시시각각으로 인생으로부터 받고 있는 물음에 답하는 일에 전력을 기울이지 않으면 안 되기 때문이다. 다시 말해서, 인생으로부터의 물음

22) V. Frankl, *Ärztliche Seelsorge: Grundlagen der Logotherapie und Existenzanalyze*, Franz Deuticke, 1946.

을 정확히 듣고 정답을 찾기 위해서는 전 신경과 전 에너지를 기울여야 하기 때문이다. 이렇게 되면 인생의 의미에 대해서 고민할 시간적인 여유 같은 것은 없게 될 것이다.

이와 같은 방법으로 살아가게 되면, 인생에 '물음을 던지는 사람'으로부터 인생으로부터 받은 물음에 '답하는 사람'으로 살아가는 태도로 전환하게 되며, 이를 매일같이 실천하다 보면 터득하는 것이 있을 것이다. 즉, 인생으로부터 물음을 받을 때마다 이에 답하기 위하여 있는 힘을 다해 열심히, 그리고 성실하게 살아가면 이때 비로소 "아하! 나의 인생에 내가 사는 의미를 물을 필요 같은 것은 없었다."라고 하는 것을 절실하게 실감하는 순간이 찾아온다. 삶의 의미나 답은 자신에게 있으니 자신에게서 찾아야 한다는 것을 알게 되는 것이다. 이렇게 되면 일부러 머리를 써 "인생의 의미를 물을 필요는 없다."고 말하지 않아도 물음 그 자체는 저절로 사라지게 된다.

"인간은 인생으로부터 물음을 받고 있다."라고 하는 프랑클의 이런 사상에는 왜 이와 같은 힘이 있는 것일까? 그것은 그렇게 생각하는 저변에 철저한 '구원의 논리'가 자리 잡고 있기 때문이라고 생각한다.

프랑클이 말하는 '인생으로부터의 물음'은 때와 사람에 관계없이 찾아간다. 본인은 깨닫지 못했더라도 인생으로부터의 물음은 누구에게나 찾아간다. 때문에 사람마다 그 사람의 상황에는 그때 그 사람만이 실현할 수 있는 '요청'이 잠재하고 있을 뿐만 아니라 그 사람에 의해서 발견되기를 기다리고 있는 것이 있다.

앞 장에서 소개한 강제 수용소의 경우를 다시 생각해 보자. 절망적인 상황에서 사는 것이 무의미하게 느껴져서 자살을 생각하고 있던 두 사람은 프랑클의 도움으로 한 사람은 외국에서 자기 자식이 자기를 기다리고 있다는 것을, 또 한 사람은 완성시켜야 할 과학에 관한 저술이 그를 기다리고 있다는 것을 알게 되었다. 이렇듯 자기를 필요로 하는 사람이 있고, 일이 있다는 사실이 두 사람을 절망에서 구했으며 생명을 지킬 수 있었던 것이다.

이와 같은 사례를 본 프랑클은 인생에는 어떤 때나 '해야 할 일' '실현해야 할 의미'가 결코 없을 수 없다고 말한다. 이 말은 모든 사람에게 해당하는 인생의 진실이다. 따라서 어떤 사람의 어떤 인생이든 거기에는 그 사람만의 의미가 있을 수 있다. 프랑클은 결코 인생은 그를 버리는 일은 없을 것이라고 단언한다. 이렇듯 프랑클 심리학의 최대 매력은 누가 뭐라 해도 만인에 대한 '구원의 논리'에 있다.

그러나 프랑클 심리학에는 이와 같은 '구원'의 면, 수용적인 면만이 아니라 '중재'의 면, 요청적인 면도 있다. 요컨대, 이 두 측면은 동일한 사태의 다른 두 측면, 즉 동전의 양면과 같다.

인생은 모든 사람에게 항상 물음을 던지고 있다. 다만, 자신이 이를 의식하느냐 못하느냐의 차이만 있을 뿐이다. 이 근원적 사실은 어느 한 면에서 본다면 누구나 인생으로부터의 물음에 답하기 위하여 노력하면 인생은 그를 버리지 않고 해야 할 것, 실현해야 할 의미를 주고 살아가는 의욕을 소생시켜 준다는 구원의 논리의 의미를 갖고 있다. 그러나 또 다른 면에서 본다면, 인생으로부터 주어지는 물음은 동시에 '요청'의 의미를 지니고 있기 때문에 '중재'의 논리, '요청'의 논리의 의미도 있다.

이들 두 논리는 누구의 인생에도 이미 주어져 있다. 다만, 자신의 마음이 딴 곳에 가 있거나 지쳐 있어서 이를 알지 못할 뿐이다. 특히 매일같이 반복되고 있는 일상적인 일에 쫓겨 삶의 의미를 갖지 못하는 사람에게 삶의 의욕을 주는 것도 이 '요청'의 논리다.

프랑클은 이 요청의 논리를 설명하기 위하여 유대의 현자賢者 힐렐Hillel(BC.60?~AD.20?)[23]의 다음과 같은 말을 인용하고 있다.

> 만약 내가 그 일을 하지 않는다면 누가 그 일을 한단 말인가? 만약 내가 지금 이 일을 하지 않는다면 언제 그 일을 할 수 있을 것인가?[24]

이 문장의 전반은 인간 존재의 '독자성'을 말한 것이며, 후반은 의미를 실현하는 기회의 '일회성'을 강조한 것이다. 요컨대, 인간은

23) 바빌로니아 출신으로서 탈무드Talmûḏ의 제1부를 구성하는 유대교의 구전율법口傳律法 불성문율집不成文律集인 『미슈나Mišnāh』(AD. 200년경)의 편찬에 공헌하였음.

24) V. Frankl, *The Will to Meaning: Foundations and Applications of Logotherapy*, New York: New American Library, 1969; paperback, 1981, p. 55.

스스로가 결단하는 주체인 동시에 그 기회는 한 번 지나가면 다시는 오지 않으며 순간순간은 회복시킬 수 없다는 것을 말하고 있다.

다시 말해서, 프랑클이 말하는 '의미'란 한 번뿐인 '시간의 요청'이며, 지금-여기에서 해야 할 것이라고 하는 구체적 상황에서 그 때마다 그 사람에게 주어진다는 것을 말한다. 즉, '지금-여기'에서 '다름 아닌 바로 내가' 하지 않으면 안 된다고 하는 '일회성'과 '독자성'이 '사명의 절대성'을 만들고 있다는 것을 말해 준다.

의미 실현의 기회가 '한 번뿐'이라는 '시간의 요청'에 대해서 프랑클은 다음과 같이 설명하고 있다.

> 인생의 한 번뿐인 마지막이란, 그 시점의 하루하루가, 한 시간 한 시간이, 한순간 한순간은 다시 오지 않는다는 점에 인생의 무게를 두고 있다. 이것은 한편으로는 두려우면서도 한편으로는 훌륭한 '책임'의 막중함을 지게 하고 있다. 만약 한 번뿐인 요구가 실현되지 못했다면 그것은 거기서 사라질 것이다. 그리고 그 시간은 영원히 찾아오지 않을 것이다. 거꾸로 그 순간의 기회가 활용되어 의미가 실현된다면 그 시간은 다시 없이 의미 있는 방법으로 활용되어 현실화될 것이다. 그리하여 의미가 실현된 시간은 실현된 채로 영원하며 확실하게 보존되고 지속된다.[25)]

이렇듯 프랑클이 말하는 '의미'에는 그 사람만이 충족시킬 수

25) V. Frankl, …*trotzdem Ja zum Leben sagen*, Franz Deuticke, 1946.

있고, 또 실현할 수 있는 기회는 두 번 다시 돌아오지 않는다고 하는 '시각의 요청'이 담겨 있다. 따라서 그 '의미'는 인간이 시시각각으로 직면하는 모든 상황 속에 잠재하고 있으면서 다음과 같은 요청을 하고 있는 것이다.

> 이 요청을 찾으라. 그리고 실현하라. 이 상황의 참다운 의미는 오직 하나밖에 없으며, 이 의미를 실현할 수 있는 것은 너밖에 없다. 게다가 이 의미를 실현할 수 있는 기회도 다만 지금밖에는 없으며, 만약 네가 지금 이것을 하지 않는다면 그 의미는 영원히 실현되지 못한 채 사라져 버리게 된다.

이 세상의 수많은 사람 가운데서 그 누구도 아닌 오직 '나'를 필요로 하며 '나'에 의해서 발견되고 실현되기를 기다리고 있는 '그 무엇'이 있다는 것은 그 누구에게나 흐뭇하고 사는 보람을 느끼게 할 것이다. 뿐만 아니라 '그 무엇'이란 다음이나 딴 곳에서가 아니라 지금-여기에서 '나'에 의해서 발견되고 실현되지 않는다면, 그 기회는 영원히 다시 오지 않는다는 메시지를 준다.

6. 의미 발견의 지표-세 가지 가치의 범주

앞에서도 말한 바와 같이 인생에는 어떤 때나 '해야 할 일' '실현해야 할 의미'가 있고, 발견되고 실현되기를 기다리고 있는 것이 있다. 어떤 상황에서나 '실현시켜야 할 의미'가 없는 일은 결코 있을 수 없다. 다만, 이를 발견하지 못하고 있을 뿐이다.

독자 가운데도 "그렇다면 내 인생에는 어떤 의미가 숨어 있으며, 그 발견과 실현을 기다리고 있는 것일까?" "내 인생은 내가 무엇을 하기를 바라고 있는 것일까?" 등 자신에게 물음을 던지는 사람도 있을 것이라고 생각한다.

이렇듯 자기가 실현해야 할 '의미'를 탐색하는 태도는 삶을 심화시킬 수 있는 매우 바람직한 일이다. 프랑클은 그 의미를 발견할 경우의 지표로 '세 가지 가치 영역'의 지표를 제시하였다. 즉, '창조가치', '체험가치', '태도가치' 가 그것이다.

프랑클의 이 세 가지 가치 영역은 그가 거리에 다니는 보통 사람들이 가치를 매기는 가치 판단valuation에 대한 현상학적 분석을 통해서 얻은 것이라고 한다.

창조가치schöpferische Werte

이 가치는 사람이 무언가를 했거나 창조함으로써 실현되는 가치다. 예컨대, 같은 일을 할 경우, 할 수 없이 억지로 하는 것과 '이 일은 내가 해야 할 일이다.' 또는 '나만이 할 수 있는 일이다.' 라는 마음을 가지고 하는 것과는 그 의미가 전혀 다르다. 창조가치란 후자의 경우를 말한다.

예를 들면, 다음과 같다. 프랑클이 수용소의 포로가 되었을 때, 소독실의 막사에서 모든 것을 빼앗겼음에도 불구하고 자신의 데뷔작이 될 수 있는 원고(『의사에 의한 심혼의 치유*Ärztliche Seelsorge*』)(1946)만은 마지막까지 내놓지 않으려고 했지만, 빼앗기고 말았다. 그렇지만 그는 단념하지 않고 수용소에 갇힌 몸임에도 불구하고 놀랍게도 버려진 폐지 조각에다 속기용의 기호로 원고를 복원하였다.

이렇듯 자신의 학문적인 이론을 발표하여 세상의 평가를 받기 전에는 결코 죽을 수 없다는 비장한 각오가 악명 높았던 수용소 생활이라는 극한 상황 속에서도 살아남을 수 있는 의욕을 주었을 것이다. 이 경우, 프랑클에게는 자신의 데뷔작을 출판하여 자기 학설을 세상에 묻고 평가받고자 하는 의지가 바로 '창조가치'의 힘이 되었으며, 삶의 의욕의 원천이 되었던 것이다.

사람이라면 누구나 사는 목표가 없어서 별 하는 일도 없이 빈둥빈둥 지내는 사람보다는 목표와 계획이 있어서 '나는 이것을 하지 않으면 안 된다.' '나는 이 일을 하기 위해서 태어났다.' 등 자기 긍정과 자존의 감정으로 살아갈 수 있는 어떤 대상이 있다고 한다면 바로 그것이야말로 그 사람의 '창조가치'의 근원인 것이다.

여기서 강조되는 창조가치에서는 일의 '활동 반경의 크기'나 '직종이나 지위'가 아니라 그 사람이 하는 일에서 구체적인 사명을 얼마만큼 수행하고 있느냐가 더 중요하다는 점이다. 뿐만 아니라 무슨 일이든 이 일은 나에게만 주어진 선택받은 일이며, 나만이 할 수 있는 일이라는 신념이다.

독일군 점령하에 있는 암스테르담에서 나치스의 박해를 피해 유대인 거주지역 겟토Getto에서 시내 중심부 주택가로 은신처를 옮기면서부터 쓰기 시작한 『안네의 일기*Het Achterhuis*』(네델란드어판 1948/독일어판 1950)로 세상 사람들에게 깊은 감동의 울림을 주었던 유대인 소녀 안네 프랑크Anne Frank(1929~1945)를 생각해 보자.

안네는 유대인이라는 신분 때문에 출생지 프랑크푸르트에서 나치의 압박을 피해 암스테르담의 유대인가 겟토로 이주하였으나 이곳 역시 독일 점령군의 유대민족 대학살genocide 작전이 시작되어 몸을 피해야만 했다. 그리하여 가족과 함께 시내 중심부의 주택가에 숨어 살면서 이때의 긴박했던 집 안팎의 체험(1942~1944)을 기록으로 남긴 것도 인류 평화를 위해 자기가 할 수 있는 일은 일기를 쓰는 일이라고 하는 소녀 안네의 창조가치에 대한 신념이 있었기 때문에 가능했다.

그렇다면 당신의 인생에서는 어떤 일이 당신에 의해서 이루어지기를 바라고 있는가를 생각해 보기 바란다.

체험가치Erlebniswerte

이 가치는 무언가를 체험함으로써 실현되는 가치다. 예컨대, 자연의 체험, 예술의 체험, 누군가를 사랑하는 체험, 사회를 위한 봉사의 체험 등에 의해서 실현되는 가치를 말한다. 진眞 선善 미美 성聖의 체험이나 사람들과의 만남을 통해서 무언가에 대해서 감동·공명하고 진실을 깨달음으로써 실현되는 가치라고도 말할 수 있다.

예컨대, 하루 일과를 끝내고 나서 석양에 빨갛게 물든 서쪽 하늘의 아름다운 낙조를 보고 감동하는 경우, 알프스의 융프라우 만년설에 올라 만년설을 깎아 만든 조형물에 감탄하고 등골이 오싹해질 정도의 자연의 아름다운 비경에 압도당하는 경우, 또는 음악회에서 교향곡을 듣고 나서 아름다운 선율에 감동하는 경우 등, 이런 순간에 누군가가 "인생에 의미는 있는 것입니까?"라고 묻는다면, 이때의 대답은 오직 하나 "이 순간을 위해서 살아 왔다."라고 말할 수밖에는 없을 것이라고 프랑클은 말하였다.

이런 체험은 매슬로Abraham Maslow가 말한 절정 체험peak experience과 같다. 즉, 부분으로서가 아니라 전체로서의 대상에 대한 감동적 인식, 대상에 대한 몰입, 유용성이나 이해 득실을 떠난 인식, 자기망각적, 자아초월적이어서 자아투사가 없는 순수한 인식, 시공의 초월, 인식 대상에 대한 외경, 숭상하는 생각 등, 이런 절정 상태의 깊은 황홀감과 감동의 체험과 같다.

프랑클은 중증의 장애를 가지고 태어난 아이를 신처럼 숭상하고 끝없이 사랑한 한 어머니의 사례를 들어 사랑(모성애)의 체험의 지고지순한 힘이 얼마나 강하고 위대한 것인가를 설명하였다. 즉, 어머니의 아가페 같은 사랑의 보람도 없이 아이는 걸을 수도 말할 수도 없었으나, 어머니는 체념하지 않고 한결같이 아이를 위해서 밤낮을 가리지 않고 이 병원 저 병원을 찾아다니며 부둥켜 안고 치료를 받으면서도 언제나 사랑으로 대해 주었다. 이때마다 아이는 어머니의 사랑에 미소 지으며 고사리 같은 손으로 엄마의 얼굴을 어루만지는 것이었다. 어머니는 이렇게 말했다고 한다.

"그럴 때마다 나는 무척 행복하였습니다. 아무리 힘들고 고통스러워도 나는 한없이 행복하였습니다."[26]

이렇듯 모성애 체험의 힘은 아이의 장애가 아무리 중증이라 할지라도 이를 능히 극복할 수 있는 힘을 주며, 장애아의 존재가 귀찮은 존재가 아니라 조물주께서 주신 성스러운 선물로 생각하기 때문에, 어린 생명을 볼 때마다 엄숙해졌던 것이다. 여기서 가장 큰 의미는 자기를 필요로 하는 누군가를 사랑한다고 하는 것이 사랑하는 사람 자신의 삶의 의욕을 키워 준다는 점이다.

한 말기 암환자의 경우, 처음에는 자기중심적이어서 간병하는 가족이나 담당 간호사에게도 횡포를 부리며, 자신의 외양 따위는 개의치 않는, 매우 가까이 가기 어려운 사람이었다. 하지만 호스피스의 극진한 도움을 받아 문병 온 사람을 사랑하게 되고 휠체어를 타고 나가서 나무나 화초를 사랑하고, 출근하는 젊은이들을 보며 용기와 웃음을 주는 생활로 하루의 생활 패턴을 바꾼 결과 이 말기 암환자의 생명은 예정보다 5개월이나 더 연장되었다고 한다.

이와 같은 사례는 우리 주변에 많이 있을 것이다. 요컨대, 사람을 사랑함으로써 나를 즐겁게 만드는 그 기쁨이 사랑하는 사람 자신의 삶의 의욕을 키워 준다고 말할 수 있을 것이다. 요즘 우리 사회에서 많이 볼 수 있는 크고 작은 각종 자원봉사 활동이 이런 '체험가치'의 의미를 준다는 점에서 건전사회를 만들어 가는 데 있어서 매우 바람직한 일이라고 본다. "자기를 필요로 하는 사람이 있

26) ibid.

다.” “자기를 좋아하는 사람이 있다.” “나는 사람(사회)에 쓸모가 있다.” 등, 이런 ‘긍정 의식’이 봉사하는 사람 자신의 마음을 충실하게 해 주며, 사는 의욕을 고양시켜 주는 것이 체험가치다.

그렇다면 당신의 인생에서는 누가 당신을, 무엇이 당신을 필요로 하고 있는가?

태도가치Einstellungswerte

이 가치는 자기 자신의 힘으로는 어떻게 할 수도 없는 상황, 어떻게 바꿀 수도 없는 운명에 직면했을 때, 그 사람이 취하는 태도에 의해서 실현되는 가치를 말한다. 이런 점에서 프랑클은 창조가치, 체험가치보다 이 태도가치를 더 중요시했다.

‘바꿀 수가 없는 운명’이란 죽음이나 불치병, 각종 장애와 같은 비극적 상황만은 아니다. 어떤 집에 태어났으며, 어떻게 성장했고, 어떤 학교를 다녔으며, 어떤 직장에서 일했고, 어떤 사람과 결혼을 했으며 등으로, 이와 같은 과거의 일체가 그 사람의 바꿀 수 없는 운명을 만들게 된다. 체질이나 기질 같은 것도 그러하다.

이렇듯 사람은 누구나 그 사람이 짊어지고 가지 않으면 안 될 과거와 바꿀 수 없는 운명을 가지고 있다. 인간은 이 운명에 대하여 어떤 태도를 취하며, 이 운명을 어떻게 받아들이며, 자기 인생을 어떻게 만들어 갈 것인가에 대해서 인생으로부터 물음을 받고 있는 존재인 것이다. 이 물음에 대해서 취하는 태도에 의해서 실현되는 가치가 ‘태도가치’다.

프랑클은 “사람에게는 이 태도가치가 있다는 것이 인생에 의미가 있다는 사실을 결코 부정할 수 없는 큰 이유라고 보았다. 또는 창조가치와 체험가치를 다 빼앗긴 사람이라 할지라도 아직은 태도가치라는 충족시킬 수 있는 의미가 있고 고뇌할 의미가 있기 때문에 '불굴의 용기indomitable courage' 를 가질 수 있다고 말했다."[27]

그렇다면 프랑클이 말하는 '올바르게 고뇌한다.'의 의미는 무엇인가? 프랑클은 다음 사례를 들어 설명하고 있다.[28]

> 매우 바쁘게 사는 광고 디자이너였던 한 젊은 남성은 악성 중증 척수종양 선고를 받았다. 수술도 할 수 없는 상태였기 때문에 수족이 마비되어, 지금까지의 활동적인 직업 생활도 단념해야만 했다. 그리하여 그는 '창조가치' 실현의 가능성조차도 잃어버리게 되었다.'
>
> 그러나 그는 자기 인생을 어떻게 해서라도 의미 있는 것으로 만들기 위하여, 환자들과 대화를 나누며 그들을 위로하고 용기를 주고, 라디오로 좋은 음악을 들으며, 정신적인 양식이 될 수 있는 독서에도 힘을 기울였다. 그렇지만 병이 더 진행되어 체력이 극도로 쇠진하여 독서도 할 수 없을 정도가 되어 버렸다. 여기에다 두개골의 신경통증 때문에 헤드폰 리시버도 귀에 꽂을 수 없게 되었을 뿐만 아니라 다른 환자와 대화도 할 수 없게 되었다. 요컨대, 그는 '창조가치'에 이어서 '체험가치'의 실현 가능성조차도 완전히 잃고 만 것이다.

27) V. Frankl, *The Will to Meaning: Foundations and Applications of Logotherapy,* New American Library, 1969, 1981, p. 74.

28) ________, *…trotzdem Ja zum Leben sagen*, Franz Deuticke, 1946.

이와 같은 상황 속에서도 이 환자는 다음과 같은 '태도'를 취함으로써 인생의 마지막을 의미 있는 것으로 만들 수 있었다고 프랑클은 말하고 있다.

> 남은 생명이 얼마 남지 않았다는 것을 안 이 환자는 자기 병상 옆을 지나가고 있는 회진 의사를 불러서 다음과 같이 말했다고 한다.
>
> "오전에 병원장이 회진을 할 때 알았습니다만 내게는 죽기 수 시간 전에 고통을 완화시켜 주기 위한 모르핀을 주사하도록 지시가 내려져 있는 것으로 알고 있습니다. 나는 오늘 저녁이 내 인생의 마지막이라고 생각합니다. 그래서 말입니다만 지금 주사를 주시기 부탁드립니다. 그렇게 되면 의사 선생님도 나 때문에 자다 일어나서 오지 않아도 되기 때문입니다.

프랑클은 이 점에 대하여 다시 다음과 같이 말하고 있다.

> 이 사람은 인생의 최후의 몇 시간조차도 주위 사람들을 위로하고 배려할 정도의 마음의 여유와 의연한 태도를 보였다. 어떤 고통이나 쓰라림도 견뎌 낸 용기는 차치하고라도 전혀 그런 티가 없는 언행은 참으로 존경하고도 남음이 있다. 임종 수 시간 전의 이와 같은 태도는 참으로 훌륭한 가치를 실현한 것이다. 이 업적은 직업상의 업적이 아니라 인간으로서 넘어서기 어려운 것을 넘어선 것을 보여 준, 견줄 것이 없는 지고지순한 업적이다.[29]

29) ibid.

지금까지의 사례에서도 알 수 있는 바와 같이, 인생은 바로 죽는 그 순간까지도 의미를 잃는 일은 없다. 숨을 거둘 그 순간까지 그 사람에 의해서 '실현시켜야 할 의미'가 있으며, 그 사람에게 발견되고 실현되기를 기다리고 있는 것이 있다.

어느 때 어느 경우나 인생에 의미가 없으라는 법은 없다. 어떤 상황에서도 무슨 의미가 있으며 발견되고 실현되기를 기다리고 있는 것이 있다. 다만, 모르고 있을 뿐이다.

프랑클은 이와 같은 관점에서 모든 일을 긍정적인 의미와 자기 초월적인 의미(운명적인 의미)가 있다고 믿어야 한다고 강조하였다. 즉, 운명의 의미를 받아들이고 믿는 태도, 운명에 대한 사랑 '아모르 파티*amor fati*'가 중요하다고[30] 본 것이다. 그러기에 프랑클은 자살 행위를 단호히 부정한다. 그에 의하면 자살을 하는 것은 장기를 둘 때 궁지에 몰렸을 때 장기판을 뒤집어 버리는 것과 같은 것이라고 보았다. 프랑클은 장기판을 엎는 것이 장기의 룰을 위반하는 것처럼, 자살은 "인생의 룰을 위반하는 행위와 같다."고 말하고 있다.

장기를 둘 때에 수단 방법을 가리지 않고 이기는 것은 잘한 일도 아니거니와 결코 이를 허용해서도 안 된다. 오직 룰의 범위 내에서 공명정대하게 승부를 가리는 정도만이 허용된다. 이와 마찬가

30) V. Frankl, *Was nicht in meinen Büchern stecht*(1995), München, Beltz Verlag, 2002, S. 37.

지로 인생의 룰도 수단 방법을 가리지 않고 인생의 승자가 되는 것은 허용되지 않으며 인생을 포기하지 않고 최선을 다하는 노력과 성실함이 요구된다.

사람들 가운데는 자기 인생에는 이미 실현할 수 있는 어떤 의미도 없는 것처럼 단정해 버리는 사람도 있다. 예컨대, 인생을 너무 단순하게 생각하여 "이런 인생은 이젠 지긋지긋하다. 더 살아 봤자 결과는 뻔하다. 기대할 것은 하나도 없다."라고 자포자기하는 경우다. 그러나 다시 말하거니와 어떤 경우나 인생에 의미가 없는 경우는 결코 없다. 어떤 사람의 어떤 인생에도 몰라서 그렇지, 인생에 의미는 반드시 있는 법이다.

때문에 우리는 인생의 정당한 선의의 투쟁만은 결코 포기해서는 안 되며, 그럴 필요도 없다. 왜냐하면 인생에서 실현해야 할 의미는 반드시 어딘가에 있기 때문이다.

7. 프랑클 심리학과 아들러 심리학의 물음에 대한 공통점과 차이점

프랑클은 인간은 인생으로부터 삶의 의미의 물음을 받고 있는 존재라는 것을 말한다. 때문에 어떤 사람의 인생에나 그때마다 '해야 할 일' '실현시켜야 할 의미'가 반드시 있으며, 그 사람에게 발견되고 실현되기를 기다리고 있는 것이 있다. 만약에 그때 그 사람에게 발견되고 실현되지 못하면 그 의미 실현의 기회는 영원히 다시 오지 않는다. 때문에 인생은 각자에게 그 의미를 발견하고 실현해 주기를 요청하고 있는 것이다.

이와 같은 이유에서 프랑클 심리학은 누구에게나 다음과 같은 물음을 주며 자기 발견을 원조하고 있다.

> "당신은 자기 인생으로부터 무엇을 하기를 바라고 있다고 생각합니까?"
>
> "인생에서 당신이 해야 할 일이 무엇이라고 생각합니까?"
>
> "당신의 인생에서 당신에게 발견되고 실현되기를 바라고 있는 '의미'란 어떤 것이라고 생각합니까?"

이와 같은 물음이 프랑클 심리학의 기본적인 물음이다. 그 배후에는 "나는 내 인생에서 해야 할 것을 하고 있다." "나의 삶의 의미를 발견하여 실현하고 있다."라고 하는 의식이 삶의 의욕을 키워 준다는 생각이 자리 잡고 있다.

이들의 기본적인 물음은 앞에서 말한 '세 가지 가치 영역의 범주'를 단서 삼아 다시 다음과 같은 형태로 구체화할 수 있다.

'창조가치'의 발견을 촉구하는 물음

"무언가가 당신을 필요로 하고 있는 일이 있지는 않습니까?"

"당신의 인생에서 당신이 할 수 있고 실현할 수 있는 것에는 무엇이 있습니까?"

'체험가치'의 발견을 촉구하는 물음

"누군가 당신을 필요로 하고 있는 사람은 없습니까?"

"당신을 필요로 하고 있는 사람, 당신이 하는 일을 좋아하고 있는 사람이 있습니까?"

"당신을 필요로 하고 있는 집단은 없습니까?"

'태도가치'의 발견을 촉구하는 물음

"궁지에 빠져 있는 절망적인 상황 속에서 당신이 할 수 있는 일이 있다면 무엇이라고 생각합니까?"

"당신은 어떤 역경에 직면했을 때 출생 신분이나 출신 학교를 원망해 본 일이 있습니까? 이 경우에 당신은 무엇에 대하여 고민해야 한다고 생각합니까?"

프랑클 심리학은 이상과 같은 질문을 통해서 자신이 자기 인생에서 '해야 할 것' '할 수 있는 것' '실현시켜야 할 의미'를 발견할 수 있도록 돕는 데 그 의미가 있다. "무엇이(누가) 나를 필요로 하고 있는가." "무엇(누구)을 위해서 내가 할 수 있는 것은 무엇인가." "내 인생이 내게 바라고 있는 것은 무엇이며, 요청하고 있는 것은 무엇인가."라는 자문자답을 할 수 있도록 돕는 데 그 의미가 있다. 나를 필요로 하는 일이 있고 사람이 있어서, 나도 어떤 일과 누군가를 위해서 할 수 있는 것을 실감했을 때만큼 삶의 의욕을 주는 것은 없을 것이다.

여기서 지금까지 살펴본 물음을 카운슬링에 관련지어 생각해 보자.

"당신은 (사실은) 무엇을 하고 싶다는 것이지요?"에서 "무엇을 하고 싶습니까?"라는 물음은 내담자의 욕구나 목표를 이해하기 위한 질문이다. 그러나 카운슬링에서는 밝혀진 내담자의 욕구와 목표를 어떻게 하면 실현할 수 있는가를 돕는 활동이기 때문에 이 물음은 '자기실현self-actualization'을 돕는 물음이라고도 볼 수 있다.

그러나 '행복의 패러독스'에서 말한 것처럼 인간의 욕망이나 목표에는 끝이 없다. 때문에 '이것을 하고 싶다.' '저것을 갖고 싶다.' 등 자신의 욕구나 소망을 중심으로 인생을 살고 있는 사람은 아무리 뜻이 이루어져도 끊임없이 마음 한 구석에는 '허무'와 '아쉬움'이 남아 있기 마련이다. 요컨대, '영원한 욕구불만 상태'에서 만족할 줄 모르는 사람이 되고 만다.

프랑클 심리학에서는 이 물음을 역으로 생각한다. 왜냐하면 자기실현을 추구하는 마음의 자세나 자기 중심의 인생관은 만족할 줄 모르는 '마음의 허무함'을 낳는 원인이라고 생각하기 때문이다. 예컨대, "당신은 무엇을 하고 싶습니까?"가 아니라 "인생은 당신에게 무엇을 요청하고 있습니까?" "무엇이(누가) 당신을 필요로 하고 있습니까?" "당신이 실현해야 할 의미는 무엇입니까?"라고 묻게 된다는 것이다.

이것은 '자기실현'을 돕는 물음이 아니라 '의미 발견'을 촉구하는 물음이다. 이 물음은 '자기' 중심의 인생관이 아니라 '인생' 중심, '의미' 중심, '대상' 중심의 인생관에 바탕하고 있다.

'자기 발견'의 과정을 돕는다는 점에서는 같지만 추구하는 자기 발견의 질質은 역방향이며, 이점이야말로 다른 카운슬링 이론에는 없는 프랑클 심리학의 독자성이라고 말할 수 있다.

그렇지만 이 관점과 비슷한 관점을 갖는 이론이 있다. 프랑클이 대학생 시절 직접 영향을 받았고 후에 떨어져 나온 아들러의 이론이다.

알고 있는 바와 같이 아들러 심리학에서는 치료의 궁극 목표를 '공동체 감각Gemeinschaftsgefühl의 육성'에 두고 있다. 이 '공동체 감각'에는 공동체에 대한 '소속감' '신뢰감' 공동체를 위해 도움이 될 수 있는 '공헌감'의 세 가지 뜻이 담겨 있다. 프랑클 심리학과 아들러 심리학이 서로 통할 수 있는 접점은 바로 세 번째의 '공헌감'이다.

앞에서 말한 바와 같이 프랑클 심리학에서는 "누가 당신을 필요로 하고 있는 사람은 없습니까?" "그 누군가를 위해서 당신이 할 수 있는 일은 없습니까?"라는 스스로의 물음을 통해서 자기 발견을 할 수 있도록 돕는다. 왜냐하면, 사람은 '어느 누구에게 필요한 사람이 되었을 때의 기쁨' '사람에게 도움이 될 때의 기쁨' 만큼 삶의 의욕을 환기시켜 주는 것은 없기 때문이다.

이와 같은 논리는 '내가 한 조직이나 집단에 필요할 때 느끼는 기쁨' '조직이나 집단 속에서 할 수 있는 일이 있을 때의 기쁨'과 같다는 점에서 아들러의 '공헌감'의 관점과 매우 가깝다고 볼 수 있다. 요컨대, 프랑클 심리학과 아들러 심리학은 이 점에 있어서는 공통된 의미를 가지고 있다.

흔히 쓰는 말 가운데 '마음 둘 곳' '마음이 머무를 곳'이라는 표현을 쓰거니와, 등교를 거부하는 학생의 대부분은 자기가 학교나 학급에서 '필요한 존재가 아니다.'라고 생각하며 마음 머무를 곳이 없는 존재다. 요컨대, '학교에 가도 해야 할 것, 할 수 있는 것이란 아무것도 없다.'라고 생각하는 경우가 대부분이다(이런 문제에 어떻게 대처할 것인가는 다음 장에서 설명할 것이다).

회사 안에서 '나는 이 회사에 필요한 사람은 아니다.' '이 회사 안에서 내가 할 수 있는 것은 하나도 없다.'라고 생각하는 소외된 사원이 있다면 그가 일에 의욕이 없고 성과를 내지 못하는 것도 당연한 일일 것이다. 정년이 되어 직장에서 은퇴했을 경우, '내가 사회에 필요한 존재다.'라는 자부심을 가질 수 없게 된 사람은 할 일이 있는, 그렇지 않은 사람에 비해서 노화가 더 많이 진행되는 것도 같은 이유에서다. 더 구체적으로는 복권 1등에 당첨되었거나 저서가 몇 백만 부나 팔려서 일 할 필요가 없어진 사람의 경우, 그 가운데는 갑자기 삶의 의욕을 잃은 나머지 알코올중독자가 되는 경우도 같은 이유에서다.

이와 같이 학교나 회사에서 일어나는 지극히 현실적인 문제를 해결할 수 있는 암시를 프랑클 심리학과 아들러 심리학이 줄 수 있다는 점에서 두 심리학은 공통점이 있다.

그렇지만 역시 약간의 관점의 차이는 있다. 아들러 심리학에서는 제삼자와 집단에 도움을 준다는 '공헌감'을 중시한다. 이에 비해 프랑클 심리학에서는 나를 필요로 하는 누군가와 집단을 위해 무언가를 한다는 것으로, '나는 이 사람(집단)에 도움이 되는 의미 있는 일을 하고 있다.'는 '의미 충족감'을 얻을 수 있다는 것을 중시한다.

또한 아들러 심리학의 경우는 '나로부터'의 '공헌'에 역점을 두고 있기 때문에 '도움을 준다.'고 하는 표현을 잘 사용하지만, 프랑클 심리학에서는 인생으로부터의 '요청'에 역점을 두고 있기 때문에 밖으로부터 '필요한 존재로 인정받고 있다.'든가 '내게 요청하고 있다.'라는 표현을 더 중시한다.

이렇듯 다소의 차이가 있기는 하지만, 제삼자나 집단에서 '필요한 사람' '도움을 줄 수 있는 사람'이라는 사실이 본인의 '삶의 의욕'을 환기시켜 준다는 점에서 양자는 공통점을 가지고 있는 셈이다. 이와 같은 관점은 '수용acceptance'이나 '공감empathy'만을 중시하는 다른 입장의 이론에는 없는 관점이다.

이런 점에서 프랑클, 아들러의 두 심리학은 기계론적 · 물질주의적 과학과 환원주의적 세계관이 지배하고 있는 사회 추세로 보아 앞으로 점점 더 필요하고 주목받을 것이라고 생각한다.

8. 모든 것에는 의미가 있는가

어떤 경우나 인생에는 의미가 있으며, 모든 사람의 인생에 의미는 이미 주어져 있다. 독자 가운데는 이런 표현에 대해서 무언가 구름을 잡는 듯, 또는 종교적인 뉘앙스처럼 받아들이거나 어떤 신앙의 가르침처럼 느끼는 사람도 있을 것으로 생각한다.

이 점에 관해서 프랑클은 다음과 같이 문제를 정리하여 답하고 있다.

① 모든 것은 의미를 갖고 있다.
② 모든 것은 무의미하다.

이 두 가지 생각을 비교해 보자. 논리적으로 생각하면 이 두 가지 관점은 형식상으로는 똑같이 정당하다. "논리적으로는 이 두 가지 관점의 가능성은 어느 쪽이나 정당한 생각이다." 때문에 형식 논리적인 법칙으로 본다면 이 두 가지 관점의 가능성은 어느 쪽이나 정당하다.[31)]

이 두 가지 가능성 가운데서 어느 것을 선택하느냐의 결단은 '논리적으로 생각하게 되면 근거가 없는 결단'이며, '근거가 없다고 하는 것이 결단의 근거가 된다.'는 식의 결단이다. '인간은 오직 존재의 깊이로부터 삶의 의미에 대한 결단을 내릴 수가 있다. 즉, 존재의 깊이를 생각한 연후에 어느 쪽을 선택할 것인가를 결단할 수 있다.'는 것이다.[32)]

31) V. Frankl, …*trotzdem Ja zum Leben sagen*, Franz Deuticke, 1946.
32) ibid.

이와 같이 정리하고 난 프랑클은 이렇게 말한다.

여기서 말한 '근거가 없다는 것이 결단의 근거가 되는' 결단, 즉 '존재의 깊이에서만 내릴 수가 있는' 결단이란, 요컨대 '그렇게 믿어서' 결단한 것이기 때문에 '신앙'과 같은 의미를 가지고 있다.

프랑클의 설명을 들어 보자.

> "우리는 오로지 모든 것은 의미로 차 있는 '초의미Über-Sinn/meta-meaning(의미를 초월한 의미)'가 있다고 믿을 수 있을 뿐이다. 그러나 그것이 어떤 의미를 가지고 있으며, 어떤 의미로 모든 것은 '초의미'로 차 있는가, 여기에 관한 것은 일체 우리가 알 수 없다."[33)]

프랑클이 이렇게 생각한 것은 인간을 동물과 달리 환경에 갇혀 있지 않고 개방된 환경 세계 막스 쉘러(Max Scheller의 『우주에 있어서 인간의 위치*Die Stellung des Menschen im Kosmos*』에서)를 가지고 있으므로, 피안의 세계인 초세계über-Welt를 가질 수 있는 존재로 보았기 때문이다.

프랑클에 의하면 '궁극의 의미와 초의미'는 이미 사고의 문제가 아니라 신앙의 문제다. 우리는 그것을 지적인 기반에서 이해할 것이 아니라 실존적인 기반에서, 우리의 전 존재로부터, 즉 신앙을 통해서 붙잡을 것을 말한다.[34)]

---

33) V. Frankl, *Homo Patience: Versuch einer Pathodizee,* Vienna: Franz Deuticke, 1951.

34) ________, *The Will to Meaning*, 1981, p. 156.

모든 것이 의미가 있느냐 없느냐의 문제는 이미 우리 인간의 사고 범위와 이해의 한계를 초월하고 있다. 그것은 역시 '신앙'의 문제, '숨어 있는 초의미에 대한 신뢰'의 문제라는 것을 프랑클은 강조하고 있다. 프랑클은 신앙의 문제에 대해서는 정면적인 설득이나 논증은 단념하였다. 그 대신 여러 가지 방법을 써서 '의미 신앙' 쪽으로 이끌어 가고자 하였다.

먼저 "궁극의 의미, 존재의 초의미를 믿겠다고 결단을 하면 여기서 창조적인 결과가 나오게 된다."라고 말한다. 믿는다고 하는 것은 '그것이' 진실이라고 믿는다는 것만은 아니다. 그 이상의 의미가 있다. 요컨대, 믿고 있는 것을 진실하게 만드는 힘을 가지고 있다. 따라서 한쪽 사고방식의 가능성을 선택한다고 하는 것은 단순히 한 가지 사고방식을 선택한다는 것만이 아니라 선택한 사고의 가능성을 실현하는 일이 되기도 한다.[35)]

'모든 것은 의미로 차 있다.'라고 믿는 사람은 단지 그것을 사실로서 그렇게 믿는 것은 아니다. 그렇게 믿음으로써 믿었던 사람에게는 실제로 모든 것이 의미로 충만하기 시작한다. 이는 그렇게 믿는 사람의 강렬한 긍정적 사고라고 볼 수 있다.

프랑클은 또한 이렇게 말한다. '의미'에 대한 이 믿음은 무의식 수준에서는 모든 사람이 이미 다 가지고 있다는 것이다. 인간의 신앙은 칸트Kant가 말한 의미로는 '초월론적 범주transzendentales

35) V. Frankl, *Homo Patience*, 1951.

Kategorie' 다. 요컨대, 인간은 살고 있는 한 어떤 의미를 믿고 있다. 자살자라 할지라도 사는 것에서보다는 죽는 것에서 어떤 의미를 믿고 있다. 만약에 진정으로 의미를 전혀 믿고 있지 않다고 한다면 손가락 하나 까닥할 수도 없을 것이며, 또한 그렇다면 자살조차 할 수 없을 것이다.

자살자라 할지라도 자기가 생을 마감하는 것에 대해 어떤 '의미'가 있다고 믿기 때문에 자살을 하게 된다. 인간은 이처럼 나름대로의 강하고도 깊은 '의미'를 믿고 있다는 것을 프랑클은 말한다.

프랑클은 한때 자기가 대학에서 '사는 의미'의 문제에 대해서 강의를 했을 때, 어느 한 학생이 제출한 리포트에 쓰여 있던 다음과 같은 한 절을 회상하였다.

> 사람은 태어날 때부터 무언가를 믿고 살고 있다. 젖을 빨 때 어머니의 모유에 독이 들어 있을 것이라고 의심하여 젖을 빨지 않는 아기는 없다. 내일 지구가 멸망할지도 모른다고 생각하면서 살고 있는 사람은 없다. 그러기에 믿는 것에서부터 모든 것이 시작한다고 생각한다…….

요컨대, 갓 태어난 신생아나 유아는 이미 무의식 속에 의미에 대한 믿음을 안고 태어난다. 그러기 때문에 안심하고 어머니의 모유를 먹을 수가 있다고 이 학생은 말한 셈이다. 어느 쪽이든 인간은 의식적이든 무의식적이든 의미에 대한 믿음을 갖지 않고서는 살아갈 수 없다는 것은 결코 틀린 말은 아닌 것 같다.

참으로 삶의 '의미'에 대한 신앙 같은 믿음은 초월론적 범주에 의하지 않고서는 붙잡을 수 없는 숨어 있는 '초의미meta-meaning[36)]'에 대한 신뢰인 것이다.

36) V. Frankl, *The Unheard Cry for Meaning,* 1985, p. 63.
초의미의 개념은 반드시 신의 존재를 전제하지 않는다. 프랑클은 15세 무렵에 신의 정의에 대한 조작적 정의operational definition 같은 것을 생각했다. 즉, 신은 내게 가장 친한 독백의 상대이며, 고통 속에 있는 내 자신을 향해서 성실하게 말을 걸어 주는 가장 친숙하고 마음의 의지처가 되어 주는 상대를 신이라고 불렀다. 이런 정의에서는 무신론적인 세계관이나 유신론적 세계관이라는 이분법dichotomy도 없어진다고 보았다. 예컨대, 무신론자라면 독백을 자기 자신과의 대화라고 생각하며, 유신론자라면 독백을 절대적 존재와의 진실된 대화라고 생각하는 해설의 차이만 있을 뿐이라고 보았다.

제3장

인생의 문제와 프랑클 심리학

1. 젊은이의 '허무'와 프랑클 심리학
2. 중년기의 위기와 프랑클 심리학
3. 노년과 프랑클 심리학

1. 젊은이의 '허무'와 프랑클 심리학

젊은이들의 허무와 스트레스

청년기는 발달상 자아의 발견을 비롯하여 새로운 심적 구조를 이루는 시기라 하여 '제2의 탄생'이라고도 한다. 때문에 종래에는 의식의 대상이 아니었던 것을 새롭게 의식하게 될 뿐만 아니라 자기 내면세계를 발견하게 됨으로써 이기주의적 · 극단주의적 · 이상주의적 · 찰나주의적 · 양자택일적 · 급진적 · 부정적 · 허무주의적 · 저항주의적인 특징을 보인다.

이와 같은 상황 속에서 그들은 심리적 · 사회적 정체성psycho-social identity을 확립하지 않으면 안 되는 중요한 발달과업 때문에 불안 · 회의 · 허무에 시달리기도 한다. 이 때문에 일상생활에서는 별 문제도 없이 잘 지내고 있어 특별히 큰 고민거리는 없지만, 어딘가 모르게 덧없고 사는 재미가 없다고 호소하는 경우가 많다.

이런 경우에 어떻게 하면 좋을지를 생각할 때 아무리 생각하고 또 생각해도 답을 찾지 못하는 젊은이들이 의외로 많다. 특히 대학 신입생의 경우, 그동안은 대학 진학을 위해 오직 입시 준비에만 정신을 쏟아 기계처럼 앞만 보고 살아 왔으나 이제는 자기 책임하에서 인생을 설계하고자 하였을 때 "과연 나는 무엇을 하여야 할 것인가." "내가 잘 할 수 있는 것은 무엇인가." "그날 그날을 그냥 막연하게 보내기만 할 것인가." "내가 어떻게 살아갈 때 내 인생을 잘 살았다고 자부할 수가 있을 것인가." 등등 현재의 자기를 직시하고 미래의 자기를 전망함으로써 무언가 마음에 채워지지 않는 것을 느끼게 된다.

오늘의 젊은이들은 낙오자가 되지 않기 위한 공부 · 시험 등 경쟁사회의 압력을 비롯하여 부모의 기대 압력 등 심리적 불안과 스트레스 속에서 삶의 의미 같은 것은 전혀 사색할 마음의 여유도 없다. 또한 학업과 취업을 위해 마치 경마장에서 우승마가 되기 위하여 앞만 보고 달리는 훈련마처럼 살다 보면 매일매일의 생활은 힘들고 지칠 뿐이다. 이렇게 살아온 사람들이란 물 한 잔, 흙 한 주먹, 밥 한 그릇에 담긴 의미나, 좌절 · 실패 · 성공 · 돈 · 권력 · 사랑의 진정한 의미가 무엇인지를 생각해 볼 수 있는 마음의 여유도 가져 보지 못할 것이다. 때문에 인생의 진정한 의미도 실감해 보지 못한 채 오직 채찍과 당근으로 분발만을 강요받기 때문에 스트레스만 축적될 뿐이라고 생각한다.

오늘날 사회적으로 큰 문제가 되고 있는 학교폭력도 그 원인의 일부가 스트레스에 귀인한다. 스트레스는 일반적으로 '상처받기 쉬운 취약성vulnerability'이 있는 사람일수록 민감하다. 특히 스트레스를 컨트롤할 수 있는 능력이 없는 사람은 정서와 자율신경, 내분비의 반응계를 통해서 심신의 안정을 취하지 못하기 때문에 사소한 일에도 잔인한 행동이 폭발하기도 하며, 이유 없이 구박하고, 가학적인 행동을 하는 데서 만족과 쾌감을 느끼는 등, 이른바 스트레스 발산형이나 쾌락기호형과 같은 것으로 발전하기도 한다.

우리는 오늘날 너무도 경제적인 성장과 부에만 경도되어 '잘 산다.' 고 하는 것이 '물질적으로' 풍요하게 사는 것만을 의미할 정도다. 인간이 인생을 잘 산다고 하는 것은 어떻게 사는 것을 의미하는 것인지를 실감할 수 있는 교육적인 풍토나 사회적 · 문화적 풍토가 통절하게 아쉽다.

프랑클 심리학이 주는 교훈

그렇다면 교육의 실제에서 학생들에게 '의미'를 실감하게 하기 위해서는 어떻게 하면 좋을까? 그 문제 해결의 실마리를 주는 것이 프랑클 심리학이다.

먼저, 프랑클이 교육 실상을 어떻게 인식하였는가를 생각해 보자. 프랑클은 젊은이들이나 어린이들이 겪는 '허무'와 '무기력'의 감각을 교육의 중요한 문제로 보았다. 왜냐하면 이 문제는 실존적 공허의 대표적 표현인 '무료함'과 '무감동'이 정신의학에서도 매우 중요한 문제로 다루는 것과 같이 교육에서도 심각한 문제로 도전해 오기 때문이다.

프랑클에 의하면, 실존적 공허의 시대의 교육은 문화의 전통이나 지식의 전달을 위해 스스로를 한정하거나 이것에 만족해도 안 되며, 보편적 가치universal values의 붕괴에 의해서도 말려들어 가지 않을 독자적인 의미를 찾아낼 수 있는 능력을 기르지 않으면 안 된다고 본다. 즉, 교육은 의미를 찾아내는 수단을 기르지 않으면 안 된다. 요컨대, "교육은 전통에 따라만 갈 것이 아니라 독립된 진실한 결정을 내릴 수 있는 능력을 이끌어 내지 않으면 안 된다고 본 것이다."[1)]

그렇지만 교육 현실은 이와는 거리가 멀어서 어린이나 젊은이를 이상과 가치에 직면시키는 것을 피하고 있는 것이 현실이라고 프랑클은 보았다. 이뿐만 아니라 오히려 교육은 종종 실존적 공허existential vacuum를 증대시키고 있으며, 학생들의 공허감과 무의미 감각은 과학적인 발견이 만들어 놓은 방법, 즉 환원주의적 방법에 의해서 강화되고 있다는 것이다. 또한 학생들은 '인간 기계론'과 '상대주의적' 인생철학의 이론에 따라서 가르쳐지고 있다고 보았다.

여기서 프랑클이 말하고 있는 '환원주의reductionism'란 휴머니즘의 대극에 있는 서브휴머니즘subhumanism, 즉 사람의 모습이면서도 인간 이하의 어떤 모습으로 인간을 폄하하는 관점이다. 예컨대, "생명은 결국 연소 과정이며 산화 과정에 지나지 않는다."라고 가르치는 것과 같은 방법으로 "이상이나 가치는 결국 반동형성reaction formation이나 방어기제에 지나지 않는다."[2]라고 보는 관점이다.

이렇게 교육받은 젊은이들은 이상과 가치에 관심을 갖고 이를 탐구할 수도 없을 것이며, 결국 환원주의는 젊은이들의 자연스러운 열정을 해칠 뿐이라고 비판하였다.

이와 같은 관점에서, 프랑클은 현대의 교육은 자연과학이 가져다 준 환원주의적인 사고방식에 중독되어 있어서 이것이 젊은이

---

1) V. Frankl, *The Will to Meaning: Foundation and Applications of Logotherapy,* 1969, New American Library Paperback, 1981, p. 85.

2) ibid., p. 167.

들의 '공허감'을 더욱 키워 주고 있다고 보았다.

여기에다 또 하나 젊은이들의 '공허감'을 키워 주는 원인으로 보는 것은 사회적인 '연대 의식'이나 '사명감'의 결여다.

지금의 우리 사회와 같이 부모의 잘못된 교육열로 인하여 유치원에 들어가기 전부터 시작되는 격렬한 조기교육 · 선행학습 · 입시교육의 압력도 그 원인으로 생각할 수 있으나, 이보다는 마음속으로부터의 깊은 사명감, 예컨대 "나는 사회와 유기적으로 연결되어 있다. 사회를 위해 할 수 있는 것이 있다." "나는 이 사회에서 ~할 것을 요청받고 있다."와 같은 사명감으로 차 있는 좋은 의미의 '긴장감'이 결여되어 있기 때문에 외부의 압력이나 부담을 극복하지 못하고 공허감에 빠지게 된다고 본 것이다.

요컨대, 사명감을 가진 사람은 정신적으로 적당한 긴장 상태를 유지하고 있기 때문에 외부의 압력에도 흔들리지 않는 강인한 정신력을 가지고 있으므로 공허감을 이겨낼 수 있다는 것이다. 교육에 관여하는 사람은 이와 같은 사명감에 투철한 의식을 키워 주는 것이 곧 사는 보람과 좋은 의미의 긴장 상태가 연결된다고 하는 것을 명심하지 않으면 안 된다. 이와 같은 정신 상태에서 공허감은 찾아올 수도 없으며, 주위 사람들의 압력에도 흔들리지 않는 강인한 정신력을 얻게 될 것이다.

프랑클 심리학을 적용한 교육

그렇다면 학생들을 무기력과 스트레스에서 구출해 내기 위해서는 어떤 교육이 필요한가? 이 점에 관하여 도움을 줄 수 있는 것이 프랑클 심리학의 기본적인 물음이다.

"누가(무엇이) 나를 필요로 하는가?"
"그 누군가 (무언가)를 위해 내가 할 수 있는 것이란 무엇인가?"
"내 인생에서 나는 무엇을 요청받고 있으며 기대되고 있는가?"

나를 필요로 하고 있는 '무엇'이 있고 '누가' 있으며, 또한 무엇과 누군가를 위해 내가 할 수 있는 것이 있다는 것을 실감하면 공허함이나 스트레스를 넘어서 삶의 의욕을 환기시킬 수 있다고 프랑클 심리학은 말한다.

여기서 프랑클 심리학의 원리를 교육에 적용하면 어떤 효과를 얻게 되는가에 대해서 생각해 보자.

물론 다양한 교육실천을 생각해 볼 수 있으나 가장 대표적인 것 하나를 든다면 '자원봉사' 활동을 들 수 있다. 예컨대, 양로원이나 고아원에 가서 무언가 도움이 되는 일을 하면서 노인이나 어린이들이 기뻐하는 모습을 봄으로써 처음에는 멀리 느껴졌던 것이 점차 가깝게 느껴져서 이것을 남의 일로 생각할 수 없게 된다는 것이다. 즉, 상대의 기쁨이 나의 기쁨이 될 수 있게 된다.

이렇듯 내가 '사람들에게 도움이 되었을 때의 기쁨'이나 '사람들에게 환영받는 기쁨'을 실감하는 것만큼 자신에게 삶의 의욕을 키워 주는 것은 없다. 이 기쁨을 가장 직접적으로 체험할 수 있는 기회는 자원봉사 활동이다.

우리 주변에서도 실제로 자원봉사 활동을 체험함으로써, 학원이나 학교에서 '시험 성적'에 안달하고 있을 때는 느끼지 못했던 '사는 기쁨'을 느낄 수 있었다는 사례도 많다. 한 부모의 경우, 개구쟁이 아이를 보육원이나 양로원에 데리고 가서 봉사활동을 체험시킨 결과 몰라볼 정도로 변해서 짓궂은 버릇이 없어졌다는 보고도 있다.

'자원봉사'란 본래 '공공성公共性'이나 '무상성無償性'과 더불어 '자발성自發性'을 본질로 하고 있다. 이를 학교교육의 교육과정에서 다루려고 할 경우 어떤 행사의 일환으로서 또는 전시적 효과나 어떤 이익의 수단으로 다루어서도 안 됨은 물론 지적인 주입이나 강제성을 띠어서도 안 된다는 것을 배려해야 한다. 왜냐하면 자원봉사의 행동 속성은 인지적 영역이 아니라 '정의적情意的'인 영역에 속하기 때문이다.

프랑클 심리학을 응용한 교육실천으로는 이 밖에도 여러 가지 형태를 생각해 볼 수 있다. 각종 문화축제, 체육대회, 친목과 협동을 위한 모임도 그 좋은 기회가 될 수 있다. 또 평소에는 별로 인지도가 없는 사람에게 그가 할 수 있는 일을 맡김으로써 "나는 이 학급에서 필요하다." "이 학급에는 내가 설 자리가 있다." 등을 실감하게 할 수 있다.

'나 같은 사람은 이 학급에서 아무런 도움도 안 된다. 내가 할 일도 없고 필요한 사람도 못 된다.'라고 생각하는 소외된 사람에게 학급운영위원이나 반장 같은 역할을 주는 것도 교육의 한 기술이다. 이와 같은 사례도 있었다.

한 학급에서 가장 존재감도 없고 문제아 같은 개구쟁이를 설득해서 반장 후보로 나오게 함으로써 그 학급 학생이라면 누구든지 자유롭게 반장에 입후보할 수 있는 분위기를 조성하였다. 그 결과 피라미드 구조의 학급 분위기를 없애고 짓궂은 개구쟁이를 없애는 데 성공했다는 것이다.

교육현장에서 사용할 수 있는 기술은 이 밖에도 매우 다양하다. 이와 같은 보고도 있다. 등교거부 학생에게 그가 좋아하는 '토끼 키우기' 라는 역할을 맡겼더니 이 학생은 매일 학교 가는 것이 재미있을 뿐만 아니라 '내가 토끼를 돌보지 않으면 안 된다.'는 일종의 사명감 · 책임감 때문에 방학 때도 학교에 갈 정도가 되었다는 것이다. 물론 이와 같은 실천이 가능하려면 교사의 학생 개개인에 대한 면밀한 관찰을 통한 그 사람의 적성과 취미 · 장기 등에 대한 누가기록적인 정보의 수집이 전제되어야 한다.

'교육과정'의 이론에서 본다면, 교사는 교과지도의 표면적인 목표와 동시에 이에 수반하는 부수적인 학습도 하게 된다는 것을 명심해야 한다. 즉, 교사는 학생들에게 수업을 통해서 부수적으로 '나에게는 무언가 또는 누군가를 위해서 하지 않으면 안 될 일이 있다.' '나도 그 무언가 누구를 위해 할 수 있는 것이 있다.'라고 하는 '사명감'을 키워 줄 수 있다. 요컨대, 교사는 수업 계획과 운영에 있어서 형식적 · 표면적인 '현재적顯在的 교육과정manifested curriculum'을 통해서 부차적으로는 잠재적潛在的 교육과정hidden curriculum이 중시하는 학생들의 정의적情意的 특성(사명감 · 태도 · 가치관 · 신념 등)을 발달시켜 주는, 비조직적이며 비공식인 '부수학습concomitant learning' 까지도 동시에 지도할 수 있다는 것이다.

현대사회에는 해결을 요하는 문제들이 산적해 있다. 예컨대, "환경이 계속적으로 파괴되고 자원이 고갈되어 간다면 미래 인류의 생존이 위태로워질 것이다."라는 환경문제, "지구상에서는 매주 30만 명의 어린이 생명이 죽어 간다."라는 기아나 인종 · 종교 간 전쟁 문제 등을 사회 교과나 도덕 교과를 비롯한 여러 관련 교과 수업을 통해 제시하고 문제 해결을 위한 '사명감'과 의욕을 키워 갈 수도 있다. 이를 프랑클 심리학의 관점에서 생각해 본다면 이와 같은 '문제의식'과 '사명감'에 뿌리 내린 좋은 의미의 '긴장감'을 키워 주는 것도 현대 교육에서 다루어야 할 매우 중요한 과제다.

프랑클 심리학에 기초를 둔 교육에서는 이렇듯 학급이나 사회 · 지구촌을 위해서 자기에게도 "할 수 있는 것이 있다." "도움을 줄 수 있는 것이 있다."라는 의식이 학생들의 마음속에서 우러나도록 키워 주는 것을 중시한다. 왜냐하면 그것이 '삶의 의욕'을 환기시켜 준다고 보기 때문이다.

이런 점에 있어서는 '아들러 심리학Adlerian psychology' 에 기초를 둔 교육과도 일맥상통한다. 아들러 심리학에서도 타인이나 집단을 위해 "도움을 줄 수 있다."라고 하는 '공헌감'을 공동체 감각Gemeinschaftsgefühl

의 중요한 구성 요소의 하나로 생각하고, 이 점에 착안하여 '용기를 북돋아 주기 위하여 격려encouragement'[3]를 중시한다.

오늘날의 젊은 세대는 사회 · 문화의 성격으로 보아 어려서부터 '행복한 가정생활'이나 '취미와 적성에 맞는 생활'을 가장 중요하게 생각하는 개인주의적인 인생관을 가지고 있다고 한다. 프랑클 심리학은 이와 같은 인생관을 가지고 있는 사람들에게 "내게는 공동체를 위해서 내가 하지 않으면 안 될 것이 있다."라고 하는 사명감을 키워서 '무언가 누군가에게 도움이 되었을 때의 기쁨'을 주게 된다는 것을 강조한 점은 현대 교육이 놓치기 쉬운 매우 중요한 점을 가르쳐 준다.

프랑클 심리학은 단순히 스트레스를 극복해 주는 정신건강의 효과만 있는 것이 아니다. "내게는 내가 해야 할 일이 있다."라고 하는 '사명감'을 기반으로 한 강인한 정신력을 키워 준다. 이와 같은 강인한 정신력을 가진 사람은 약간의 스트레스 같은 것은 저절로 극복할 수도 있다.

우리가 일상생활에서 매우 중요한 일 때문에 정신적으로 긴장되어 있을 때는 감기 같은 것도 잘 걸리지 않지만, 일이 끝나고 나서 긴장이 풀려서 마음이 이완되자마자 몸살감기에 걸리기 쉽다는 말이 이를 잘 말해 주고 있다. 스트레스의 경우도 똑같다. "내게는 내가 하지 않으면 안 되는 일이 있다."라고 하는 굳은 사명감

3) 정인석, 용기 있는 사람으로 키우는 심리학의 지혜, 서울: 대왕사, 2011, pp. 43-53.

에 기반을 둔 적당한 긴장감을 유지하고 있는 사람은 그렇지 않은 사람보다는 스트레스에 눌려서 무기력이나 공허감에 빠질 위험이 적어지게 된다.

2. 중년기의 위기와 프랑클 심리학

중년기의 위기

중년기라고 하면 통상 청년기와 노년기 사이를 말하며 일반적으로 발달 과정으로 보아 그동안의 인생 경험을 바탕으로 한창 의욕적으로 일할 수 있는 시기다. 직장에서라면 중간 관리직에 해당하는 나이이며, 어느 면에서나 자기가 하는 일에는 자신을 갖고 일할 수 있는 시기처럼 보인다.

그러나 중년기는 갈수록 분화되어 가는 직종의 전문화와 치열한 취직경쟁, 경제적인 불황 등으로 인해서 '위기'를 겪기도 하지만 사회 · 심리적인 '마음'의 문제에 있어서도 40~50대는 직장에서나 가정에서 이런저런 책임져야 할 귀찮은 일들이 상당히 많이 일어나는 시기다.

교육상담을 통해서 본다면, 중년기에 있는 부모는 우선 나이로 볼 때 중학교나 고등학교에 다니는 사춘기 · 청년기의 자녀를 키우고 있다는 점에서 자녀의 교육문제를 비롯하여 이에 따른 경제문제, 가치관의 차이, 이성관계 등 매우 어려운 문제에 직면하게 된다. 또한 자녀교육 문제에 대한 견해 차이로 부부관계에 균열이 생겨 별거나 이혼에까지 이르게도 된다. 예컨대, 관리직을 맡았을 경우는 업무 내용이 대폭 달라짐으로써, 기술직의 경우는 이에 필요한 기술만 있으면 되었지만 관리직에서는 직원들의 인간관계 문제까지도 처리해야 할 능력도 필요하다. 그러나 아직 경험이 없는 사람은 능력 부족으로 인간관계 문제를 처리하지 못하여 패닉 상태가 되어 우울증에 빠지는 경우도 있다.

이렇듯 중년기는 정도의 차이만 있을 뿐 여러 가지 크고 작은 귀찮은 문제를 신경 써야 하며 책임질 문제가 많은 시기다. 그러나 이것도 생각을 바꾸면 지금까지의 생활양식을 검토하여 앞으로의 생활을 개선할 수 있는 '절호의 기회'가 될 수도 있다.

중년에게 찾아오는 물음

중년기의 위기는 인간의 '심리적 · 사회적 발달psycho-social development'의 흐름으로 볼 때 거의 누구에게나 찾아오는 현상이다.

융Jung은 분석가로서 환자의 치료를 통해서 '심리적 성장psychological growth'에 대해 다음과 같이 설명하였다.

> 인생의 전반기에 있는 사람은 대체로 '내면의 개성화 과정inner process of individuation'에 무관심하다는 것을 깨달았다. 전반기에 있는 사람들의 관심은 주로 개인적 · 외면적인 성취에 의한 성공이나 자아의 목표 달성에 관심을 둔다. 그러나 이런 목표를 어느 정도 달성한 중년 이후의 환자에게서는 다른 목적을 설정하고자 하는 경향이 보

였다. 즉, '성취achievement보다도 통합integration'에 관심을 두고, 심혼의 '전체성totality'과의 조화를 추구하게 된다.[4]

융 자신도 1912년 서른일곱 살 때 『리비도의 변환과 제상징 *Wandlungen und Symbol der Libido*』을 발표하여, 정신분열 증상을 가진 환자의 환상 세계의 상징적 의미를 수많은 신화와 종교적 표상을 통해서 규명하고, 그것은 반드시 개인적이며 생물학적 성적 내용이 아님을 입증했다. 이는 프로이트의 권위의식과 리비도 이론에 대한 도전이자 비판이 되고 말았다.

그리하여 프로이트와 빈에서 감격적인 만남(1907)이 있고 나서 6년 만에(1913), 이로 인하여 융과 프로이트의 불화가 시작되었으며, 그 결과 프로이트의 추천에 의해 국제정신분석학회 초대회장에 피선(1910년, 35세)된 지 3년 만에(1913년, 38세) 회장직을 사임함으로써 프로이트와 결별하게 되었다.

뿐만 아니라, 같은 시기에 취리히 대학 강사직도 사임하고 개업한 병원도 문을 닫았으며, 오로지 명예보다는 자신의 '무의식' 연구에만 전념하였다. 이런 결정을 내리기까지 받은 정신적인 고통은 융에게 있어서는 중년기의 시련이며 위기였다. 심할 경우에는 환상 · 환영에 시달려 정신분열증까지 의심할 수 있을 정도의 병적 체험을 하면서 이를 극복하기 위하여 자신의 내면세계를 탐색하기도 하였다.

4) C. G. Jung, The relations between the ego and the unconscious, In *Collected Works* 〈Vol. 7〉, (Originally published, 1928b), p. 176.

그러나 1913년부터 1919년까지 6년간 자신의 내면세계, 특히 무의식에 대한 탐구는 창의적인 사람들에게서 볼 수 있는 큰 성과를 이루었다. 즉, 일과성의 정신적 위기 상황을 극복하려는 자신의 내면 탐색을 통해서 근원적 유형인 '원형Archetype'이라는 집단 무의식의 구조 이론을 밝혀냈다. 이 점은 스위스의 정신의학자 엘렌베르거Henri F. Ellenberger(1903~1993)가 말하는 '창조의 병creative illness'으로 볼 수 있는 병적인 체험이라고도 볼 수 있다.

이 밖에도 융은 1916년(41세)부터 1918년(43세) 사이에는 그림 분석의 기법으로 '만다라Mandala'에 대해 연구하였는데, 이는 프로이트와의 결별 이후 생긴 정신적 위기를 극복하는 데 큰 도움이 되기도 하였다.

융은 중년의 위기를 새로운 창조를 위해 최대한 이용한 사람이다. 이런 점에서 융은 자신의 체험을 통해서 상담을 위해 자기를 찾는 내담자 가운데는 중년 이후의 사람들이 많은 것을 알고 사람은 중년에 와서 인생의 중요한 전환점을 체험하게 된다고 생각하게 되었다. 특히 흥미 있는 것은 대부분의 중년 내담자의 약 3분의 1은 일반적인 의미에서는 아무런 문제도 없는 사람으로서, 오히려 경제 상태 · 사회적 지위 · 가족 등에 있어서 혜택받고 있는 사람들이라고 하는 사실이었다.

그러나 그들은 모두가 '무언가 부족하다.'고 느끼거나 '이해할 수 없는 불안' 때문에 고민하고 있기 때문에 융을 찾아간 것이다. 그들은 젊었을 때는 사회적으로 인정받고 지위 · 명예와 경제적인 부를 누릴 수만 있다면 행복한 생활을 할 수 있을 것이라고 믿고 오로지 앞만 보고 노력해 왔을 것이다. 그러나 그 목적을 달성하고 난 지금, 자신의 인생에는 중요한 그 '무엇이' 빠져 있다는 것을 알게 된 것이다.

이로 인해 이들은 불안을 느끼는 한편, 현존 상태를 유지하는 일에만 급급하면서 노년기를 맞이하게 되며, 그러고 나서 병사할 뿐이라고 자문자답하게 된다.

이 점은 물론 경제적 지위나 사회적 명성을 얻기 위하여 노력해 온 사람에게만 해당되는 것은 아니다. 젊은 시절부터 꿈과 야망을 자각하여 그 실현에 도전해 온 사람, 이른바 '자기실현을 이룬 사람' 도 중년기에는 이와 같은 물음에 초조해지게 된다.

그들은 확실히 지금까지 단순히 외견상으로만이 아니라 그 내실에 있어서도 충실한 인생을 살아왔다. 인생에 있어서 중요한 것은 사회적인 지위나 돈 · 권력이 아니라 그 내실이라는 것을 알고 자기답게 살았고, 자신의 '꿈'을 실현해 왔다.

그러나 젊은 시절부터 이와 같은 충실한 인생을 살아온 그들도 소위 중년기라는 '인생의 전환점' 앞에서는 다음과 같은 자문을 하지 않을 수 없게 된다.

> 나는 분명히 내가 하고 싶은 것은 다해 보았다. 꿈도 일단은 실현했다. 지금 죽어도 후회 없는 인생이었다고 말할 것 같다. 그렇지만 앞으로 수십 년의 인생을 이런 상태로 유지해 갈 수 있을지 없을지를 생각하면 어딘지 모르게 다른 생각이 든다. 즉, 무언가 생활방식을 바꿀 필요가 있다는 생각이 든다.

이처럼 중년기에는 누구나 지금까지의 인생에 대한 회고 · 점검과 앞으로의 인생의 방향에 대해 생각하지 않으면 안 될 시점에 서게 된다. 젊었을 때부터 사회적 지위를 얻는 데만 급급한 인생을 살아온 사람이나, 오로지 자신의 꿈을 실현하기 위해 공격적인 인생을 살아온 사람도 중년기에 와서는 종종 어쩔 수 없이 생활방식을 수정하지 않으면 안 될 상황에 처하게 된다. 이런 점에서 젊은 사람들에게는 다음과 같은 것을 생각해 보는 것이 도움이 될 것이다.

- "내가 진정으로 하고자 하는 것은 무엇인가?"
- "내 인생의 꿈(목표)은 무엇인가?"
- "어떻게 사는 것이 나의 가능성을 살릴 수 있을 것인가?"

이러한 물음은 '자기실현'의 물음이며, 자신의 희망을 확인하는 물음이다. 그렇지만 중년의 사람들에게는 이와 같은 물음은 도움이 안 된다. 인생의 전환점에 서 있는 사람으로서, 인생의 종점을 향해 출발한 중년에게 도움이 되는 물음은 오히려 다음과 같은 물음일 것이다.

- "나는 무엇을 할 필요가 있을 것인가? 나는 남은 인생 동안 내가 무엇을 하기를 바라고 있단 말인가?"
- "나의 인생을 의미 있는 인생으로 완성하기 위해서 나는 남은 인생을 무엇을 위해 쓸 것이며, 어떻게 살아야 한단 말인가?"

인생에 눈을 뜬 중년기 사람은 자신이 지금 걸어 가고 있는 인생의 종점, 즉 '죽음'의 저 너머로부터 자신에게 이와 같은 물음이 던져지고 있다는 것을 느낄 수 있을 것이다. 이 물음은 이미 '자기실현'의 물음이 아니라 '의미실현'의 물음이며, 바로 다름 아닌 프랑클 심리학의 물음인 것이다. 이런 점에서 중년기부터는 늙어 갈수록 "자기가 무엇을 하고 싶은가?"가 아니라 "인생에서 나는 무엇을 하기를 요청받고 있는가?"를 생각해야 할 필요성을 더욱 절실하게 느끼게 될 것이다.

3. 노년과 프랑클 심리학

노년을 정신적으로 받치고 있는 것

고령화 사회가 도래함에 따라서 '노인' 문제는 사회적 · 정치적으로도 중요한 문제가 되고 있다. 때문에 노인문제는 그만큼 사회학적 · 심리학적인 연구의 필요성도 커져 가고 있다.

우리는 인생의 사고四苦로서 흔히 '생 · 노 · 병 · 사'를 들게 된다. 그러나 잘 생각해 보면 산다는 것은 늙어 간다는 것이며, '늙는다'고 하는 것은 병든다는 것이며, 병든다고 하는 것은 죽음에 가깝게 가고 있다는 것을 의미하기도 한다. 뿐만 아니라 자기 인생에 매듭을 짓지 않으면 안 된다는 의미이기도 하다. 이렇게 생각하면 '늙는다'의 의미에는 '생 · 노 · 병 · 사'가 다 걸려 있다는 것도 알 수 있다.

또한 생 · 노 · 병 · 사는 "어떻게 늙을 것인가?" 또는 "어떻게 죽게 될 것인가?" "질병과 어떻게 같이 할 것인가?" 라는 문제이기도 하며, 동시에 "어떻게 살 것인가?" 하는 문제이기도 하다. 이렇듯 생 · 노 · 병 · 사는 인생 그 자체이기도 하다.

그렇지만 품위 있게, 그리고 건강하게 '늙는다'는 것은 매우 중요하며 어려운 문제다. 프랑스의 여류 작가이자 평론가인 시몬드 보브아르Simon de Beauvoir(1908~1986)[5]는 『노년*La Vieillesse/The Coming*

5) 시몬 드 보브아르는 1908년 1월 9일 프랑스 파리 라스파유의 한 부르주아 가정에서 태어났다. 그녀는 변호사인 아버지 조르주 베르트랑 드 보브아르 밑에서 심한 저항감을 느끼며 사춘기를 보냈으며, 파리 대학에서는 철학을 공부했다. 재학 중에는 철학자이자 소설가가 될 사르트르Jean Paul Sartre(1905~1980)와 사귀었으며, 졸업 후에는 최상의 동지 · 반려자 관계로서 계약결혼 생활을 하였다. 실존주의적 입장에서 사르트르를 도왔으며, 파리의 리세Lycée(국립고등학교)에서는 철학을 가르쳤다(1938~1943). 그녀의 문단활동은 자-타 관계의 극한 상황을 쓴 『초대 받은 여자*L'invitée/She came to stay*』(1943)로 시작되었으며, 대표적인 저서로는 실존주의 윤리학 정립을 위하여 『다의성의 윤리를 위하여*Pour une moyale de Pambiguité/The Ethics of Ambiguity*』(1947)를, 특히 '영원한 여성다움의 신화를 타파하기 위하여 심리학적 · 생리학적인 분석을 가한 획기적인 여성해방문학의 고전 『제2의 성*La Deuxiéme Sexe, 2권/The Second Sex*』(1949)을 발표함으로써 명성을 얻었다. 또한 지식인의 생태를 쓴 소설 『레 망다랑*Les Mandarins*』(1954)을 발표하여 콩쿠르상을 수상하였다. 제2차 세계대전 중에는 반나치스 저항운동에 참가하여 『타인의 피*Le Sang des Autres/The Blood of Others*』(1945)를, 이어서 『모든 사람은 죽을 수밖에 없다*Tous les hommes sont mortels/All Men are Mortal*』(1947)를, 그리고 노인에 대한 사회의 무관심을 통렬하게 비판한 『노년*La Vieillesse*』(1970)을 출간하였다. 사르트르의 충실한 제자와 동지로서, 실존주의 이상을 기반으로 한 평론 · 소설 · 자서전을 정력적으로 저술한 사르트르와 더불어 실존주의 문학을 대표하는 작가로서 활약하였다. Simon de Beauvoir, *La Vieillesse/The Coming of Age*, 1970(홍상희, 박혜영 공역, 노년: 나이듦의 의미와 그 위대함, 책세상, 2002.) 참조.

of Age』(1970)이라는 저서 발문에서 "인간은 빨리 죽든가 늙든가 그 이외의 길은 없다. 청장년기에는 이것을 진지하게 생각하는 사람은 거의 없으며, 노인이라는 것은 자기와는 전혀 관계가 없는 것으로 생각한다. 이 때문에 그들이 노년에 직면하게 되면 당황해하며 어찌할 바를 몰라하거나 혹은 회한과 체념 속에 갇히게 된다. ……대부분의 노인은 빈곤과 질병, 무위와 고독과 절망에 몰리고 있다."라고 매우 신랄하게 표현하고 있다.

실제로 사람은 누구나 고령화에 따라서 '과거에 사는 경향'이나 '보수적 · 회의적 태도' '관심(흥미)의 협소화' '활동성의 저하' '불충족감과 고독감, 불안감과 상실감의 증대' 같은 정서적 변화를 보이게 된다. 특히 고령으로 배우자와 사별하여 독거생활을 하는 사람은 상실감 때문에 매우 불안해하며 힘든 노후생활에 적응하지 못하는 사람도 많다.

또한 고령화에 따라서 '건강의 상실' '가족이나 지인들과의 사별이나 이별' '수입의 저하에 의한 경제적 자립의 상실' '사회와의 연결감의 상실' 등 다양한 '상실 체험'이 겹치기 때문에 우울증 같은 정신질환 상태의 빈도가 높아지기도 한다. WHO의 조사 발표에서도 해를 거듭할수록 우울증 발병률은 높아 가고 있다. 이것은 노년기에 쉽게 볼 수 있는 수면장애나 두통, 식욕 부진, 피로감, 불안감, 초조감, 절망감, 자살기도와 같은 증상들과도 밀접한 관련을 맺고 있다.

이와 같은 '노인'의 문제를 프랑클 심리학의 관점에서 본다면 결국 사회적인 '삶의 보람'의 문제가 요점이 된다. 왜냐하면 노인은 사회적 활동에서 은퇴하거나 축소되고 고립된 나머지 "나는 이 사회에서 필요한 존재가 아니다." "나 같은 사람은 있으나 없으나 똑같다."라고 생각하기 쉽기 때문이다. 이런 생각들이 점점 노화를 앞당기게 된다.

때문에 프랑클은 다음과 같이 말했다.

> 직업으로부터 타의에 의해 은퇴당하는 노인에게는 정신건강을 위해, 하는 일 없이 빈둥빈둥 시간을 보내지 않고 무언가 자신에 맞는 일을 찾아 할 수 있는 기회를 갖는 것이 시급한 문제다.[6)]

노인이 일을 함으로써 수명이 연장되었거나 질병을 예방할 수 있었다고 하는 것은 하는 일이 유급이냐 무급이냐 또는 명예직이냐 아니냐와는 전혀 관계가 없다. 중요한 것은 오직 자기가 아직도 누군가(무언가)에 '도움이 되고 있다.'는 생각을 가질 수 있는가 없는가, 또는 '어떤 일을 위해, 혹은 어떤 사람을 위해서 살고 있다는 감정이 깨어나게 할 수 있느냐 없느냐에 있다.'

- "나는 아직도 도움이 되고 있다."
- "누군가가(무언가가) 자기를 필요로 하고 있다."

---

6) V. Frankl, *Theorie und Therapie der Neurosen*, Ernst Reinhardt, 1956.

노인에게 있어서 이와 같은 감각을 갖는 것이 살아가는 힘을 활성화하고 질병으로부터 건강을 지키는 데 도움이 된다고 프랑클은 생각한 것이다. 요컨대, 이런 생활 태도가 노인의 생명에 힘을 불어 넣어 주게 된다. 이런 점에서 노인은 어떠한 형태든 사회적 활동에 관계하고 있는 것이 유익하다. 또한 늙어 가는 사람들에게는 자신의 '과거'를 어떻게 받아들이느냐 하는 것도 매우 중요한 의미를 갖는다.

빌 클린턴Bill Clinton 대통령 시절 '백악관 노화협의회White House Conference on Aging'의 의장이었으며(1995), '미국 노인정신병학협회American Association for Geriatric Psychiatry'를 만들었고 이끌었던 정신병학자인 로버트 버틀러Robert Butler(1927~2010)는 자신이 살아온 과거를 음미해 보는 방법의 하나로 '라이프 리뷰 인터뷰life review interview'를 할 수 있는 44문항으로 된 인터뷰 스케줄을 고안하였다. 즉, 고령자에게 자신의 과거를 되돌아보게 하고, 여기서 회상되는 것을 말하게 하는 방법이다.[7] 예컨대, 자기가 그동안 가족이나 직장과 지역사회에서 어떤 역할을 해 왔으며, 무엇을 할 수 있었으며, 앞으로 자기가 할 수 있는 것이 무엇인가를 마음껏 말하도록 하는 방법이다.

이것을 듣는 사람은 카운슬러가 아니라도 가족이나 지인이라도 상관없다. 특히 '수용적인 태도'로 말을 듣는 것이 중요하다. 이

---

7) R. Butler, "Successful Aging and the Role of the Life Review," *Journal of American Geriatric Society*, 1974, 22, pp. 29-35.

때 중요한 것은 듣고 나서 긍정적인 의미를 추출해 낼 수 있도록 말한 내용에 관심을 기울여 들어야 한다는 점이다. 직접 말을 듣는 방법 이외에 메모한 것을 받아 가족이나 지인이 읽어 주는 방법도 있다.

프랑클이 생각하는 노년

프랑클 심리학에서 '과거'란 그 사람이 살아오면서 '했던 일', 일체의 과거지사가 없어지지 않고 그대로 영구히 지속적으로 보존되는 '저장고'와 같은 것이라고 생각한다. 즉, 과거에 했던 것, 체험했던 것은 그것이 과거에 있었던 일이기 때문에 그 어떤 것에 의해서도 지워지지 않고 정확히 그대로 저장고에 새겨지고 영구히 간직된다고 본다. '과거'에 대한 이러한 관점은 늙어 가는 사람에게는 정신적으로 큰 버팀목이 되기도 한다.

이러한 관점은 프랑클이 여든여섯 살의 시점에서 스스로 자신의 '노년'에 대해 인터뷰를 했을 때에도 잘 나타난 바 있다.

> 내게는 늙어 가는 것에 대해서 발버둥칠 일 같은 것은 없었습니다. 나는 어쩌면 지금도 성장하고 있다고 말할 수 있다고 생각합니다. 나이를 먹으면 기억력도 떨어져 가며 사물에 대해 생각하고 말하는 속도도 떨어지지만 그러한 것들은 어느 것이나 그동안 몇십 년에 걸쳐서 얻은 인생의 경험으로 보충할 수 있습니다.
>
> 죽음이나 인생의 무상함은 내게는 아무런 장애가 되지 않습니다.

> 아무것도 잃은 것이 없으며, 부서진 것도 없다는 것이 나의 신념입니다. 과거로부터 무언가를 빼앗아 가는 사람 같은 것은 없다는 것입니다. 우리가 해 온 것, 우리가 이룩한 일, 우리가 만들어 온 것, 우리가 경험한 것, 우리가 사랑한 사람, 이것들로부터—우리가 받아 온 고통조차도—무언가를 제거할 사람은 없다는 것입니다. 우리가 용기와 존엄을 가지고 참아 온 그 고통에서조차도 말입니다.
>
> 우리의 과거란, 말하자면 우리 인생의 수확물이 뿌려져 있는 곡물 밭과 같은 것입니다. 나는 언제나 『욥기*Book of Job*』의 다음과 같은 말에 끌려 왔습니다. "네가 늙어서 죽어 가는 바로 그때에 수확을 거두게 될 것이다. 바로 그때에."[8)]

과거에 이룩한 것, 경험한 것은 거기에 그대로 남는다. 이는 과거를 무조건 긍정적인 시각에서 이해하려는 프랑클의 그전부터의 관점이 말년에 와서도 프랑클을 정신적으로 뒷받침해 주고 있는 것처럼 보인다. 또한 프랑클의 '시간론(과거를 긍정하는 시각)'의 축이 되고 있는 이 관점도 실은 욥기의 영향을 받아서 키워졌다는 것을 알 수 있다.

앞에서도 말한 바 있지만 프랑클의 사상에는 이렇듯 구약성서의 정신이 큰 영향을 주었다는 것을 다시 한 번 확인할 수 있어서 더욱 의미 있게 생각되지만, 여기서 중요한 것은 프랑클의 이와 같은 '과거' 라는 시간에 대한 태도가 늙어 가는 사람들의 마음에

8) Robert Schuler에 의한 인터뷰, How to Find Meaning in Life, In *Posibilities*, March/April, 1991, pp. 8-12.

생기를 불어넣어 주고 있다는 점이다. 이는 노인들의 정신건강을 위해서 매우 필요한 것이 될 수 있다고 생각한다.

노화에 대한 태도를 바꾸는 카운슬링

이처럼 자신이 살아 온 과거에 대한 '긍정적 평가'는 노화와 죽음의 공포로부터 밀려오는 불안을 어느 정도는 막을 수 있는 방파제가 될 수 있다. 또한 젊은이의 가치만이 강조되기 쉬운 문화권에 있어서는 과거에 대한 긍정적 평가는 중년이나 노년기의 사람들이 느끼기 쉬운 불안을 해소하여 마음의 균형을 회복시켜 주며, 갱년기 장애의 치료에 크게 도움이 될 것이다.

프랑클도 노화문제에 고민하고 있는 내담자와의 상담에서 자주 이와 같은 관점을 제시하고 '실존적 대화'를 한 바 있다. 다음은 치료를 받아도 별 희망이 없는 여든아홉 살 암환자 할머니가 "나는 무용한 존재라는 불안을 지울 수 없습니다."라고 호소한 사례의 상담 내용이다.[9)]

> 프랑클: 당신의 인생을 돌이켜 볼 때 어떻다고 생각합니까? 인생은 살 만한 것이었습니까?
>
> 환 자: 그게 그렇습니다, 선생님. 나는 인생을 잘 살았다고 말해도 된다고 생각합니다. 내 인생은 참으로 근사한 것이었습니

9) V. Frankl, *The Will to Meaning: Foundation and Application of Logotherapy*, 1969, Paperback, New American Library, 1981, pp. 120-121.

다. 나는 내 인생이 내게 준 것에 대해서 하느님께 감사하고 있습니다. 극장에도 가고 음악회에도 갈 수 있었습니다. 선생님도 알고 계시는 것처럼 나는 몇십 년 동안이나 한 가정의 가정부로서 열심히 살았으며 가족과 함께 프라하Praha와 빈Wien도 관광할 수 있었습니다. 이런 훌륭한 경험을 할 수 있게 해 준 하느님께 항상 감사하고 있습니다.

이렇듯 할머니는 아무런 문제도 없었던 자기 인생을 매우 긍정적으로 평가하고 있는 사람처럼 보인다. 그러나 프랑클은 이 점을 이상하게 생각하고, 할머니가 무의식 속에 어떤 절망을 감추고 있지나 않을까 생각하여 무의식의 의식화를 통해서 할머니 인생의 의미를 나누어 보려고 생각하였다.

프랑클: 당신은 자신의 만족스러웠던 경험에 대해서 말하였지만, 이제 그 경험도 끝났다고 보십니까?

환 자: 예, 이제 다 끝났습니다.

프랑클: 그렇다면 당신의 인생에서 좋았던 일들은 다 사라진다고 생각합니까?

환 자: 좋았던 모든 것이요…….

프랑클: 그렇다면 혹시 당신이 지금까지 경험해 온 행복을 누가 부수거나 그 경험을 지워 없앨 것이라고 생각을 해 보았는지요?

환 자: 없습니다. 누구도 그 경험을 지울 수는 없습니다.

프랑클: 당신이 인생에서 체험했던 좋았던 일을 누군가가 없앨 수

있다고 생각하십니까?

환 자: (감정적으로) 그 누구도 이를 지울 수는 없습니다!

프랑클: 당신이 진정으로 고민한 것을 누가 제거할 수가 있다고 생각하십니까? 당신은 당신이 고민한 것을 과거의 기억 속에 모아 두고 있는데 이를 제거할 수 있다고 생각하십니까?

환 자: (눈물을 흘리면서) 누구도 이를 제거할 수 없습니다! 실은 나도 고민했습니다. 그렇지만 용기를 내서 참지 않으면 안 될 일이라고 생각했습니다. 선생님, 나는 나의 고통을 벌이라고 생각하고 있습니다. 나는 하느님을 믿고 있습니다.

이상의 대화 내용으로 볼 때 대화가 다소 집요하다고 생각하는 독자도 있을 것으로 본다. 그러나 프랑클은 이렇게 해서 "할머니가 진정으로 자신의 과거를 매우 소중한 것으로 긍정할 수 있는가."를 무의식의 의식화 작업을 통해서 추구해 본 것이다.

프랑클 심리학에는 이렇듯 대화를 리드해 가다가 '여기가 결정적인 자리다.' 라고 생각이 들 때까지 내담자에게 철저히 다가가는 다소 압박하는 것 같은 데가 있다.

그렇지만 프랑클 심리학은 이미 말한 바와 같이 종교와 직결되는 것은 결코 아니다. 때문에 카운슬러가 종교 문제를 끄집어 내지는 않는다. 다만, 앞에서와 같이 내담자 쪽에서 '하느님'에 대해 말했을 경우에는 주저하지 않고 종교적인 신앙심에 말을 걸어, 이를 살려서 내담자의 정신적인 에너지를 이끌어 내려고 할 뿐이다. 프랑클 심리학에는 이런 '유연성'이 있다.

상담은 다시 계속된다.

프랑클: 그렇지만 고민이 때로는 도전적인 것은 아니었습니까? 하느님은 당신이 그 고민에 어떻게 견뎌내고 있는가를 보고자 하는 것은 아닐까요? 하느님은 필시 "그렇다. 참 용감하게 잘 견디고 있다."라고 인정할 것이 틀림없습니다. 혹시 당신이 생각하고 있는 성취나 달성을 누군가가 제거해 버릴 수 있다고 생각해 본 일은 없습니까?

환 자: 누구도 그럴 수는 없다고 생각합니다!

프랑클: 그것이 계속되리라 생각하십니까?

환 자: 그렇습니다. 계속되리라고 생각합니다.

프랑클: 그런데 당신은 자식이 없다고 알고 있습니다만…….

환 자: 그렇습니다. 한 사람도 없습니다.

프랑클: 인생에 의미가 있는 것은 자식이 있을 때만이라고 생각하십니까?

환 자: 만약 자식이 있다면 얼마나 좋을까 생각은 합니다만…….

프랑클: 그건 그렇겠지요. 그렇지만 세계 최고의 철학자로 불리는 칸트Kant도 자식은 없었습니다. 그렇다고 해서 칸트의 인생에 의미가 없었다고 생각하는 사람은 없지 않습니까? 또한 이와 같이 생각해 보기 바랍니다. 만약 자식이 인생의 단지 한 부분의 의미라고 한다면 인생은 자식 외에 차지하고 있는 의미가 많이 있다고 생각하십시오. 인생에서 중요한 것은 무언가를 완수해 내는 데 있습니다. 지금까지 당신은 바로 그것을 잘해 왔던 것입니다. 당신은 고생스러웠음에도

불구하고 최선을 다해 왔습니다. 당신은 자신의 고통을 받아들임으로써 다른 환자의 모범이 되었습니다.
나는 당신이 완수해 낸 것을 축복합니다. 그리고 당신의 모범을 볼 수 있게 된 다른 환자를 대신하여 축복합니다. (학생들에게) 이 할머니를 보십시오. (학생들은 큰 박수를 보낸다.) 이 박수는 할머니 당신의 것입니다. (할머니는 울고 있다.) 할머니, 이 박수는 위대한 업적을 이룩한 할머니 인생에 대한 박수입니다. 할머니는 할머니의 인생을 자랑으로 여겨도 좋습니다. 우리 사회는 자기 인생을 자랑으로 생각하는 사람이 얼마나 적습니까? 할머니의 인생은 불후의 업적입니다. 그 누구도 그것을 빼앗아 갈 수 없을 것입니다.

환 자: 프랑클 선생님, 선생님이 말씀해 주신 것은 크게 위로가 됩니다. 나를 퍽 편안하게 해 주었습니다. 이와 같은 말은 정말로 처음 듣습니다. ……(할머니는 천천히 그리고 조용히 교실을 빠져나갔다.)

이 상담이 있고 나서 1주일 후 할머니는 그렇게도 자신감에 넘친 상태였음에도 세상을 떠났다고 한다. 상담 전에는 "나는 그저 무용한 존재다."라고 절망적으로 말했던 할머니가 실존적 대화를 통해서 인생에는 누구나 의미가 있으며, 자신의 고통조차도 헛된 것은 아니었다는 확신을 갖고 죽음을 맞이할 수 있었다. 할머니는 운명 직전에 "나의 인생은 불후의 업적이었다고 프랑클 선생님이 학생들 앞에서 말해 주었습니다."라는 말을 남겼다고 한다.

참으로 사람이 천수天壽를 다할 때까지 사람으로서 해야 할 일을 하면서 '삶을 마감'한다는 것은 정말로 어렵고 힘든 일이라고 생각한다. 이렇듯 프랑클 심리학은 늙어 가는 사람들에게 자신의 과거를 긍정적으로 붙잡을 수 있는 지혜와 살아온 자기 인생을 자랑스럽게 생각하는 용기를 주는 심리학이라고 생각한다.

이렇듯 프랑클의 사상과 실천에는, 인간 존재의 본질이 긍정적인 '시간성'의 관점에서 설명되고 있다. 대부분의 실존주의 심리학자들이 '지금-여기'를 강조하는 것과는 달리 프랑클은 '과거' 를 중시하였다.

이와 같은 사상은 프랑클의 다섯 번째 저서인 『시간과 책임*Zeit und Verantivortung*』(1947)과 열여덟 번째 저서인 『의미를 향한 소리 없는 절규*The Unheard Cry for Meaning*』(1978) 제7장 '덧없음과 죽어야 할 운명: 존재론적 에세이Temporality and Mortality: An Ontological Essay'에서 가장 잘 나타나고 있다.

제4장

프랑클의 인간관

1. 환원주의와 허무주의

프랑클의 사상에서 그의 인간관을 이해하기 위해서는 환원주의reductionism에 대한 비판을 들지 않을 수 없다.

환원주의는 "인간은 결국 ~에 지나지 않는다."라고 보는 관점이다. 이와 같은 인간 이해는 인간에 대한 존재의 의미를 박탈함으로써 허무주의를 키우는 것밖에는 안 되기 때문에 프랑클 심리학은 이를 철저하게 배격한다.

프랑클에 의하면, '환원주의'는 인간적인 현상의 인간적인 측면을 무시한 나머지, 인간적인 현상을 인간 이하의 현상으로 격하시키거나, 역으로 인간 이하의 현상으로부터 인간적인 현상을 도출하여 인간은 결국 ~에 지나지 않는다고 보는 이른바 인간폄하주의subhumanism의 관점이다.

예컨대, 인간의 '사랑'이라는 현상을 인간 이외의 동물도 공유하는 성충동과 본능의 승화로 해석하는 것은 동물의 행동과 인간의 행동 사이에 있는 '질적인' 차이를 인정하지 않는 관점이며, 이는 사랑에 대한 인간의 자기 초월적인 숭고한 '인간적인 현상'에 대한 무지에서 나온 발상이며, 전인적인 인간 이해를 방해하는 것이다.

프랑클은 『고뇌하는 사람*Homo Patiens*』(1951)[1)]에서 환원주의를 다음과 같이 비판하고 있다.

환원주의의 본질은 인간 존재의 어느 한 부분의 층만을 절대화하여 다른 존재층을 무시하는 데 있다. 예컨대, '생물학주의'의 환원이라면, 인간 존재 층의 하나에 지나지 않는 '생물학적 존재 층'만을 절대시하며 그밖의 존재층을 무시해 버린다. 이렇듯 환원주의는 어떤 한 가지 특성의 존재층만을 격리시켜서 이를 절대화하여 그밖의 모든 것을 여기에 상대화시켜 버린다.

환원주의는 다시 말해서 미리 만들어져 있는 해석의 패턴을 개별 현상에 일방적으로 적용하는 것과 같은 것이라고 볼 수 있다.

프랑클은 이와 같은 관점에서 인간의 어느 존재층에 환원시키느냐에 의해서 환원주의를 세 가지 유형으로 나누었다. 즉, 인간 존재의 모든 것을 인간의 '생물학적'인 존재층에 환원시키는 생물학주의biologism, 인간 존재의 모든 것을 인간의 '심리학적'인 존재층에 환원시키는 심리학주의psychologism, 인간 존재의 모든 것을 인간의 '사회학적'인 존재층에 환원시키는 사회학주의sociologism다.

이렇듯 프랑클은 인간을 세 가지 유형으로 환원시키면 인간은 인간 이하의 그 어떤 것에 '지나지 않는' 존재로 달라지고 만다고 보았다. 즉, 인간과는 다른 인간 이하의 현상으로부터 인간적인 현상을 연역화하려고 하거나 인간적인 현상을 인간 이하의 현상으로 끌어내리게 된다는 것이다.

여기서 우리가 알아 두어야 할 것이 있다. 그것은 프랑클이 사

1) V. Frankl, *Homo Patiens: Versuch einer Pathodizee*, Franz Deuticke, 1951.

용한 생물학주의 · 심리학주의 · 사회학주의에서 '주의'란 생물학이나 심리학 · 사회학 그 자체와 동일시한 것이 아니라는 점이다. 생물학 · 심리학 · 사회학이라는 학문에 수반하는 피할 수 없는 상대성과 특수성을 망각하고 이를 지나치게 절대화하고 보편화할 때, 한 분야의 연구 성과만을 특권시 하는 위험을 지적하기 위해 사용한 것이다. 즉, 인간의 존재 전체의 한 존재층에 대한 이미지가 전체의 부분임을 망각하고 이를 전체상全體像으로 바꾸게 될 때 '~주의ism' 가 만들어지게 된다는 것이다.

예컨대, 생물학적인 존재층에 환원된 인간은 '조건반사conditioned reflex'에 지배되고 있는 생물학적 메커니즘에 지나지 않는다는 것이다. 즉, 생물학적 환원주의 관점에서는 인간의 '양심'도 조건화conditioning의 결과에 지나지 않는다는 것이다. 또한 심리학적인 존재층으로 환원된 인간은 충동적인 심적 에너지의 지배를 받고 있는 심리학적 메커니즘에 지나지 않는 존재가 되고 만다. 그리고 사회학적인 존재층으로 환원된 인간은 권력이나 계급에 의해 조종되는 인간이 된다는 것이다.

프랑클은 인간을 이와 같은 "세 가지의 주된 인간모형주의homunculisms(생물학주의 · 심리학주의 · 사회학주의)의 관점에서 보면, 인간이란 반사의 자동기계장치와 각종 충동의 다발, 심적 메커니즘이나 경제 환경의 산물 중 하나에 지나지 않는 존재가 되고 만다."[2]라고 보았다.

---

2) V. Frankl, *Psychotherapy and Existentialims, Selected Papers on Logotherapy*, Pocket Books, New York: Washington Square Press, 1985, p. 123.

'인간모형주의' 관점이 시사하고 있는 바와 같이 환원주의 인간관은 인간이 인간이기는 하지만 비인간적이며 폄하된 인간, 변조된 인간으로 전락되고 만다는 것을 이해할 수 있다.

프랑클의 설명을 빌린다면, 환원주의의 인간은 '어느 한정된 존재층의 존재 방식에 근거한 인조인간, 인공물, 예술작품'이라고 볼 수 있으며, 또는 '내부에 들어 있는 철사에 의해서 조종되는 인형극의 인형'과 같다고 볼 수 있다.[3] 프랑클의 이와 같은 표현은 환원주의 인간 이해의 방식이 얼마나 인간폄하적이고 잘못된 것인가를 잘 말해 주고 있을 뿐만 아니라 비판의 정도를 짐작할 수 있다.

프랑클의 또 하나의 비판 대상은 환원주의의 산물인 허무주의였다. '허무주의nihilism'의 본질은 '의미'를 부정하는 데 있거니와, '결국은 ~에 지나지 않다.'고 보는 환원주의적인 견해 바로 그것은 어떤 한 대상이나 존재의 '의미'를 부정하는 태도로 귀착하게 된다는 점에서 프랑클은 환원주의를 철저하게 배격하였다.

여기서 프랑클은 『고뇌하는 인간－허무주의의 근본문제*Homo Patiens: Versuch einer Pathodizee*』(1958)의 '전반' '자동에서 실존으로—허무주의 비판—'에서 환원주의와 그 산물인 허무주의를 비판함으로써 인간의 '주체성Subjektivität' 회복을 강조하였고, '후반' '자율에서 초월로—휴머니즘의 위기—'에서 휴머니즘이 '인간중심

3) V. Frankl, *Homo Patiens: Versuch einer Pathodizee*, Franz Deuticke, 1951.

주의anthropocantrism'로 기울고 있는 위험을 경고함으로써 인간과 절대적 초월자와의 관계를 새롭게 다시 보아야 한다고 주장하고 있다.

프랑클은 오늘날의 허무주의도 환원주의의 정체이자 그 산물로 귀결된 것이라고 보았다. 그러나 실존주의에서 우리가 배워야 할 가르침은, 본래의 '무nothingness'에 대한 교훈이 아니라 하이픈으로 연결된 무, 즉 인간 존재의 '비-사물성no-thingness', 요컨대 인간 존재는 사물 존재는 아니라는 교훈이다.

인간 존재는 각종 사물 존재 속에 있는 것 중 하나는 아니다. 인간은 사물과 동일한 존재 방식으로 존재하지 않는다. 그렇게 존재할 수도 없다. 또한 사물은 다른 사물 존재에 의해 서로를 제약한다. 그러나 인간 존재는 자기 자신을 규제하면서 존재한다. 즉, 인간은 자기 자신을 밖에서 결정하는 대로 존재할 것인가의 여부를 결단할 수 있는 존재다. 다시 말해서, 자기를 몰아붙이는 충동이나 본능대로 살아갈 것인가, 아니면 자기를 끌어당기는 삶의 이유와 의미를 향해 살아갈 것인가를 결단하는 존재라는 것이다.

2. 인간 존재의 본질적 특징 '실존'

프랑클은 인간을 신체적 · 심리적 · 사회적 조건이나 상황에 의해서 지배되는 자동인형과 같은 존재로 보는 환원주의 관점이나 인간을 '자극'에 대해서 '반응하는' 존재로 보거나, 또는 충동을

'해방시키는' 존재로 보는 '동기' 이론의 인간관은 인간 존재의 의미를 박탈하고 허무주의를 키우게 되며, 인간 존재의 본질적 특성인 '실존'을 잃게 된다고 보아 철저하게 비판하였다.

요컨대, 인간은 생물학적(예: 민족) · 사회학적(예: 계급) · 심리학적(예: 성격 유형)인 제약에 연계는 되어 있어도 여기에 맹종하지 않고 자기 결단에 의해서 거부할 수 있는 어떤 태도를 취할 수 있는 자유를 가지고 있는 존재로 본 것이다. 즉, 인간은 '생물학적 사실' '심리학적 사실' '사회학적 사실'에서 독립하여, 이런 사실에 대한 인격적 태도를 결정할 수 있는 존재라는 것이다. 프랑클이 말한 '실존'도 생물학적 사실 · 심리학적 사실 · 사회학적 사실을 초월한 인간의 실존을 말한다. 즉, 실존적 인간의 인격적 태도 결정의 자유를 가진 존재를 말한 것이다.

그렇다면 생물학적 · 심리학적 · 사회학적 사실이란 무엇이며, 이 사실에 대한 태도 결정에 대해서 생각해 보자.[4)]

생물학적 사실인 '유전'에 관해서

프랑클은 요하네스 랑게Johannes Lange(독일의 생리학자 · 인류학자)에 의해 보고된 일란성 쌍생아를 들어, 두 사람은 동일한 '생득적 특성'인 빈틈없고 치밀한 성격 경향성을 가졌지만 한 사람은 치밀한 범죄자가 되고, 한 사람은 치밀한 범죄학자가 된 사실에 대해서 다음과 같이 설명한다.

4) V. Frankl, *Theorie und Therapie der Neurosen*, Ernst Reinharf, 1956.

생득적인 성격 경향성 그 자체는 가치 면에서는 죄도 아니었고 덕도 아니었으나 한 사람은 범죄자가 되고, 한 사람은 범죄학자가 된 사실은, 자신에게 주어진 생물학적 사실에 대해서 어떤 태도를 취하느냐에 따라서 차이가 생긴다고 보았다. 유전이란 인간이 자기 자신을 만들어 가는 소재에 지나지 않는다는 것이다. 마치 목수가 집을 건축할 때 필요한 자재와 같이 본 것이다.[5)]

심리학적 사실에 대한 충동에 관해서

동물은 충동 그 자체인 데 반해서 인간은 충동을 가지고 있으나 이 충동을 거부할 수도 있다. 뿐만 아니라 인간은 충동을 긍정할 경우에도 동물처럼 충동 그 자체가 되어 버리지 않고 그때 그때의 형편에 따라 충동과 자신을 조정할 수 있다. 요컨대, 인간은 충동을 거부할 수도 있다고 프랑클은 말한다.

사회학적 사실인 환경에 관해서

환경이 인간에 영향을 주는 것은 분명하다. 그러나 보다 중요한 것은 환경에 대해서 인간이 취하는 태도, 즉 인간이 환경으로부터 무엇을 만드느냐에 있다고 프랑클은 말한다. 이 점에 관한 증거로서 프랑클은 자기 자신이 스스로 체험한 강제 수용소에서 볼 수 있었던 행동을 들고 있다. 요컨대, 동일한 상황에 직면하여, 어떤 사람은 돼지 같은 행동을 한 데 반하여, 어떤 사람은 성인 같은 모습

---

5) V. Frankl, *The Unheard Cry for Meaning*, 1985, pp. 49-50.

을 보였다는 것이다.

프랑클은 또 '차원적 존재론dimensional ontology'의 관점에서 "인간은 신체적인 현상과 심리적인 현상이 완전히 구별되는 '정신적noetic'인 현상의 차원으로 들어갈 수 있는 존재이며, 또한 상황에 대해서만이 아니라 자기 자신에 대해서도 맞설 수 있다."[6]는 표현을 하고 있다.

특히 프랑클이 생소한 용어인 '정신적noetic'이라는 용어를 사용한 데는 그만한 이유가 있었다고 한다. 프랑클은 자신이 처해 있는 상황이나 자기 자신에 대해서 어떤 태도를 취할 수 있다는 것을 '실존'으로 표현할 수 있지만, 실존이라는 용어가 너무 대중화되어 다의적인 의미로 사용되는 것을 피하기 위해서 스피리추얼spritual보다는 굳이 '노에틱noetic'이라는 표현을 사용하였다고 한다.

프랑클이 말한 '심리적인 현상'이란, 우리의 내면에서 저절로 일어나는 심리반응이다. 예컨대, 아름다운 여성과 대화를 하면 자기도 모르게 긴장하게 된다든가, 높은 곳에 오르면 무서워지는 반응 등과 같은 심리적인 현상이다.

이와는 달리, '정신적인 현상'은 자동적으로 일어나는 '심리적인 현상'에 대해서 거스르거나 따를 것인가를 결정하는 본인의 주체적인 결단이다. 예컨대, 여성의 옆에만 있어도 떨리고 긴장하는 심리현상이 발생하였을 경우에 이로부터 도피할 수도 있고 능동

---

6) V. Frankl, *Psychotherapy and Existentialsm: Selected Papers on Logotherapy,* Pocket Books, New York: Washington Square press, 1985, p. 134.

적으로 직면할 수도 있다. 이 현상은 자동적으로 일어나는 심리적인 반응이 아니라 능동적인 본인의 결단이다.

프랑클은 이와 같은 본인의 결단이나 선택을 자동적으로 발생하는 심리적인 반응과 확실히 구별하기 위해서 '정신'이라는 용어를 사용한 것이다. 그리하여 '정신적'인 차원에만 바로 인간의 본질적 특징이 있다고 보았다.

다음 5장에서 소개할 로고테라피 기법인 '역설의도paradoxical intention'와 '반성제거dereflection'도, 인간의 정신이 갖는 '심리반응'에 대한 저항력에 착안하여 그 저항력을 이용하려고 하는 기법이다. 즉, 인간은 자신에게 부적절한 심리반응이 일어나면 이를 거부할 수가 있다는 것이다. 프랑클은 심리반응에 대한 이와 같은 정신의 반발력을 '심리정신 길항작용psychonoetic antagonism'이라고 정의하고, 이를 로고테라피에 활용한 것이다.

이렇듯 프랑클 심리학에 있어서 '정신'과 '심리'의 구별은 그의 이론의 적용에 있어서 대단히 큰 의의를 갖고 있다. 로고테라피도 인간의 '정신'과 '심리'의 본질적인 차이를 이해하고 그 차이를 실제에 적용하는 치료기법이라고 볼 수 있다.

3. 차원적 존재론

앞에서 보아 온 바와 같이 프랑클은 인간에게는 스스로에게 주어진 생물학적 사실 · 심리학적 사실 · 사회학적 사실에 대해서 '어떤 태도를 취할 수 있는 능력이 있다.'는 것을 매우 강조한다. 요컨대, 생물학적 현상 · 심리학적 현상 · 사회학적 현상을 구별할 수 있는 '정신적'인 차원을 강조한 것이다.

그러나 인간의 전체상을 이해하기 위해서는 '정신적' 측면만을 강조할 수는 없다. 만약 '정신적' 측면만을 중시하게 된다면, 즉 인간의 정신적 측면의 상대성과 특수성을 망각하여 이것만을 절대시하여 인간을 오로지 '정신적' 측면에서만 이해하게 된다면 또 다시 환원주의의 함정에 빠져 버리기 때문이다.

그렇다면 프랑클은 이 함정에 빠지는 것을 막기 위하여 어떠한 방법을 선택하였을까? 다시 말해서, 인간 존재가 차지하고 있는 하나하나의 측면이나 각 존재층에 상응하는 위치를 인정함과 동시에 인간을 '전체성wholeness'과 '통일성oneness'을 가지고 있는 존재로 이해하기 위해서 어떠한 접근법을 사용하였을까?

이 문제에 대해서 프랑클이 제시한 것이 '차원적 존재론die Dimensional ontologie/dimensional ontology'이라고 하는 그의 독자적인 인간 이해의 방법이다.

프랑클이 제시한 '차원적 존재론'은 실은 후설Edward Husserl(1859~1938)의 현상학Phänomenologie의 영향을 받은 막스 셸러Max Scheler(1874~1928)의 철학적 인간학Philosophische Anthropologie과 니콜라이 하르트만Nicolai Hartman(1882~1950)의 존재론ontologie을 기반으로 하여 독자적인 사고 체계를 펼친 것이다.

셸러와 하르트만은 인간 존재에 있어서 '신체적인 것' '심리적인 것' '정신적인 것'을 각각 구분하여 셸러는 이 3자가 '계층구조 hierarchical structure'를, 하르트만은 '단계 구조stratificational structure'를 이루고 있다고 생각하고 있었다.

프랑클은 여기서 그들이 말하는 3자의 차이를 단순히 '양적' 차이로 보지 않고 '질적'인 차이가 있다는 점을 발견하였다. 프랑클의 인간관의 특징 중 하나는 인간의 '심리'와 '정신'을 명확히 구별한 점에 있다. 프랑클의 이러한 구별은 셸러와 하르트만의 영향을 받은 결과라고 볼 수 있다.

그러나 여기에도 문제가 있다. 즉, 이들 두 사람도 '신체' '심리' '정신'의 차이만 강조하고 있을 뿐 인간은 '통합된 존재integrated being'라고 하는 점이 경시되고 있다는 점에서 셸러와 하르트만의 인간 이해의 방법도 불완전하다고 비판한 것이다.

요컨대, 토마스 아퀴나스Thomas Aquinas(1225~1294)가 말한 인간에 대한 정의인 '우니타스 멀티플렉스*unitas multiplex*(다양성에 있어서의 통일성)'는 인간적인 차원 속에만 존재하고 있다는 것이다.[7] 이런 모순과 결함을 메우기 위해서 프랑클은 '층'과 '단계'라고 하는 발상을 대신할 수 있는 것으로 '차원dimension'이라는 발상을 제시하였다.

여기서 이 발상의 필요성을 좀 더 생각해 보자. 인간은 '신체적

7) V. Frankl, *The Unheard Cry for Meaning*, 1989, p. 46.

인 것das Physiologische', '심리적인 것das Psychologische', '정신적인 것das Noölogische'이 각각 존재한다. 중요한 것은 이런 것 사이에는 질적인 차이가 있기 때문에 이 사실을 배제할 수 없다는 것이다. 이와 동시에 인간은 다양성을 가지면서 통합된 존재이며 결코 몇 부분으로 나눌 수 없다는 것이다. 이 통합성이란 다양성diversity '안에 존재하는' 통일성unity이 아니라 오히려 다양함에도 불구하고 존재하는 통합성이다. 그래서 인간은 유기적 존재인 것이다. 이와 같은 인간 이해를 가능하게 하기 위해서 프랑클은 '차원적 존재론', 즉 '차원'이라는 관점에서 인간 이해의 방법을 제안한 것이다.

프랑클은 차원적 존재론에서 "구조의 통합성을 훼손하지 않으면서 질적인 차이qualitative differences를 나타내기 위한 아나로지로서" 기하학적인 차원의 개념을 사용하여 다음과 같이 설명하고 있다.[8)]

[그림 1]은 차원적 존재론의 제1법칙을 나타내고 있는 것으로써, 3차원의 이미지를 주는 컵이 '수평'과 '수직'의 2차원적 평면two-dimensional planes으로 투영되면, 수평 방향에서는 원형이, 수직 방향에서는 직사각형이 투영된다. 이들 두 상像이 완전히 다르다는 것이 말해 주는 것처럼, '하나의 동일한 현상이 그 자체의 차원보다 낮은 차원으로 투영되었을 때는 각각의 상은 서로 양립할 수 없는 형상으로' 나타나게 된다.

8) V. Frankl, *The Will to meaning*, 1981, pp. 23-26.

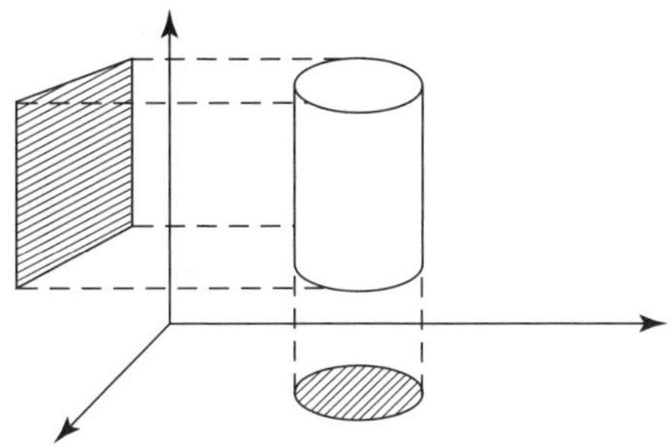

[그림 1] 차원적 존재론의 제1법칙

또한 역으로 2차원적 평면에서 직사각형과 원이라고 하는 전혀 다른 상이 투영되고 있는 경우에는 본래의 입체는 물론 동일한 것(컵)이며, 게다가 그것은 직사각형이나 원보다도 고차적인 원기둥이었다.

프랑클은 이 이미지를 인간에 적용하여 말하고 있다. 인간이 3차원적인 공간에 있을 때 비로소 정확히 파악할 수 있는 컵과 같다고 한다면 2차원적인 평면에 투영되었을 때 비치는 형상은 이미 인간 이하의 일면적인 인조인간의 상에 지나지 않는다는 것이다. 예컨대, 인간이 생물학적인 평면에 투영되면 인간은 단순히 생물학적 유기체에 지나지 않는 존재가 되고 말 것이다. 또한 심리학적 평면에 투영되면 인간은 단순히 심적 장치에 지나지 않는 존재가 되고 말 것이다. 뿐만 아니라 앞에서 말한 인간모형주의(생물학주의 · 심리학주의 · 사회학주의)의 관점도 이와 같은 방법으로 인간을 이해하려고 한다고 프랑클은 비판하고 있다.

프랑클은 현실적인 인간이 신체적인 측면과 심리적인 측면 사이에 있는 간극을 메꾸는 일에 성공한 사람은 지금까지 아무도 없었다고 보고 이것을 할 수 있는 사람은 아무도 없다고 말한다. 왜냐하면 어떤 단면도라 할지라도 2차원 공간의 범위 안에서 생각하는 한 니콜라우스 쿠사누스Nicolaus Cusanus(독일의 신비주의 사상가/1401~1464)가 말한 '코인시덴티아 오포시토룸*coincidentia oppositorum*(상반의 일치)', 즉 서로 상반된 것이 같은 공간을 차지한다는 것은 불가능하기 때문이다. 이것을 가능하게 하려면 또 하나의 높은 차원 속에서 생각해 볼 필요가 있다.[9)]

이 원리는 인간 이해의 경우에도 동일하다. 생물학적인 수준에 관해서는 생물학이라는 2차원적인 평면에 인간의 신체적인 측면이 비춰지며, 심리적인 수준에 관해서는 심리학이라는 2차원적 평면에 심리적인 측면이 비춰지게 된다. 이들 두 광학적인 어프로치에 의해서 투영된 두 평면을 보고 있는 한 인간의 다양성은 볼 수 있지만 인간의 '통합성'은 볼 수 없게 된다. 이 통합성은 보다 높은 인간적인 차원에서만 볼 수 있다.

앞에서 말한 [그림 1]의 경우를 말한다면, 수평 방향의 단면도 원과 수직 방향의 단면도 직사각형이 다름에도 불구하고 본래의 물체는 동일(컵 또는 원기둥)한 것처럼, 인간 존재도 심리학적인 차원으로 조명되어 보이는 상과 생물학적인 차원으로 조명되어 보이는 상이 다름에도 불구하고 그 자체는 본래 동일한 하나의 통합

9) V. Frankl, *The Unheard Cry for Meaning*, 1985, p. 45.

된, 그리고 보다 고차적인 존재라는 것을 알 수 있다.

요컨대, 인간을 생물학적 평면과 심리학적 평면으로 투영한 결과인 생물학적 유기체나 심적 장치는 인간을 자극에 대한 '생리학적' 반사나 '심리학적' 반응을 하는 존재로 보게 된다. 이들은 모두가 폐쇄된 시스템을 가지고 있다. 그러나 겉보기에는 서로가 닫힌 폐쇄성을 가지고 있음에도 본래의 인간 존재는 열린 존재이며, 스스로의 의지에 의해서 자유롭게 결단을 내릴 수 있는 존재다. 그것은 인간은 자기를 초월해서 의미를 지향할 수 있는 존재이기 때문이다.

[그림 2]는 차원적 존재론의 제2법칙을 보여 주고 있는 그림이다. 이 그림을 보면 본래는 완전히 다른 입체인 원기둥 · 공 · 원뿔이 동일 평면상에 투영되면 어느 것이나 동일한 원이 되어 버린다는 것을 알 수 있다. 그러나 이 원만으로는 그것이 원기둥의 원인지, 원뿔의 원인지, 공의 원인지 전혀 판별할 수 없다. 즉, 다른 현

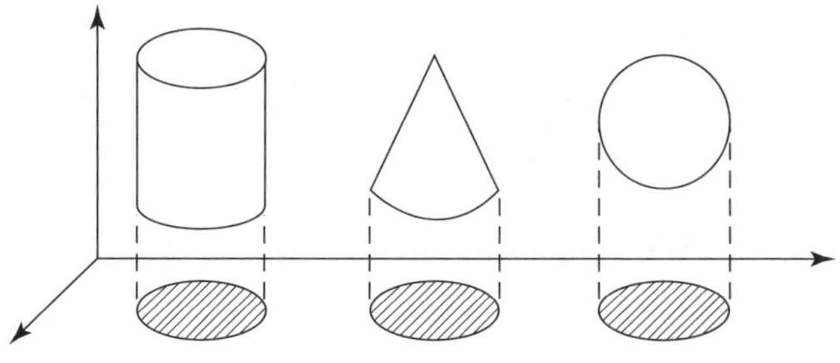

[그림 2] 차원적 존재론의 제2법칙

상들이 자체의 차원에서 낮은 차원으로 투영되면 거기에 나타나는 상은 다의적인 것이 되어 버린다.

이 이론을 인간 존재에 적용하면 다음과 같이 말할 수 있다. 중요한 일을 성취하고 나서 얻은 '만족감'이나, 사랑하는 연인과의 데이트에서 얻은 '행복감'이나, 약물을 사용해서 얻은 '쾌감'도 동일한 심리학적인 평면상에 투영될 때는 동일한 '쾌快'라고 하는 심적인 상태로 바뀌고 만다. 이 상태에서는 그 '쾌'가 무엇에 의해 얻은 것인지 알 수 없게 된다. 그럼에도 불구하고 본래의 경험 내용이나 심정 지향 대상은 전혀 달라질 수 있다.

프랑클의 '차원적 존재론'은 인간 존재가 자유로운 결단을 내릴 수 있는 존재, 즉 '실존'이라는 것과 의미와 가치를 추구하는 '지향성'을 갖는 열린 존재라는 것, 그 자체를 증명할 수 있는 것은 아니다.

그러나 적어도 외견상으로는 '~에 지나지 않는' 존재처럼 보여도 실은 그 이상의 존재가 '될 수 있다.'라고 하는 그 가능성을 시사해 주고 있다. 그리고 개개의 학문이 붙잡은 인간상 '이상의 것이 존재할 수 있다.'고 하는 가능성에 길을 열어 주고 있다. 이렇듯 프랑클의 차원적 존재론은 환원주의에 의한 일면적인 인간 이해의 방법에 대한 비판으로는 상당히 명쾌하며, 또한 건설적인 비판이라고 생각한다.

4. 인간중심주의 비판

앞에서 설명한 바와 같이 프랑클은 환원주의 인간관에 대해서 비판하였다. 요컨대, 생물학이나 심리학과 사회학이 해명한 다양한 사실에는 각각 상대적인 진리가 있다는 것을 인정하면서도, 어느 하나만을 절대시하여 거기에 모든 것을 환원시키는 사고방식의 위험성을 지적하였다.

이와 같은 원리에서 프랑클은 인간이야말로 만물의 척도이자 중심인 것처럼 생각하는 인간중심주의anthropocentrism에 대해서도 반론을 제기한다. 그의 비판은 다음과 같은 말이 잘 말해 주고 있다.

> 허무주의의 위험은 인간을 무로 만들어 버리는 데 있다. 한편 휴머니즘의 위험성은 인간이 모든 것이 되어 버린 데 있다.[10)]

프랑클은 휴머니즘 그 자체를 부정하지는 않았다. 그렇지만 인간만이 모든 것이고, 인간만이 가장 존귀한 것이라고 하는 사고에 의해서 인간이 본래 마땅히 가지고 있어야 할 인간적인 모습을 잃어버린 휴머니즘과 인간이 자기 절대화의 사상적 지주가 되고 있는 타락한 휴머니즘을 비판한 것이다. 여기서 프랑클은 휴머니즘

10) V. Frankl, *Homo Patiens: Versuch einer Pathodizee*, Franz Deuticke, 1951.

을 참된 휴머니즘으로 만들기 위해서도 인간중심의 위험성을 멀리하지 않으면 안 된다고 본 것이다.

인간중심주의로 기울기 쉬운 학문으로서 프랑클은 '인간학anthropology'을 들어 다음과 같이 그 위험성을 지적하고 있다.

인간학은 인간의 '본질학'이다. 즉, '인간이란 무엇인가?'라고 하는 물음에 답을 제시하는 것이 인간학의 사명이다. 여기서 경계해야 할 것은 인간 자신을 절대화하는 태도다.

이미 설명한 바와 같이 생물학은 인간의 생물학적 측면을 절대시함으로써 '생물학주의'로, 심리학은 인간의 심리학적 측면을 절대시함으로써 '심리학주의'로, 사회학은 인간의 사회학적 측면을 절대시함으로써 '사회학주의'로 각각 전락하고 말았다. 요컨대, 각 학문이 연구의 초점을 전체에서 분리된 존재층에만 맞추어 이를 절대화한 결과 '~주의'로 변질되고 말았다.

이와 마찬가지로 인간학이 '만약 인간을 인간 자신의 측면에서만 해석하고, 인간을 스스로의 척도로 삼는다면', 요컨대 인간 자체를 절대시한다면 인간학도 '주의'에 빠져 인간중심주의로 전락하고 만다. 이 경우의 인간학이란 흔히 우리가 생각하는 인간을 만물의 척도나 만물의 영장으로 보는 인간 절대화와 과오를 범하게 될 것이다.

오늘날 인간중심주의 과학이나 문화가 생태·환경에 대해서 범하고 있는 잘못을 생각해 본다면 인간중심주의가 얼마나 위험한가를 알 수 있을 것이다. 이런 점에서 '초인간주의trans-humanism'와 '트랜스퍼스널생태학transpersonal ecology'에 대한 관심이 그 어느 때

보다 절실하게 요청된다.

인간중심주의는 어떻게 탄생하였을까? 프랑클에 의하면, 인간중심주의는 전통적인 지구중심설geocentrism을 부정하고 태양중심설heliocentrism을 제창한 코페르니쿠스적 전환Copernican revolution과 궤를 같이 하고 있다. 즉, 세계의 중심이 지구에서부터 태양으로 옮아감으로써 인간은 일종의 '혹성 콤플렉스planet complex'를 갖기 시작했다. 그리하여 이 열등감을 보상하기 위해서 지금까지 '신'이 차지하고 있던 지위를 '인간'이 빼앗아 차지하게 되었다는 것이 인간중심주의의 시작이라고 한다. 요컨대, "지구가 세계의 중심이 아니라는 것을 알게 된 그때부터 인간은 도덕적으로 중심의 자리를 차지하게 되었으며 나아가 신의 자리를 차지하기 시작했다."[11] 이때부터 인간중심주의는 시작되었다.

프랑클의 이와 같은 관점은 또 다른 의미로 해석할 수도 있다. 그것은 과학적 세계관 앞에서 스스로 인간 지위의 상대적 저하에 대하여 무의식적으로 위협을 느끼면서도 의식적으로는 신을 스스로의 원동력과 불안의 진정제로 내재화하고 자기를 절대화하여 세계를 자기 의식 확장의 무대로 보기 시작한 근대인의 모습을 풍자적으로 표현한 것이라고 볼 수도 있다.

11) ibid.

5. 인간의 자기 초월성

인간중심주의에 대한 비판에서 내재화된 근대인의 모습에서는 인간의 본질을 파악할 수 없다는 것을 말했다.

그렇다면 인간의 본질을 붙잡으려고 할 때 절대로 필요한 시각이란 무엇인가? 프랑클에 의하면 그것은 바로 인간의 '자기 초월성Self-transcendence'이다.

인간은 육스퀼Jakob Johann von Uexkül(1864~1944/에스토니아 태생. 독일에서 수학 · 활동한 독일의 동물학자 · 비교심리학자)의 말과 같이 인간은 동물처럼 그저 지각하고 행동하는 환경세계Umwelt(지각세계Merkwelt와 활동세계Wirkwelt)에 묶여 있는 존재가 아니라, 자신을 포함해서 일체를 대상화하여 폐쇄적인 환경세계에 머물지 않고 끊임없이 개방적인 세계를 추구하며, 단순히 둘러싸고 있는 환경Umgebung이 아니라 주체적으로 의미를 부여할 수 있는 자유로운 존재다.

육스퀼의 이와 같은 인간 존재의 '세계 개방성Welfoffenheit'은 후에 쉘러Max Scheler(1874~1928)에 의해서 계승되어 쉘러의 '철학적 인간학Philosophische Anthropologie'의 이론 형성에 영향을 주었으며, 이는 다시 프랑클의 '자기 초월성'의 이론 형성에 영향을 주었다.

여기서 프랑클은 "인간은 단순히 세계에 열려 있는 자유로운 존재일 뿐만 아니라 그 세계까지도 돌파하여 '초세계'를 지향하는 존재"라는 이론을 형성하게 되었다.

이와 같은 인간관에서 본다면 인간의 본질학, 즉 '인간이란 무엇인가'에 대한 해명을 추구하는 인간학에서도 마땅히 이 자기 초월이 그 기반에 깔려 있지 않으면 안 될 것이다.

인간의 본질학은 열려 있지 않으면 안 된다. '세계'와 '초세계'에 열려 있지 않으면 안 된다. 인간의 본질학은 초월을 향한 문을 열어 두지 않으면 안 된다. 인간학은 신의 힘에 의존하는 내재주의적 탐구 양식을 돌파하여 초월을 받아들임으로써 인간의 본질 그 자체와 가장 잘 맞설 수 있다. 요컨대, 프랑클은 인간학은 세계와 초세계를 지향하고 있는 인간을 이해함으로써 비로소 인간의 본질을 올바르게 해명할 수 있다고 본 것이다.

여기서 '초세계'란 세계를 초월한 차원을 뜻하지만 프랑클이 이 말을 사용한 것은 가급적 '신'이나 '초월자 또는 절대자'라는 직선적인 표현을 피하기 위해 이와 같은 중용적인 뉘앙스를 주는 말을 사용한 것이다. 이렇듯 '초세계'와 '자기 초월성'은 매우 밀접한 관계에 있다. 왜냐하면 인간은 세계에 열려 있고 '초세계'를 지향하고 있는 자기 초월성에 인간의 본질이 있기 때문이다.

프랑클도 실존의 본질은 자기 초월성에 있다고 보았으며, 그 실존이란 브렌타노Franz Brentanto와 후설Edmond Husserl을 계승한 현상학에서 말하는 지향 대상intentional referent이 무엇이며, 지향 정도에 따라서 실존의 의미가 달라질 수 있다고 본 것이다. 요컨대, 인간은 자기를 초월하여 자기 이외의 무언가를, 또는 자기와는 다른 누군가를 지향하는 존재의 근원적 사실에서 인간의 본질을 찾을 수 있다는 것이다. 인간은 자기 자신을 관찰하고 자기 자신을 거울에 비추기 위해 존재하고 있지는 않으며, 자신을 비우고 내주며, 자기를 포기하고, 대의大義와 진실을 위해서 자기를 바치기 위해 존재한다고 본 것이다.

프랑클은 이 자기 초월성을 설명하기 위하여 고대 인도의 성전 *śruti* 『브리하드 · 아라냐카 · 우파니샤드*Brhad-āranyaka-Upanisad*』에 있는 한 절을 인용하여, 우주의 절대적 근본 원리인 범梵 *Brahman*과 이와 동등한 자리에 있는 개체(생명체) 존재의 본질인 아트만*Ātman*에 대해서 말하기를, 아트만은 결코 스스로를 반성의 대상으로 삼지 않는다는 것에 대하여 언급하고 있다.

또한 그는 인간의 자기 초월적인 본성에 역행하고 있는 데카르트René Descartes의 『방법서설*Discours de La méthode*』(1637)에서 사용한 "나는 생각한다. 그러므로 나는 존재한다Cogito, ergo sum." 에 대해서도 언급하고 있다. 즉, 자기 자신의 길은 외부 세계에 이어져 있으며, 인간은 자기 자신을 타자 속에서 발견하게 된다는 생각은 잘못된 것이라고 보고 있다.[12)]

데카르트를 비판하고 『우파니샤드*Upanisad*』를 인용하여 자기 이론을 펼친 프랑클의 '자기 초월성'에 대한 관점은 '망아忘我'를 제창하고 있다는 점에서 본다면 이는 서구 근대의 사고방식보다는 동양사상의 관점에 가깝다고 볼 수 있다.

---

12) V. Frankl, *Theorie und Therapie der Neurosen*, Ernst Reinhardt, 1956.

그러나 프랑클의 '망아'는 단순히 자기를 잊는다는 것이 아니라 자기 이외의 대상을 지향한 망아이며 나아가서는 세계와 초세계를 지향했을 때의 망아다.

이와 같은 관점은 프랑클의 인식론Erkenntnistheorie과도 무관하지 않다. 프랑클은 인간학의 주요 3부작[① 『의사에 의한 실존의 치유 *Arztliche, Seelsorge*』(1946), ② 『제약받지 않는 인간*Der unbedingte Mensch*』(1949), ③ 『고뇌하는 인간*Homo patiens*』(1951)]의 두번째 저서의 제2장 「정신의 문제」에서 '주관이 객관에 접근한다'는 서구적인 대상인식이나 상대적 인식과는 달리 주객 미분화의 소박한 망아적인 의식상태를 있는 그대로 직시하는 탈자적脫自的인 본질을 포착하려고 하였으며, '타존재와 더불어 있는 존재Bei-sein' 라는 절대적 인식 · 실존적 인식을 더 중요시하였다.

프랑클이 말하는 실존적 인식이란 무엇인가? 인식론의 근본 문제인 '주관-객관' 문제에 있어서 주도 없고 객도 없는 '주-객미분' 의 반성적 사고 이전의 탈자적脫自的인 의식 상태, 인식 대상이 인식 주체 속에 있을 뿐만 아니라 인식 주체(의식)도 인식 대상 속에 있다고 하는 주와 객이 둘이 아니라 하나로 되어 있다는 것, 대상의 본질에 대한 인식(본질적 인식)이 아니라 인식 주체도 인식 대상과 더불어 있다고 하는 인식을 말한다.

예컨대, "꽃을 감상하고 있을 때는 자기도 꽃이 되어 있다."는 것이다. 즉, 꽃을 감상하고 있을 때 '나는 지금 꽃을 보고 있다.' 는 자기의식은 없다는 것이다. 나와 꽃의 구별은 다음에 반성적 사고를 함으로써 비로서 의식의 내용이 된다고 본 것이다. 이와 같은 인식론은 후에 '차원적 존재'로서 결실하는 프랑클 존재론의 기초가 되었다. 이렇듯 우리는 프랑클의 사상 가운데는 동양사상에 매우 가까운 데가 있음을 발견할 수 있다고 본다.

프랑클은 또한 사르트르Jean Paul Sartre(1905~1980)의 '자유liberté'에 대해서도 언급하고 있다. 사르트르는 인간의 자유를 너무도 철저하게 일면적으로만 강조한다고 보아 그의 '실존주의'도 비판하고 있다. 우리의 '자유로운 결단'은 '허무' 속에서 하게 되는 것은 아니며, '의미와 가치의 객관적 세계'에 대한 결단이며 '우주라고 하는 질서와 세계'에 대한 결단이다.

여기서 우리는 다음과 같은 메시지를 읽을 수 있다.

> 우리는 무엇을 해도 좋고 안 해도 좋은 그런 의미의 '단순한 자유'가 주어진 존재는 아니다. 우리는 분명히 자유로운 존재이기는 하지만 그 자유에는 '무엇을 위한' '무엇에 대하여'라고 하는 것이 이미 암묵적으로 내재되어 있다. 우리는 이런 질서의 대우주의 세계 속에서 그 일부인 소우주로 존재하고 있기 때문에, 우리에게 주어진 '자유'도 이 질서로 드러난 우주를 지향해서 사용되어야 한다는 것을 읽을 수 있다.

6. 무의식의 신

앞에서 우리는 프랑클의 '자기 초월성'을 통해서 자기 초월성의 실현은 자기 자신을 자기실현에 관여시킴으로서가 아니라 오히려 자기 자신을 버리고 내줌으로서만 가능하다는 것을 알았다. 때문에 자기 초월은 엄밀히 말하면 종교적인 개념은 아니다. 그렇지만 '자기 초월'을 계속하는 정신적인 노력을 밀고 나아가다 보면 역시 어디선가에서 초월적 존재와 만나지 않을 수 없다. 이 점에서 자기 초월성은 종교적인 개념과도 밀접한 관계를 맺고 있다.

프랑클은 이 점을 확신하고 "인간은 자기 자신의 척도는 될 수 없다. 인간이 자신에 관한 것을 알 수 있는 척도는 절대적인 것, 하나의 절대적 가치, 즉 신에 의해서만 가능하다."[13]는 것을 자각하고, 인간은 신과의 관계를 통해서 자기 자신을 이해하지 않으면 올바른 자기 이해를 할 수 없다고 보았다.

프랑클의 저술 가운데 이와 같은 꾸밈없는 표현으로 '신God'이라는 용어가 사용되고 있는 것은 1945년 종전 직후부터 1950년대 전반 무렵까지이며, 그 후로는 사용 빈도가 서서히 줄어들어서, 1960년대에 이르러 프랑클 심리학이 한창 미국에 보급되기 시작할 무렵에는 거의 찾아볼 수 없게 되었다. 어쩌면 신앙의 유무를

13) V. Frankl, *Homo Patiens: Versuch einer Pathodizee*, Franz Deuticke, 1951.

문제 삼지 않고 자기 학설을 보급하기 위해서는 노골적으로 종교에 관해서 말하는 것은 삼가는 것이 현명하다고 판단하였기 때문이었을 것이라고 생각된다.

그렇지만 그의 전기前期 저술에서 보여 주고 있는 종교관은 그 자신의 신앙과 관계있기도 하지만 또 한편으로는 임상치료 과정에서, 의식적으로는 무신론자였던 환자들이 종교적인 꿈을 꾸었다고 하는 임상 경험적인 사실과도 관계가 있다.

한 여성 환자는 다음과 같은 내용의 꿈을 말했다고 한다.

"나는 사람들이 아주 많은 연말 대목장과 같은 곳에서 나 혼자 반대 방향으로 거슬러 가려 하고 있었습니다. 나는 내가 나아갈 방향을 알고 있었습니다. 왜냐하면 나를 인도해 줄 빛이 빛나고 있었기 때문입니다. 이 빛은 점점 강하고 밝아지더니 마침내 응축되어 하나의 선명한 모습으로 변했습니다."

이때 프랑클이 "그 모습이란 무엇이었습니까?"라고 물었을 때, 이 환자는 동정을 바라는 눈빛으로 "굳이 그것을 말해야 하겠습니까?"라고 말하더니 재차 촉구하자 비로소 다음과 같이 말했다고 한다.

"그것은 그리스도의 모습이었습니다."

프랑클은 이 꿈속에서 그녀의 양심이 그녀를 그리스도에 따를 것을 요구한 것이라고 해석했다.

프랑클은 평소에는 종교적인 것 일체를 꺼리고 싫어했던 한 환자가 죽음을 앞두고 피호성被護性, Geborgenheit을, 즉 높은 차원의 무언가에 의해서 보호받고 있다는 느낌을 받았다고 하는 사실을 증거로[14] 이들 두 사람은 내용은 다르지만 동일한 한 가지 의미(무의식의 신)를 보여 주고 있다고 말하고 있다.

그 의미란 인간의 마음에 내재하는 무의식의 초월자와의 관계, 요컨대 '무의식의 신'이 존재하고 있다는 것이다. 단적으로 말해서 프랑클은 무의식이라 할지라도 우리는 이미 신을 지향하고 있다는 것을 말하고 있다. 이 확신은 그의 저서 『무의식의 신*Der unbewußte Gott*』(1948)을 쓰게 된 강력한 동기가 되기도 했다.[15]

여기서 프랑클은 인간은 의식 수준의 신앙의 유무와는 상관없이 우리의 무의식은 항상 신과의 관계 속에 있으며, 자기 안에는 딱 이것이라고 의식할 수는 없지만 천사 같은 것이 숨어 있다고 말하고 있다. 특히 프랑클은 '인격Person'이라는 말이 '울려 퍼지다.'를 뜻하는 라틴어 '페르소나레personare'에서 유래하고 있음을 근거로 하여 "인간에 인격이 있을 수 있는 것은 초월자의 부름이 그 사람에게 울려 퍼질 때만 있을 수 있다."[16]라고 본 점은 시사하는 바가 크다.

프랑클의 이와 같은 관점은 '의미를 찾으려는 의지'나 노력이 심리차원(불안과 비탄 같은 정도의 차원을 넘어서 프로이트의 충동성의 무의식도 아니고 융의 집단적 무의식도 아닌)이나, 정신적 무의식noetic

14) V. Frankl, *Das Leiden am sinnlosen Leben: Psychotherapie für heute*, Herder, 1977.

15) V. Frankl, *The Unconscious God: Psychotherapy and Theology*. New York: Simon and Schuster, 1998.

16) V. Frankl, *Logos und Existenz: Drei Vorträge*, Amandus-Verlag, 1951.

unconsciousness(무의식의 정신적 차원)의 차원에서 초월자의 울림을 들을 때 인격을 갖는 인간이 될 수 있다는 것을 말하고 있다.

7. 초월자의 절대적 초월성과 절대적 친근성

프랑클에게 있어서 '신' 의 이미지는 '한없이 멀고 한없이 가까이 있는 신' 이다. 한없이 멀다는 것은 초월자의 절대적인 초월성 때문이며, 인간과 신 사아에는 아무리 노력해도 제거할 수 없는 무한한 질적인 거리가 있기 때문이다. 한없이 가깝다는 것은 초월자의 절대적인 친근성 때문이며, 인간은 항상 의식적 · 자각적 노력에 앞서 정신적 무의식의 초월자와 대화하고 있기 때문이다.

프랑클은 인간과 신 사이의 질적인 거리를 설명하기 위하여 인간과 동물의 관계를 비유해서 말하기도 했다. 인간은 동물의 세계를 이해할 수 있지만 동물은 인간을 이해할 수 없다고 말하고, 신과 인간의 관계도 이와 같다고 보고 있다.[17] 그러나 동물과 인간의 관계와 인간과 신의 관계를 같다고 보는 데는 무리한 비유라고 보는 사람도 있다.

프랑클은 다음과 같은 비유를 들고 있다.[18]

17) V. Frankl, *The Will to Meaning*, 1981, p. 144.
18) ibid., pp. 144-146.

첫 번째 든 예는, 소아마비 혈청을 개발하기 위해 사용한 원숭이의 예다. 원숭이는 주사를 맞을 때 겪는 고통이 무엇을 위한 것인지 그 의미를 이해할 수 없기 때문에 주사를 주는 인간의 세계에 들어갈 수가 없다. 이와 마찬가지로 인간도 고뇌의 의미를 이해할 수 있는 초월적인 세계가 있어도 인간은 그 세계에 들어갈 수 없다는 것이다.

다음에 들고 있는 것은 개의 예다. 개는 사람이 무엇을 가리켜도 가리키고 있는 대상은 보지 않고 손가락만 본다. 이와 마찬가지로 인간도 자신의 고뇌의 의미를 이해하지 못하기 때문에 자신의 운명을 물고 늘어지게 된다고 말한다.

이번에는 병에 걸린 개가 주인을 따라 동물병원에 간 경우다. 개가 치료를 받을 때 고통을 느끼지만 개는 주인을 보면서 안심하는 표정으로 조용히 치료를 받기는 하지만, 개는 무엇 때문에 주사를 맞고 있는지 그 의미를 이해하지 못한다. 그렇지만 주인을 신뢰하고 수의사의 치료에 몸을 맡기고 있는 것이다. 이와 마찬가지로 인간도 무의식 속에 있는 초월자를 신뢰하고 있기 때문에 적극적으로 살아갈 수 있다는 것이다.

이와 같은 예를 들어 프랑클은 보다 높은 차원의 존재인 신과 인간 사이에는 동물과 인간의 관계와 같은 존재론적인 차원의 차이가 있다고 말한다. 인간과 원숭이, 인간과 개 사이에는 없애 버릴 수 없는 절대적인 거리가 있기 때문에 원숭이나 개가 인간의 세계를 이해할 수 없는 것처럼, 신과 인간 사이에도 뛰어 넘을 수 없는 차원의 거리가 있기 때문에 인간도 신의 세계를 이해하지 못한다고 말한다.

프랑클은 『고뇌하는 인간*Home Patiens*』(1951)에서도, "신은 인간에게 무한히 먼 존재로서 일체의 차안적此岸的인 것, 현세적인 것, 인간적인 것, 무상無常한 것과는 절대로 비교할 수 없다."고 말하고 있다. 때문에 인간의 "신에 대한 인식 가능성은 극한제로이며, 신은 간단하게 생각할 수도 없고 말로 표현할 수 없는 존재이며, 오직 믿고 사랑만 할 수 있는 대상이다."라고 보아 신의 절대적 초월성을 강조하고 있다.

프랑클에게 '신'이란 이처럼 인간의 세계를 절대적으로 초월한 신, 한없이 멀리 있는 신을 말하고 있는 셈이다. 그러나 이와 동시에 신은 고독 속에서 신과 대화를 나눌 때 우리가 '절대적인 당신' 영원한 당신'으로 부를만큼 무한히 자애로운 신, 한없이 가깝게 있는 친근한 신이기도 하다. 특히 신에 대한 인식이 다분히 '조작적 정의operational definition'의 영향을 받고 있는 사회에서 신은 나를 이롭게 하고 내 소원을 들어주며, 우리 마음을 지켜 주는 수호신과 같은 존재로서, 언제나 나의 무의식 속에 있으며, 이 세상 어디에나 '편재하는 존재omnipresent being', 즉 유비쿼터스한 존재ubiquitous being, 우리와 더불어 존재하고 있는, 가장 가깝게 있는 친근한 존재다.

요컨대, 프랑클에게 신이란, 절대적 초월성과 절대적 친근성을, 또한 무한한 원격성과 무한한 근접성을 동시에 갖춘 '역설적'인 존재다. 이 점에 관하여 프랑클은 양극의 긴장이 가장 클 경우에는 양극단은 서로 가까워질 수 있기 때문에 신의 동시적인 절대적 초월성과 절대적 친근성이라고 하는 역설적인 관계에 관한 한, 초월에서부터 친근이라고 하는 '변증법적 전환dialectic conversion'이 생긴다고 보았다. 그렇다면 이 '변증법적 전환'은 무엇에 의해서 생기는 것일까? 그것은 '기도'를 통해서라고 보고 있다. 이 기도는 신을 '근원적 당신Ur-Du', 영원한 당신으로 순간적일지라도 구체화할 수 있고 인격화할 수 있다고 보았다.

프랑클의 이와 같은 신에 대한 이미지는, 신인神人 *Deus Homo* 예수의 역설逆說을 강조하고 신과 인간과의 절대적인 거리를 설명하면서 '단독자der Einzelne(키르케고르가 사용한 용어로서, 대중과 일반인에 대응하는 용어이며, 자유로운 실존으로서 살아가는 본래적 신 앞에 서 있는 인간의 존재 방식을 표현한 것)'로서 오로지 기도하고 믿는 길을 선택한 키르케고르Sören Aabye Kierkegaard의 신과 비슷하다[『공포와 전율*Frygt og Baeven*』(1843에서)].[19)]

---

19) 키르케고르(1813~1855)는 덴마크 신학자 · 철학자이며, 그의 종교적 실존주의는 『공포와 전율*Frygt og Baeven*』(1843)과 『반복*Gjentagelsen*』(1843), 『불안의 개념*Begrebet angest*』(1844), 『철학단편*Philosophiske smuler*』(1844)에서 집약되고 있다. 니체Nietzsche와 더불어 현대 실존주의 사상의 원류를 이루었다. 니체의 사상이 신을 등진 실존주의인 데 반하여, 키르케고르는 신을 지향한 종교적 실존주의의 입장에 서 있다. 키르케고르는 『공포와 전율』에서 "신앙은 사유가 끝나는 바로 거기서 시작하기 때문에 사유를 통해서 결코 도달할 수 없는 신앙은 곧 '역설'이다."라고 보았다. 요컨대, 신과 인간과는 동떨어져 있으며, 합리적 사유로 해석할 수 있는 관계가 아니고, 역설에 의하지 않으면 안 되며, 역설이 신앙의 대상이라고 보았다. 과거 교부신학의 명제였던 '불합리하기 때문에 믿는다*credo quia absurdum*'는 키르케고르에 의해서 덴마크 교회의 전통에 대항하는 기독교 실존주의적 신앙의 원리가 되었다. 그는 참다운 그리스도교도가 되는 문제를 제시하여, 그리스도교란 제도나 교의의 문제가 아니라 그리스도에 대한 신앙이라고 보았다. 그는 42세에 노상路上에서 쓰러질 때까지 신앙과 사상과 행동에 있어서 철저한 실존주의자로 살았다.

이렇듯 프랑클은 인간의 무의식의 심층에는 스스로 결단하는 '주체적인 마음', 즉 결단하는 무의식ein entscheiden des unbewußtsein, 실존하는 무의식ein existieren des unbewußtsein이 있음을 믿고 누구나 자기 자신이 궁극적 존재에 스스로 대화를 걸 때 자기 자신의 언어를 발견할 수 있다고 보았다.

어느 날 『타임지*Time*』의 기자가 프랑클에게 "신은 죽은 것입니까?"라고 물었을 때 프랑클은 다음과 같이 말했다.

> 신이 당신의 호소에 답을 줄 것이라고 기대해서는 안 됩니다. 신은 무한한 존재이기 때문에 반향이 돌아오기를 바라서는 안 됩니다. 당신에게 답이 돌아오지 않는다고 하는 사실 그 자체가, 즉 당신의 호소가 무한한 절대자에게 닿았다고 하는 것을 증명한 것입니다. 신은 죽은 것이 아닙니다. 다만, 침묵하고 있을 뿐입니다.

신은 '지향적인 기도의 신der intentionale Gehetsgott'이며, 프랑클이 "나는 신을 사랑한다. 그러므로 신은 존재한다*Amo Deum ergo est Deus*." 라고 말한 그의 명제도 종교적 인간에게서만 발견할 수 있는 무한한 사랑의 실천에서 무한한 객체로서의 신을 추론한 명제다.[20]

프랑클이 말하는 신은 역시 한없이 멀고 한없이 가까운 신이다.

20) V. Frankl, *The Will to Meaning*, 1981, p. 154.

제5장

카운슬링·심리치료법으로서의 프랑클 심리학

1. 로고테라피와 실존 분석
2. 로고테라피의 적용 영역
3. 실존적 대화로 공허감을 치유
4. 로고테라피의 기법
5. 인생의 목적 테스트
6. 로고테라피와 종교

1. 로고테라피와 실존 분석

프랑클 심리학의 임상적 접근은 로고테라피로 불리기도 하고 때로는 '실존 분석'으로 불리기도 한다. 그렇다면 이 두 개념은 과연 같은 점은 무엇이며, 다른 점은 무엇인가? 결론을 먼저 말한다면 양자는 현재로는 같은 의미로 사용되고 있다.

최초에 양자는 프랑클 심리학의 다른 면을 가리키는 개념으로서, 문맥에 따라 구별되어 사용되었으나 1960년대에 이르러서 유럽은 물론 미국 전역에 걸친 로고테라피의 보급을 위한 강연 여행과 150개교를 넘는 대학강사 및 객원교수로서 프랑클의 지명도가 대중화되면서부터는 서서히 그 구별이 없어졌다고 볼 수 있다.

다음에 이 문제에 대해서 좀 더 구체적으로 생각해 보자.

제1장(프랑클 심리학에 영향을 준 사람들)에서도 말한 바 있지만, 프랑클은 일찍이 네 살 때(1909) '인생의 의미'에 대해 회의를 하였고, 열일곱 살(1922) 고등학교 재학 중에 성인학교에서 철학강사를 하던 시절 "인생이 우리에게 물음을 던지고 있기 때문에 우리는 이에 답할 책임이 있다."라고 하는 기본 가설을 만들었으며, 열아홉 살(1924)에는 고등학교 졸업논문 「철학적 사고의 심리학에 대하여」를, 스무 살(1925)에 의대 재학 중에는 『국제개인심리학회지*Internationale Zeitschrift für Individualpsychologie*』에 「심리치료와 세계관」을 발표함으로써, 일찍이(1926년에) '로고테라피'에 대해

본격적으로 구상하게 되었다.

한편 문헌조사에 의하면 '실존 분석'이라는 말은 이보다 7년 늦은 1933년에 처음으로 사용되고 있다. 양자가 처음 활자화된 것은 1938년의 논문 「심리치료의 정신적 문제성에 대하여Zur psychische Fragen des psychotherapie」에서였다.

이 두 가지 용어가 제2차 세계대전 전에, 특히 수용소 체험 이전에 이미 사용되고 있었다고 하는 사실은 주목할 만하다. '내용적'으로 본다면 양자는 동일한 접근법으로 다른 측면을 대상으로 삼았다고 볼 수 있다. 예컨대, 1951년의 『로고스와 실존*Logos und Existenz*』에서는 '로고테라피라고 하는 심리치료법과 실존 분석이라는 인간학적 연구법'이라는 말이 사용되었다. 또한 1956년의 『신경증의 이론과 치료*Theorie und Therapie der Neurosen*』에서도 '인격적 실존의 인간학적 해명으로서의 실존 분석'이라는 표현을 비롯하여, "실존 분석Existenzanalyse은 심리요법적인 인간학적 접근의 시도이며, 로고테라피만이 아니라 다른 모든 심리요법에 선행한 인간학 접근의 시도"라는 것을 말하고 있다.

요컨대, 초기 저술에서는 프랑클 심리학의 기초적 측면, 즉 인간학적인 면을 말할 경우에는 '실존 분석'이라는 명칭이, 응용적 측면, 즉 심리치료의 측면을 말할 경우에는 '로고테라피Logotherapie'라는 명칭이 각각 사용된 것으로 보인다.

그렇지만 초기의 저술에 있어서 이와 같은 용어 사용에 약간의 혼란이 발견된다. 예컨대, 프랑클의 데뷔작 『의사에 의한 심혼의 치유*Ärztliche Seelsorge*』(1946)에서 "로고테라피는 정신적인 면을 의식화하는 점에 역점을 두었으며, 실존 분석으로서의 세부적인 치료기법에 있어서는 '자기 결단의 자유와 책임성' 을 인간 실존의 본질적 근거로서 의식화하는 것에 역점을 둔다."라고 서술되어 있다. 이 경우에는 앞에서와는 달리 '실존 분석'도 인간학적 해명보다는 하나의 '기법'이라는 치료적 문맥으로 사용되고 있다.

또한 앞에서 말한 『신경증의 이론과 치료』에서도 "실존 분석이란 환자로 하여금 자신의 존재 속에서 의미의 계기를 발견시켜 가치의 가능성을 이해하는 것을 돕는 심리치료법이다."라는 표현을 발견할 수 있으며, 또 다른 곳에서는, 로고테라피는 '정신적인 것으로부터의 치료법'이며 실존 분석은 '정신적인 것을 지향한 치료법'이라는 표현을 사용하고 있다.

요컨대, 여기서는 앞에서와는 달리 어느 쪽이나 프랑클의 '심리치료법'의 명칭으로 사용하고 있다. 즉, '인간을 초월한 정신적인 것(로고스)으로부터의 부름(요청)' 에다 초점을 두었을 경우에는 로고테라피라는 명칭이, 이 부름(요청)을 받고 있는 '실존' 에다 초점을 두었을 경우에는 '실존 분석'이라는 명칭을 사용하고 있다.

이렇듯 용어 사용에 있어서 약간의 혼란을 보이고는 있지만 초기 프랑클의 저술(1950년대 중반까지)에서는 '실존 분석'이라는 명칭(인격적 실존의 인간학적 관점)과 '로고테라피'라는 명칭(응용적 · 심리치료적 관점)을 관점에 따라서 구분하여 사용하고 있다는 점에서는 일치하고 있다.

그렇지만 1960년대에 들어서 미국에 진출한 프랑클은 난관에 직면하게 되었다. 즉, 자신이 말한 '실존 분석Existenzanalyse'과 빈스방거Ludwig Binswanger(1881~1966)와 보스Mdeard Boss(1903~1990)의 '현존재 분석Daseinanalyze'이 영어권에서는 이를 구분하지 않고 어느 쪽이나 실존 분석existential analysis으로 번역되었기 때문에 양자가 혼동되어 사용되기에 이르렀다.

이 혼란을 피하기 위하여 프랑클은 이후부터 실존 분석이라는 용어 사용을 피하고 오로지 로고테라피라는 용어만을 사용하게 되었다고 한다. 여기서 독자의 이해를 돕기 위하여 이 문제와 관련된 1969년 그의 저서 『의미를 추구하는 의지*The Will to Meaning*』에서 말하고 있는 것을 소개한다.

> 1930년대에 나는 1920년대에 사용하고 있던 로고테라피의 별칭으로서 실존 분석이라는 용어를 사용했다. 그 후 미국의 학자들이 로고테라피 분야의 책을 출판하기 시작했을 때 Existenzanalyse의 역어로서 'existential analysis'라고 표현하였다. 그런데 졸렬하게도 다른 학자들이 현존재 분석Daseinanalyse도 똑같이 변역해 버렸다. 이 용어는 1940년대에 스위스의 정신의학자 고 빈스방거에 의해서 자신의 이론의 명칭으로 선택되었다. 그 후 'existential analysis'라는 용어는 매우 애매한 용어가 되고 말았다. 이와 같은 상황에 의해서 벌어진 혼란에 다시 기름을 붓지 않기 위해서 나는 영어로 출판할 경우에는 실존 분석이라는 용어는 가급적 피하려고 결심하였다. 엄밀히 말하자면 치료라는 의미가 포함되어 있지 않는 문맥에서도 나는 종종 로고테라피라는 용어를 사용하고 있다.[1)]

이렇듯 처음에는 프랑클 심리학의 인간학적 측면을 '실존 분석', 치료적 측면을 '로고테라피'로 구분해 왔던 것이 1960년대에 들어와서는 이런 구별이 없어지고 어느 경우에나 로고테라피라는 용어를 사용하기에 이르렀다.

이상과 같은 경과를 이해한다면, '실존 분석'이나 '로고테라피'나 같은 것이라고 생각해도 그다지 문제되지는 않는다고 생각한다.

2. 로고테라피의 적용 영역

프랑클의 가장 체계적인 치료론인 『신경증의 이론과 치료*Theorie und Therapie der Neurosen*』(1956)에 의하면 로고테라피의 적용 영역은 다음 다섯 가지로 요약할 수 있다.

실존적 공허의 치유를 위해

제2장 '실존적 공허'에서 말한 바 있지만 실존적 공허는 생존의 의미와 목적이 결여된 현대인의 내면에 깃들어 있는 마음의 허무감을 표현하기 위해 프랑클이 사용한 개념이다. 예컨대,

- "별로 큰 고민이 있는 것은 아닌데도 웬일인지 사는 것이 재미가 없고 허무하게 느껴진다."

---

1) V. Frankl, *The will to Meaning: Foundation and Application of Logotherapy*, Paperback edition, New York: New American Library, 1981, p. 5.

- “이대로 계속해서 살아서 어떻게 된단 말인가.”
- “내 인생의 의미란 과연 무엇인가.”

이와 같은 ‘인생의 의미에 대한 물음’이란 그 자체는 결코 병리 현상은 아니다. 오히려 이러한 물음이나 회의는 인간이 가질 수 있는 고민 가운데서 ‘가장 인간적인 고민’ ‘가장 인간적인 성숙의 표현’이다. 이와 같은 물음의 고민을 피하거나 합리화하지 않고 정면으로 대결한다면 이는 심리학 차원psychic dimension을 초월한 보다 높은 차원인 정신적 차원noetic dimension의 비약적인 성장을 이룰 매우 뜻있는 기회가 될 것이다.

로고테라피의 가장 큰 역할은 많은 사람이 알고 있는 허무감의 고통에 자신을 갖고 ‘대결confrontation’할 수 있도록 돕는 데 있다. 즉, 로고테라피스트는 내담자가 자기 나름의 방법으로 ‘삶의 의미’의 문제에 대해서 고민하고 거기서 답을 찾아내는 과정을 잘 이끌어 갈 수 있도록 돕는다는 것이다. 이런 점에서 로고테라피는 인간을 인간적인 차원으로 이끌어 가는 하나의 심리치료기법이다.

뿐만 아니라 프랑클은 더 적극적으로, 만약에 실존적 공허로부터 피하고자 할 경우에는 일부러 실존적 위기로 몰아넣어서 삶의 의미를 찾도록 도와야 한다고 보았다. 요컨대, 실존적인 ‘공허’란 인간이 정신적으로 성장할 수 있는 ‘시점’이 왔음을 의미하고 있는 것이기 때문에 결코 이 ‘시점’을 놓치도록 방치해서는 안 된다는 것이 프랑클의 생각이었다.

정신인성 신경증의 특수치료법을 위해

프랑클은 일반적인 '심인성의 신경증psychogenic neurosis'과 구분하여 '정신인성 신경증noogenic neurosis/noogene Neurosen'이 있다고 보았다. 이는 도덕적인 갈등, 양심의 갈등이나 '정신적 문제의 압박'과 '실존적 위기'에 노출되어 있는 것이 원인이 되어 발생하는 신경증이다.

이미 제4장 '인간 존재의 본질적 특징-실존'과 '차원적 존재론'에서 말한 바와 같이 프랑클은 막스 쉘러Max Scheler(1874~1928)와 니콜라이 하르트만Nicolai Hartman(1882~1950)의 영향을 받아 인간 존재를 '신체적인 차원' '심리적인 차원' '정신적인 차원'으로 각각 구분하여 쉘러의 '층 구조'와 하르트만의 '단계 구조'를 발전시켜 인간을 통합적인 존재라는 관점에서 '차원적 존재론die Dimensionalontologie'이라는 독자적인 인간 이해의 방법을 사용함으로써 '심리' 차원과 '정신' 차원을 구분하여 신경증에도 이를 적용하였다. 그리하여 '심리' 차원에서 일어나는 신경증과 '정신' 차원에서 일어나는 신경증은 다른 방법으로 치료할 필요가 있다고 지적하였다.

정신인성 신경증이란 구체적으로는 어떠한 것일까? 프랑클은 다음과 같은 사례를 들었다.

> 한 여성 환자는 신경질 · 눈물을 잘 흘리는 성질 · 말더듬 · 발한 · 손가락 떨림 · 안검경련 그리고 4개월에 7kg의 체중 감소 때문에

> 내게 찾아왔다. 이러한 것들의 근저에는 결혼과 신앙의 갈등이 존재하고 있어서 어느 한쪽을 희생하지 않으면 안 될 고민이 있었다. 즉, 그녀는 어린이들의 종교교육에 최대의 가치를 두고 있었는데 남편은 무신론자로서 단호하게 이에 반대하고 있었다. 이 갈등은 그 자체는 인간적이며 병적인 것은 아니다. 다만, 그 결과로 인해 신경증이 발생한 것이다. 이 신경증은 인생의 의미나 가치의 문제에 접근하지 않고서는 치료가 불가능한 경우다.[2)]

이와 같은 가치관의 갈등 외에도 심각한 실존적 공허에서 정신인성 신경증이 발생하는 경우도 있다. 이들 신경증의 경우에는 일반 신경증과는 다른 방법의 치료가 필요하다. 즉, 인생의 의미를 중심으로 '실존적 대화'가 필요하다는 것이다.

그런데 앞에서 말한 것처럼 '실존적 공허'는 그 자체만으로는 병적인 것은 아니다. 그렇다면 실존적 공허와 정신인성 신경증과 구별되는 점은 무엇일까? 실존적 욕구 불만이 병적인 것이 되는 것은 심신의 이상 흥분 상태가 일어나서 그것이 실존적 욕구 불만에 연결될 경우다. 이때 질환이 되는 것은 '심신의 유기체 영역'이며 정신적 인격 영역에서는 일어나지 않는다. 즉, 정신적 인격은 질환이 될 수 없다. 정신인성 신경증은 '정신으로부터의' 질환이기는 하지만 '정신 내부'의 질환은 아니다. 어떤 정신적인 것 그 자체로는 하등 병적인 것이 될 수 없으며, 신경증적인 것도 아니다."[3)]

2) V. Frankl, *Theorie und Therapie der Neurosen*, Ernst Reinhardt, 1956.

프랑클은 실존적 욕구 불만existential frustration이라는 용어는 사용했으나 '실존적 신경증existential neurosis'이라는 용어는 사용하지 않았다. 그것은 욕구 불만 · 좌절은 실존적일 수는 있어도 신경증이 실존적이라고 말할 수 없기 때문이다.

일반 신경증의 비특수 치료법으로서

로고테라피는 정신인성의 신경증만이 아니라 일반 심인성의 신경증, 예컨대 강박신경증obsessive-compulsive neurosis, 불안신경증anxiety neurosis, 성신경증sexual neurosis, 공포증phobia 같은 신경증에도 적용된다. 예컨대, '다량의 땀을 흘리게 되는 것은 아닐까?' '유리창을 깨트리게 되지나 않을까?'라는 불안이나 '성적 절정에 대한 불안'에서 오는 임포텐츠 같은 증상에도 적용된다.

단, 이 경우에는 앞에서 말한 경우와는 다른 방법, 즉 다음에 설명할 '역설의도paradoxical intention'나 '반성제거dereflexion' 같은 독특한 기법을 사용한다.

의료적 정신 지도의 방법으로서

로고테라피는 회복 불가능 · 치료 불가능의 질병 때문에 절망에 처해 있는 환자에 대해서 모든 의사가 진료하는 데 필요로 한다. 예컨대, 신체장애와 수술 불가능한 환자와 접하게 되는 '외과 의사', 감각장애자와 접하는 '신경과 의사', 불임환자와 접하는 '산

3) ibid.

부인과 의사', 암 · 백혈병 환자나 장기요양을 필요로 하는 노인과 접하는 '내과 의사' 등에게 필요한 방법이다.

이와 같은 상황에 있는 환자는 자신의 운명을 원망하거나 자포자기하기 쉽기 때문에 자신이 처해 있는 절망적인 상황과 운명에 대해서 어떤 태도attitude를 취하느냐가 매우 중요하다. 이와 같은 절망적인 상황이나 고뇌 그 자체에서 어떤 '의미'를 발견할 수 있고, 자기 운명에 의미 있는 태도를 취하게 할 수 있도록 돕는 '의학적 · 정신적' 지도에도 필요하다.

이 경우에는 프랑클이 말한 인생에서 실현해야 할 세 가지 가치영역의 하나인 '태도가치Einstellungswerte'의 관점이 큰 도움을 줄 수 있다.

그 밖의 응용 영역

프랑클 심리학의 응용 영역으로서는 이 밖에도 어린이들이나 젊은이들이 겪는 심리적인 허무감이나 스트레스 및 무력감에도 적용된다. 예컨대, 왜 열심히 공부하지 않으면 안 되는가, 그 '의미'도 실감하지 못한 상태에서 노력만 강요당하고 있기 때문에 심한 스트레스를 쌓아 가고 있는 청소년들에게 노력의 '의미'를 실감할 수 있도록 돕는 교육 카운슬링에도 유용한 방법으로 적용된다. 또한 사생활과 교직 생활에 보람을 찾지 못한 교사의 정신적 위기에도 적용할 수 있다. 즉, 교사의 정신의 건강도 프랑클 심리학이 다룰 수 있는 문제다.

이 밖에도 회사원의 경우 정신건강의 증진, 예컨대 이 회사에서 나를 필요로 하고 있다는 사명감과 충족감을 키우기 위해서, 또는 고령화 사회의 노인복지의 영역에서도 적용할 수 있다.

이렇듯 프랑클 심리학에는 '과거'를 소중하게 생각하며 긍정적으로 대하는 긍정적인 시간론의 관점이 일관되게 흐르고 있다. 요컨대, 사람이 과거에 했던 일들은 모두 소멸되는 것은 아니며 과거라는 시간의 저장고 속에 들어가서 그대로 남는 것이기 때문에 자기 '과거'를 긍정적인 태도로 보는 것은 실존적 공허감 때문에 인생을 어둡게 살고 있는 사람은 물론 특히 고령자에게는 절대로 필요하다.

이상 다섯 가지 적용 영역에서 첫 번째, 두 번째, 네 번째, 다섯 번째는 '삶의 의미'를 중심으로 한 '실존적 대화'에 의해서, 세 번째는 '반성제거'와 '역설의도'의 두 가지 기법을 사용한다.

다음에 이 세 가지 방법을 설명한다.

3. 실존적 대화로 공허감을 치유

프랑클 심리학, 그리고 그 치료적 측면인 로고테라피에서 가장 중심적인 대상은 '마음의 허무함'을 부둥켜안고 일상생활을 하고 있는 사람들이다. 프랑클이 사용한 개념으로 말한다면 '실존적 공허감des existentille Vakuum'이나 '실존적 좌절die existentielle Frustration'을 부둥켜안고, 정체모를 불안을 느끼면서 살고 있는 사람들이라고 말할 수 있다.

이런 사람들 가운데는 이와 같은 불안을 키워서 카운슬링 센터나 정신과 클리닉을 찾는 사람도 많다. 이런 경우는 삶의 의미와 목적이 결여된 상태이며, 마음속에 '공허감' 만이 크게 입을 벌리고 기다리고 있는 상태라고 볼 수 있다. 뿐만 아니라 이런 상태에 대해서 어렴풋이 알고는 있지만 이를 직시할 수 없는 것이 특징이다. 이 경우에는 대부분 이런 상태에서 벗어나기 위하여 일이나 놀이로 가급적 자기를 바쁘게 만들려고 한다. 프랑클 심리학의 중심 대상은 이와 같은 만성적인 공허감을 부둥켜안고 고통받고 있는 사람들이다.

그렇다면 이와 같은 고통을 안고 있는 사람과 나누는 '실존적 대화existential dialogue'란 과연 어떠한 것일까? 프랑클 심리학에서만이 아니라, 치료에서 가장 중요한 것은 치료 기술보다는 상대를 한 사람의 독립된 인간으로서 마음으로부터 소중하게 대하는 인간관계의 '성실성'과 이 성실성을 가지고 대하는 '실존적 만남existential encounter'이다.

이 점을 설명하기 위하여 프랑클은 자주 다음과 같은 상황을 인용하였다.

> 어느 날 오전 3시에 낯선 여성으로부터 전화가 걸려 왔다. 전화 내용인즉, 자기는 이제부터 자살할 생각인데, 그 전에 정신과 의사인 프랑클 선생이라면 무엇이라고 말할까를 듣고 싶어졌다는 전화였다.

보통 수준의 정신과 의사였다면 무례함에 화를 낼 수도 있었겠지만, 프랑클은 이 여성에게 살아야 한다는 이유를 온갖 수단을 다 써서 설명했다고 한다.

약 30분 정도 말했더니, 그 여성은 "오늘은 죽는 것을 그만두겠습니다. 어쨌든 내일 선생님 뵈러 병원으로 가겠습니다."라고 말하고서 전화를 끊었다고 한다.

다음날 프랑클은 그 여성에게 어째서 죽는 것을 그만두게 되었느냐고 물었다.

그녀는 이렇게 말했다. "선생님이 설명해 준 어떤 말도 정직하게 말해서 조금도 내 마음에 와 닿지 않았습니다. 그렇지만 프랑클 선생님은 심야에 낯선 사람 때문에 잠을 깼음에도 불구하고 화도 내지 않고 강한 인내심으로 내 말을 들어주신 것이, 나로 하여금 이런 사람이 있는 세상이란 살 만한 가치가 있을지도 모르겠다는 생각을 하도록 해 주었습니다."

이 사례는 인간의 마음을 움직이는 것은 결국은 그 사람의 마음으로부터의 '성의'이며, 이 성의를 바탕으로 한 '만남'이 중요하다는 것을 상기시켜 준다. 그렇지만 프랑클은 그저 무조건 성의를 다해 내담자와 만날 것을 말하고 있는 것은 아니다. 프랑클 심리학의 실존적 대화에는 일정한 방법이 있다. 그 방법은 '로고테라피' 라는 기법에 잘 나타나고 있다.

'로고테라피'의 어의상 의미는 '의미치료' 다. 여기서 말하는 로고스logos[4]란 '의미'를 뜻하는 그리스어다. 따라서 로고테라피는

'의미에 의한 치료therapy through meaning' 또는 '의미에 의한 치유healing through meaning'를 뜻한다. 요컨대, 살고 있는 것에 대한 의미를 실감케 하여, 마음에 쌓인 공허감을 치료하는 것을 말한다. 즉, 인생의 의미에 초점을 맞추는 실존적 심리치료법이 로고테라피다.

그렇다면 '의미에 의한 치료'란 실제로는 어떻게 실시되는 것일까? 여기서 다시 한 번 제2장에서 서술한 프랑클 심리학의 기본적인 물음에 대해서 생각하기를 바란다.

프랑클 심리학에서는 "당신은 무엇을 하고 싶습니까?" "당신의 진정한 소망은 무엇입니까?"와 같이 묻지는 않는다. 왜냐하면 자기가 하고자 하는 것, 욕구와 목표나 소망을 묻고 이를 확인시키는 것은 통상적인 '자기실현'을 촉구하는 것밖에 안 되기 때문이다.

프랑클 심리학에서는 '자기'실현이 아니라, '의미'의 실현을 돕

---

4) 그리스어 로고스logos는 헤브라이어 다바르dábár, 라틴어 베르붐verbum과 같은 뜻을 가지며, 이는 그리스철학, 유대교 · 기독교 사상, 교부철학 및 중세철학의 역사적 전개를 통해서 다양한 의미로 사용되었다. 그리스철학에서 logos란 그 어원은 '주워 모으다.'를 뜻하는 동사(legein)에서 나왔으며, 그 어의는 독일어의 lesen(문자를 줍다 = 읽다), auslese(말하다)에 남아 있다. 흩어져 있는 사실을 사리 · 질서에 따라서 정리한다는 것에서 이유 · 원인 · 설명 · 이성 · 질서 · 의미 · 근거 · 유추 · 산정 등 넓은 의미를 가지고 있으나, 무엇보다도 '사실'을 질서에 따라서 정리하는 결집력은 언어에 있다고 보아, logos에는 '말'의 뜻도 있다. 특히 유대교 · 그리스도교에서는 진리의 말씀(II 고린도 6:7), 십자가의 말씀(II 고린도 5:19), 생명의 말씀(필립비 2:16), 화해의 말씀(II 고린도 5:9) 등의 의미로 사용되었다. 또한 중세철학에서는 logos가 말과 이성 · 이념 · 관념ratio 등 두 가지 개념으로 나뉘었던 것이 통합되어 '외적인 로고스'(음성언어)와 '내적인 로고스'(정신 · 관념 · 이데아)로 정리되었으며, 이데아는 로고스 안에 포함되어 있다고 보았다. 그러나 오늘날 로고스는 대부분 '말' 또는 '의미'의 뜻으로 사용하고 있다.

는 데 있다. 이를 풀어서 말하자면, 인생에서 그 사람이 '해야 할 것' '그 사람의 인생이 그 사람에게 준 과업'을 묻고 이를 하나의 사명 · 의무로 생각하도록 돕는 데 있다.

구체적으로는 다음과 같이 물을 수 있다.

- "당신은 당신의 인생이 무엇을 바라고 있다고 생각합니까?"
- "당신을 필요로 하고 있는 사람은 없습니까?"
- "무언가 당신이 할 일은 없습니까?"
- "그 누구 또는 무언가를 위해서 당신이 할 수 있는 것은 없습니까?"

또한 제2장에서 말한 세 가지 가치 영역인 '창조가치' '체험가치' '태도가치'를 참고하여 내담자가 인생에서 '하지 않으면 안 될 것' '요청되고 있는 것' '할 수 있는 것'을 찾을 수 있도록 돕는 데 있다.

그 결과 내담자는 "저 사람은 나를 필요로 하고 있다." "저 사람을 위해서 나는 이런 일을 할 수 있다." "저 일은 내가 하지 않으면 안 된다." 등에 대하여 깨닫게 된다. 경우에 따라서는 "나의 인생은 내가 이렇게 성취하기를 기대하고 있다."라든가 "내게는 인생을 이렇게 만들어 갈 사명이 있다."와 같은 생각을 하게 될지도 모른다.

이렇듯 지금까지 생각지 못했던 것을 생각할 수 있도록 내담자의 말에 성의 있게 귀 기울이면서 다양한 물음을 던지는 것이 로고테라피다. 요컨대, 일련의 물음을 던져감으로써 내담자를 자극하여 심혼을 고무시켜 가는 것이다. 이와 같이 도발적인 물음에 의해서 내담자를 각성시키는 것이다.

치료 과정에서 '나는 무엇을 해야 할 것인가?' '내게 요청되고 있는 것이 무엇인가?'에 대해서 알게만 되면 그만큼 내담자의 '생명'은 활성화되고 '삶의 의욕'도 환기된다. 이렇게만 되면 저절로 '마음의 공허함'도 극복된다.

구체적인 사례로서 제1장에서 이미 소개한 사례를 다시 한 번 생각해 보자.

수용소 포로 두 사람이 "더 이상 살아봤자 기대할 것이 없다."라고 절망한 나머지 모든 것을 포기하고서 프랑클을 찾아왔을 때 프랑클은 이들에게 "당신들이 인생에 대해 아무것도 기대하지 않아도 당신들의 인생이 당신들에게 기대하고 있는 것이 있을 것입니다. 누가 당신을 간절히 기다리고 있거나 또는 어떤 일이 당신을 기다리고 있을 것입니다."라고 대화를 나누었다.

그 결과 한 사람은 '미완성 상태로 있는 학문상의 저술'이, 또 한 사람은 '외국에 살고 있는 자식'이 자신을 '필요'로 하고 있다는 것을 깨닫고 나서야 살아야 할 의미와 의욕을 되찾게 되었다. 이렇듯 자기를 기다리고 있는 일과 사랑하는 자식에 대한 '책임'을 의식하는 사람은 가볍게 자기 생명을 버릴 수 없게 된다. 전자는 자기를 기다리고 있는 '창조가치', 후자는 사랑하는 자식에 대한 '체험가치'의 존재를 각각 깨닫게 된 셈이다.

다음은 또 하나의 가치인 '태도가치'를 깨닫게 한 성공적인 대화의 사례를 소개한다. 이 사례는 프랑클이 그의 저서나 강연에서 가장 잘 사용하는 사례이며, 로고테라피의 전형적인 사례의 하나라고도 볼 수 있다.[5)]

어느 날, 나이가 지긋한 한 개업의가 억울 증세에 시달리다가 프랑클의 진료를 받기 위해 찾아왔다. 그는 2년 전에 처와 사별하여 그 깊은 상처 때문에 마음을 아직 추스르지 못한 상태였다. 프랑클은 다만 다음과 같은 질문을 했을 뿐이었다고 한다.

"선생님 만약 선생님이 먼저 죽었다면 어떻게 되었을까요? 그러니까 부인이 선생님보다 장수하고 있다면 말입니다."

그 의사는 말하였다.

"물론 처는 매우 괴로워할 것이 틀림없을 것입니다."

프랑클은 말했다.

"아시겠습니까? 부인의 죽음은 그 괴로움에서 벗어날 수 있게 해 준 것입니다. 그런 괴로움에서 부인을 구제한 것은 결국 선생님인 것입니다. 때문에 지금 부인을 잃은 슬픔에 마음 아파하는 것에는 의미가 있습니다. 즉, 부인이 겪을지도 모를 괴로움을 선생님이 대신 고통을 받고 있다는 의미가 있습니다."

노 의사는 아무 말도 하지 않고 감사의 뜻으로 프랑클의 손을 잡고 나서 나갔다고 한다. 요컨대, 자신의 오늘의 정신적인 고통에는

5) V. Frankl, *Psychotherapy and Existentialism: Selected papers on Logotherapy*, New York: Washington Square Press, 1985, p. 95.

'처를 위한 희생' 이라는 의미가 있다는 것을 알게 되었다. 이와 같은 사고의 전환이 가능할 때 고통은 견딜 만한 가치가 있는 것으로 달라지게 된다는 것이다.

이 사례에서 '처가 먼저 죽었다.' 라고 하는 사실은 그 누구도 바꿀 수가 없다. 이 사실은 노 의사에게는 피할 수 없는, 어떻게 바꿀 수 없는 '운명' 이었다. 부인은 다시 살아 돌아올 수 없기 때문이다.

그렇지만 변경 불가능한 '운명' 에 대한 '태도', 운명에 대한 '의미 부여' 를 통해서 바꿀 수는 있다. 이렇듯 프랑클 심리학은 '수난의 의미meaning of suffering' '파토스의 로고스logos of pathos' 를 찾는 것을 강조한다.

지금까지는 "자신에게 더 없이 소중한 처를 잃었다." "이젠 지난날의 행복은 다시 돌아오지 않는다." 라는 '부정적인 의미 부여' 밖에 하지 못하여 슬픔에 잠겨 있던 의사는 프랑클과의 대화를 통해서 '긍정적인 의미 부여' 를 발견하게 되었다. 그 발견이란, "나의 이 고통, 이 상실감은 자신이 대신해서 처가 겪을 고통에서 벗어나게 하고 있다." 라는 긍정적인 의미 부여, 즉 '처의 희생' 에 대한 의미 부여였다는 것을 알게 한 것이다.

이 방법은 가족치료법이나 가족 카운슬링에서 사용되고 있는 '리프레이밍reframing' 같은 기법이다. '사실' 그 자체를 바꾸는 것이 아니라 '사실' 에 대한 부정적인 의미 부여를 긍정적인 의미 부여로 바꾸는 데 큰 의미가 있다.

리프레이밍이란, 이와 같이 어떤 상황(사건)이나 내용에 대한 사고 구조의 틀frame을 바꾸는 것을 신경언어학적 프로그래밍neuro-linguistic programming[6)]에서 사용한 개념이었다. 예컨대, 심한 열등감에 빠져 있는 사람에게 용기를 북돋워 주기 위해서라면 단점을 장점으로, 장애를 재산으로, 고민을 가능성으로, 위기를 기회로, 난치병 환자에게는 병과 싸우지 않고 오히려 편안한 마음으로 "그 병과 더불어 잠시 공생한다."는 마음으로 전환시키는 일은 매우 유용하다. 그것은 이 리프레이밍을 통해서 지금까지 두려워했고 피해 왔던 상황에 직면할 수 있고 극복할 수 있기 때문이다.

이렇듯 '리프레이밍'이란 어떤 '상황'에 대해서 긍정적인 의미를 부여하고 의식 내용을 변화시키는 기법이다. 이 경우에 한 '상황의 의미'는 그것을 받아들이는 사람의 의식 구조에 달려 있다. 따라서 의식 내용의 구조가 달라지면 그 상황의 '의미'도 달리 의식된다. 즉, 의식 내용을 재구성content reframing하게 되면 그 사람의 반응이나 행동도 변하게 된다는 것이다.

요컨대, 문제가 되고 부정적이었던 것도 의식 내용을 변화를 통해서 그 사람의 문제 극복에 힘이 되어 줄 수 있는 자원으로 바꿀 수 있는 것이다. 다시 말해 감정의 교환trade feeling, 방법의 전환change of strategy, 마음의 의지가 되어 주기anchoring라는 개입을 통해

6) Richard Bandler & John Grinder, *Reframing: Neuro-Linguistic Programming and the Transformation of Meaning*, Real People Press, 1982.

서 절망적이고 부정적인 의식 내용의 틀을 긍정적이며 희망적인 의식 구조로 바꿀 수 있다는 것이다.

이렇게 보면 리프레이밍은 한 상황 · 조건에 대한 재정의redefining(새 이름으로 갖다 붙이다relabeling)와 같은 의미를 갖는다. 우리에게 너무도 잘 알려져 있는 옛 중국의 『회남자淮南子』[전한前漢의 회하淮河 남쪽지방의 회남왕인 유안劉安(?~123B.C.)이 편저한 철학서. 정식 명칭은 회남홍렬淮南鴻烈이다]의 '인간훈人間訓' 에 나오는 고사 '새옹지마塞翁之馬' 의 교훈도 의식 내용의 재구성을 통해서 역경을 슬기롭게 극복한 좋은 사례라고 볼 수 있다.

이 기법은 투병 중인 중환자나 노인들의 건강관리에도 매우 유용하다. 건강관리를 위해서는 질병과 싸워서 이기려는 의지와 태도도 물론 필요하다. 그러나 만성적인 질병의 경우, 투병에만 집중하면 환자의 생활은 힘들고 어두운 투병생활의 연속이 된 나머지 환자의 체력은 극도로 쇠약해지고 면역력도 떨어져서 질병은 더 악화될 뿐이다. 그러나 병과 더불어 살아간다는 '종병從病'하는 사고로 전환한다면 면역력도 높아져 투병 일변도로 살아갈 때보다는 건강도 다소 호전된 사례도 많다.

지금까지의 설명으로 보아, 프랑클의 실존적 대화는 '두 수용소 동료의 자살기도' '처와 사별한 노 의사'의 사례, '불치병'과 같은 비극적이고 힘든 상황에 처해 있는 사람들만이 아니라 '일상생활을 하고 있는 보통 사람들'에게도 힘이 되어 줄 수 있는 의미 있는 심리치료법이다.

그러나 여기서 주의할 것이 있다. 그것은 일반적으로 보통 사람들이란, 자신에게나 사회적으로도 의미가 있는 가시적인 큰일을 하는 경우는 '의미 있는 인생'을 살고 있는 것으로 생각하기 쉽고, 드러나지 않는 작은 일 같은 것은 보잘것없는 무의미한 일로 생각해 버리기 쉽다는 점이다.

프랑클은 '인생의 의미'에 관해서 말하기를, 그 사람이 어떤 일을 하고 있으며, 직업이 무엇인가는 중요하지 않다고 보았다. 이보다는 자기가 '해야 할 일' '맡겨진 일'에 얼마만큼 최선을 다해 임하고 있으며, 얼마나 보람을 느끼고 있느냐가 중요하다고 본 것이다.

외견상 아무리 큰일이나 사회적으로 훌륭한 일을 한다 하여도 자기가 '해야 할 일'을 하지 않고 '맡겨진 일'을 하지 않는다면 이런 사람의 인생은 본인을 욕되게 하는 인생이 되고 만다. 보잘것없는 일이라도, 그 일에서 최선을 다하여 보람을 느낄 때 그 사람의 인생은 의미로 충만한 인생이 될 수 있다. 요컨대, 직종 · 직위 · 일의 규모가 중요한 것이 아니라 한 인간으로서 마땅히 해야 할 '사명'이나 '소명calling/Beruf'에 얼마나 충실하게 살고 있느냐가 인생의 의미를 찾는 데 중요하다는 것이다.

이렇게 볼 때, 프랑클 심리학은 '인생관'을 전제하고 있다는 것을 생각할 수 있다. 그것은 사람이란 각자 자기가 처한 어떤 상황 속에서나 자기가 '자신에게 맡겨진 일' '해야 할 일' '할 수 있는 일’ 을 찾아내서 이를 완수해 가지 않으면 안 된다는 ‘인생관’이다. 또한 이와 같은 태도로 살아간다면 그저 ‘자기 행복’만을 추구해 가는 경우와 비교해 볼 때 훨씬 안정되고 행복하며 확실하고도 참된 ‘마음의 충족’ 을 얻을 수 있다는 것이 ‘마음’에 대한 가설이다.

이 가설을 전제로 그 사람이 자기 처지의 상황에서 ‘무엇이’ 자신에게 요청되고 있으며, ‘무엇을’ 해야 하며, ‘무엇을’ 할 수 있느냐 하는 것은 완전히 백지와 같으며, 이런 것은 모두 내담자의 자기 결정에 맡긴다는 것이 실존적 대화의 요체다.

때문에 로고테라피스트는 “한 상황에서 당신에게 기대되고 있는 것은 무엇입니까? 당신이 해야 하고, 당신이 할 수 있는 것은 무엇일까요?” 라고 묻기는 하지만 여기에 대한 ‘답’은 바라지 않는다. 이 답을 찾아내는 것은 내담자의 몫이다. 만약에 카운슬러가 성급하게 ‘답’을 말해 버린다면 이는 세계관적 ‘역전이Gegenübertragung/counter transference’ 현상으로서 경고의 대상이 된다. 왜냐하면 카운슬러나 전문의의 개인적인 세계관이나 가치관 · 감정이 내담자나 환자에게 ‘전이’ 되는 일이 있어서는 안 되기 때문이다.

로고테라피스트는 다양한 질문을 통해서 내담자를 자극하여, 그 사람의 의식을 그가 ‘해야 할 것’ ‘요청되고 있는 것’으로 돌려주고 나서 그것이 제대로 되었다고 생각될 때는 바로 관계를 끊어야 한다. 왜냐하면 대화를 통해서 고무된 내담자는 자기가 ‘해야 할 것’ ‘실현해야 할 의미’를 찾기 위해 자력으로 힘차게 나아가지 않으면 안 되기 때문이다.

만일에 로고테라피스트가 ‘세계관적 역전이’를 하여 내담자나 환자에게 '답'을 주어 버리게 되면 이는 내담자나 환자의 '자립'을 해치게 된다는 것을 명심해야 한다.

4. 로고테라피의 기법

역설의도

이 기법은 프랑클이 로고테라피의 구체적 기법으로써 1939년에 강박신경증 · 공포증 · 불면증 등을 치유하기 위하여 반성제거와 더불어 개발되었다. 강박신경증 · 공포증 · 불면증의 공통적인 특징은 자기 증상에 대해서 지나치게 관심을 쏟는 나머지 증상과 싸우거나 예기불안anticipatory anxiety 때문에 그것들에서 도피하려고 함으로써 증상을 더욱 악화시키는 악순환에 떨어진다는 점이다. 때문에 역설의도는 환자의 '자기 이탈self-detachment'의 힘을 이용하여 악순환을 극복하는 것을 원조하는 기법이다. 예컨대, '가게 유리창을 누가 와서 깨뜨리지나 않을까' 하는 두려움 때문에 불안해하는 환자에게는 '유리창을 깨뜨리려는 마음으로' 창이 있는 쪽으로 걸어가게 지시한다거나 불면증 환자에게는 '가급적 일어나 있자. 오늘밤은 오기로라도 잠을 자지 않겠다.' 고 생각해 달라고 지시하는 경우와 같다.

이런 점에서 역설의도는 '자극 포화법stimulus saturation'의 성질을 가지고 있다. 그러나 인간의 '자기 이탈' 능력에는 개인차가 있기 때문에 역설의도의 기법을 함부로 사용해서는 안 되며, 개인의 상태에 따라서 신중하게 사용할 것을 프랑클은 경고하고 있다. 특히 '우울증depression' 환자에게 '역설의도' 기법을 사용하는 것은 엄격히 금기시되고 있다.

요컨대, 역설의도가 추구하고 있는 것은 단순히 '두려워하고 있는 행동을 한다.'고 하는 행동 수준이 아니라 자기가 두려워하고 있는 증상에 대한 '태도의 변화', '마음 자세의 변화'에 있기 때문이다. 즉, 역설적인 것을 '지향'하게 하고 마음먹게 하는 치료기법이다. 이는 프랑클의 이론에 의하면, 심리차원psychic dimension을 초월한 보다 고도의 정신차원noetic dimension에서 일어날 수 있는 변화다.

프랑클이 인간을 '신체' '심리' '정신'의 세 차원으로 이해하고 있는 점에 대해서는 앞에서(정신인성 신경증의 특수치료법에서) 이미 설명하였거니와 그는 '심리차원'과 '정신차원'을 분명하게 구별하였다.

강박신경증이나 공포증 · 불면증은 '심리'차원의 병리에 말려들어 가 버린 상태다. 예컨대, "자고 싶지만 잘 수가 없다."라고 하는 심리차원의 병에 정신차원noetic dimension이 끌려 들어 가 버린 상태다. 여기서 프랑클은 정신차원을 심리차원과 분명하게 떼어 놓아야 한다고 생각한 것이다. 그러기 위해서 사용할 수 있는 방법이 "두려운 것으로부터 피하는 태도가 아니라 오히려 두려운 태도를 바라게 만든다."라고 하는 역설의도의 어프로치인 것이다.

이렇듯 자기 자신(정신차원)을 심리차원의 병리에서 이탈시키는 것을 프랑클은 '심리정신 길항작용psychonoetic antagonism'이라고 불렸다. 이 심리정신 길항작용은 정신적인 존재로서의 자기 자신을 스스로 심리 상태에서 떼어 이탈시킨다는 '자기 이탈'의 힘에 의해서 일어난다. 이 자기 이탈의 힘이란, 요컨대 인간의 '정신'이 가지고 있는 자신의 '심리반응'에 대한 저항력이다.

또한 이 자기 이탈 능력은 인간 실존의 특징인 '자기 객관시'의 능력과 '자기 초월'의 능력에서 나온다.[7] 이렇듯 프랑클은 인간 실존의 특징, 또는 인간 존재의 본질적 특징을 이상과 같은 능력의 실현에서 찾은 것이다.

다음에 역설의도에 의한 성공 사례를 소개한다.

● K부인은 14년간이나 화장대 서랍이 단정하게 정리되어 있는지, 자물쇠가 단단히 채워져 있는지를 확인하지 않으면 직성이 풀리지 않는 '확인신경증' 같은 강박관념 때문에 고통을 받고 있다. 이 때문에 그녀는 서랍 속에 있는 것들을 끊임없이 점검하며, 서랍을 잠그고 나서도 몇 번이고 자물쇠를 잡아당기거나 돌려 보는 등 강박적인 행동 때문에 마음고생이 많았다. 이로 인하여 그녀의 손가락 관절은 상처도 많았고 옷장의 자물쇠도 망가뜨린 것이 많았다.

K부인의 이와 같은 행동은 그녀가 다섯 살 때 매우 소중하게 생각하고 있었던 인형을 언니가 망가뜨렸던 것이 계기가 되어 그 후

7) V. Frankl, "Logotherapy and Existential Analysis—A Reriew." *American Journal of Psychotherapy*, 20: 1966, p. 253.

부터는 완구를 화장대 안에 넣어 자물쇠를 채우기 시작한 것부터 시작되었다. 또한 그녀가 열여섯 살 때 언니가 허락도 구하지 않고 그녀가 제일 아끼는 외출복을 입고 있는 것을 보고 난 후부터는 옷장에 자물쇠를 잠그게 된 것이 더 심하게 강박적인 행동을 하게 만들었다.

이와 같은 강박행위로부터 그녀를 해방시킨 것은 내성introspection이 아니라 역설의도였다. 테라피스트는 그녀에게 "화장대나 옷장에 아무렇게나 되는대로 물건을 던질 것과 가급적 무질서하게 정리정돈하지 마라."라고 말하였고, 그녀 자신도 서랍을 되도록 정리하지 않으려고 노력하였다. 이렇게 한 결과 입원한 지 4일 이후에는 화장대를 정리하는 것을 잊게 되었고 점차로 자물쇠를 거는 것조차도 잊어버리게 되었다.

그녀가 강박관념 없이 일상생활을 할 수 있게 된 것은 입원 후 16일째였다. 퇴원 후 그녀는 가끔 강박관념이 재발된 것을 알고 있으면서도 이를 무시하고 이겨 낼 수 있게 되었다고 한다.

● 4년간 심한 발한공포 때문에 고통을 받고 있는 어느 내과의사의 경우이며, 사람을 대할 때마다 땀을 많이 흘리지 않을까 두렵게 생각하며, 이 두려움이 다시 발한을 심하게 만든다는 악순환 때문에 고민하고 있었다. 그는 면접 후 자기암시autosuggetion의 기분으로 다음과 같이 자신에게 속으로 말하였다.

"나는 아직 1리터밖에 땀을 흘리지 않았기 때문에 적어도 10리터는 내보자."

그 결과 그는 단 한 번의 면접으로 발한공포에서 해방되었다.

● 여러 해 동안 서경書痙 증세(손떨림)로 인하여 고생하던 한 회사의 장부 기록을 맡고 있는 여성의 경우다. 그녀는 글씨를 잘 쓰려고 하는 대신 다음과 같이 자신에게 말하였다.

"자아, 이제부터 나는 내가 얼마나 악필가인가를 세상에 보여주자!"

이렇게 다짐하고 그녀는 아무리 함부로 쓰려고 해도 그렇게 안 되었으며, 치료 개시 후 48시간만에 서경 증세에서 해방되었다.

● 말더듬 증세로 고민하고 있는 한 중학생의 경우로 이 학생은 학교에서 연극에 출연하여, 말더듬이 역을 맡았기 때문에 의도적으로 말을 더듬으려고 하였는데 오히려 역설적으로 말더듬이 역을 할 수 없게 되었다고 한다.

이렇듯 '역설의도'는 어떤 점에서는 유머감각이 함축되어 있는 자기 이탈의 능력을 사용한 기법이기도 하며, 그 주안점은 "환자에게 자신의 강박 · 불안 증세를 웃어넘김으로써 자신의 지나친 걱정거리에 대해서 거리를 두는 감각을 발전시키는 데 있다고도 볼 수 있다.

● 11년간 "자기는 갑자기 죽는 것이 아닐까." 하는 심한 돌연사의 불안과 '예기불안'을 수반한 발작적인 심계항진心悸亢進 때문에 고민하고 있는 한 여성의 사례다.

그녀는 최초의 발작이 일어난 후, 또 다시 발작이 일어나지나 않을까 하는 두려움과 불안 때문에 발작을 일으키곤 하였다. 그녀는 생각하기를 '내가 두려운 감정을 갖게 되면 반드시 심계항진이 덮치며, 언젠가는 길을 가다가 쓰러져서 죽지 않을까.' 하여 항상 공포에 시달리고 있었다.

이 경우에 테라피스트는 내담자에게 다음과 같이 자신에게 말하도록 하였다.

"내 심장박동이 더 빨라질 것이다! 나는 길바닥에서 지금 바로 쓰러져 버리자!"

게다가 무언가 위험이 예감되는 장소가 있을 때는 이를 피할 것이 아니라 주저하지 말고 대담하게 그 장소로 가도록 말해 주었다.

2주 후, 그녀는 자신의 심계항진이 일어나지 않아 불안도 없어졌다고 말해 주었다고 한다. 몇 주 후에는 다음과 같은 보고를 해 왔다고 한다.

"때때로 대수롭지 않은 심계항진이 일어날 때가 있습니다. 그러나 그럴 때는 다음과 같이 자기 암시를 걸었습니다. 내 심장이여, 좀 더 빨리 뛰어라! 그러고 나면 심계항진은 진정되곤 하였습니다."

이 밖에도 60년간이나 손을 정상 이상으로 깨끗이 씻지 않으면 불안해하는 세정강박증洗淨强迫症, hand-washing compulsion에 고통받았던 한 할머니에게 역설의도 기법을 적용하여 성공한 사례도 있다.[8]

---

8) V. Frankl, *The will to Meaning*, 1981, p. 106.

그러나 프랑클에 의하면 역설의도는 결코 만능약이 아니다. 역설의도에 의한 공포증이나 강박 상태에 대한 치료율은 88%이며, 일반적으로는 수주에서 수개월의 '급성환자의 단기치료'에 적합하다고 한다. 프랑클은 또한 인간의 자기 이탈 능력에는 개인차가 있기 때문에 역설의도는 함부로 사용해서는 안 되며 개개인의 환자 상태를 고려해서 신중하게 사용하여야 한다고 지적하고 있다.[9] 특히 '우울증' 환자에 역설의도 기법을 사용하는 것을 엄하게 금기시하고 있다.

프랑클의 역설의도라는 기법에 대한 발상은 그 사람의 취미였던 '암벽등반'의 경험에서 왔을 것이라는 말도 있다. 프랑클은 안개가 끼어 있고 비가 오는 어느 날에 친구들과 암벽등반을 하던 중, 순간적인 실수로 친구가 추락하는 것을 목격한 일이 있었다. 친구는 600피트나 밑으로 떨어졌지만 다행히 죽지는 않았다. 이 사건으로 심리적 충격을 받은 프랑클은 그럼에도 불구하고 2주 후에 대담하게 두려움의 대상인 암벽에 일부러 도전하였다. 더군다나 날씨도 사고가 났던 날처럼 안개가 끼고 비가 오는 날이었다. 그런데도 프랑클은 처음에 받았던 충격을 극복하기 위해 대담하게 암벽등반에서 얻은 두려움의 길을 의도적으로 선택한 것이다.

그 후 프랑클은 학회 발표 같은 데서 곧잘 인생을 등산에다 비유하였다고 한다. 프랑클에게 역설의도는 단순한 심리치료의 기법

9) V. Frankl, *Psychotherapy and Existentialism: Selected papers on Logotherapy*, 1985, p. 41.

이기 이전에 자신이 가지고 있는 스스로의 살아나가는 '태도' 그 자체의 반영이었던 것이다.

반성제거

이 기법은 자신과 자기의 행위에 대해서, 또는 그 행위의 결과에 대한 지나친 '반성reflexion'을 제거하는 기법이다. 주된 적용 대상은 성교 불능impotence 및 불감증frigidity 같은 성신경증sexual neurosis이었다. 이들 성신경증은 남녀 어느 쪽이나 자신의 성교 능력과 오르가슴의 능력을 지나치게 과시하려고 함으로써 도리어 그 목적을 달성할 수 없게 된다고 프랑클은 말하고 있다.

일반적으로 인간의 쾌락에는 그것을 추구하면 할수록 그만큼 획득할 수 없다고 하는 법칙같은 것이 있는데, 성적 쾌락의 경우도 이 법칙에 해당한다. 성신경증은 남성이 자신의 성교 능력을 너무 과시하려는 나머지 오히려 그 목적을 달성하지 못하는 경우다. 또는 여성이 오르가슴의 능력을 지나치게 과시하려고 함으로써 도리어 그 목적을 달성하지 못하는 경우다.

프랑클은 성적 쾌락을 얻는 데는 사랑하는 상대에 관심을 쏟는 것이 자연스러워야 하며, 자기 자신에 주의를 집중하거나 지나친 자기 반성 내지는 자기 관찰 때문에 본래의 목적인 사랑하는 사람과의 접촉을 잊어 버려 자연스러운 능력 발휘가 안 된다는 것을 말하고 있다.

프랑클은 이를 설명하기 위하여 재미있는 비유를 들고 있다. 어떤 순서로 발을 움직이는가의 질문을 받은 '지네'가 그 물음의 답을 생각하자마자 발步脚을 움직일 수 없게 되어 결국 굶어서 죽어 버렸다는 것이다.

반성제거dereflexion는 물론 '성sex'에 대한 고민에만 적용되는 것은 아니다. '지나친 자기 반성'이나 '자기 의식' '지나친 자기 관찰' '자책감' 때문에 본래 가지고 있던 자연스러운 힘이 발현되지 못하고 있는 모든 상태에 이 방법은 적용된다.

다음 사례는 과잉된 작품의식 때문에 본래의 능력 발휘가 안 되어 고민하고 있는 한 여성 화가의 경우다. 그녀는 일기에 다음과 같은 글을 적었다.

> 스케치를 했는데 잘 되지 않는다. 조금도 영감이 떠오르지 않는다. 개성 있는 색채가 떠올라야 되는데 전체적인 구도로 보아 어울리지 않는다. 밤이 되었다. 나는 그림 그리는 것을 그만두고 주방 일을 해야겠다. 주방으로 가자마자 내게 보이는 것이 있었다. 그것은 찬장에 놓여 있는 그릇들이 보여 주는 곡선과 직선의 관계였다. 나는 며칠 동안 여기서 선의 조합과 내 마음에 드는 색채를 구상해 보았으나 왜 만족할 만한 구상이 떠오르지 않는가. 내가 너무도 욕심을 부리고 있기 때문일까?

이 사례는 지나친 자기 관찰이나 자책에 의해서 자연스러운 창조성이 억제되고 있는 경우다. 프랑클은 이 여성 화가에게 '반성제거'를 가르쳐 줌으로써 '지나친 자기 관찰'을 제거해 줄 수 있었다. 그녀도 자기가 의도하고 있던 것을 무시하고 완전히 버리고 다른 무언가를 향해서 행동하려고 노력하였다. 그 결과 다음과 같은 변화가 일어났다고 한다.

> 계속해서 떠오르는 수많은 이미지. 나는 손님을 응대하며, 걸려 온 전화를 받으면서도 떠오르는 이미지 때문에 매우 일에 쫓기는 사람이 되었다. 그러나 나는 그 사이에도 두 장의 풍경화를 그렸다. 이것은 나의 최고작품이다! 더구나 그것도 단숨에 완성된 것이었다.[10]

로고테라피는 이와 같은 병적 증후에 대해서 어떤 태도를 취할 것인가를 본인으로 하여금 생각하도록 돕는다. 요컨대, 프랑클은 정신병이나 신경증 증후 그 자체는 물론 '본인의 책임은 아니라 하더라도 자신의 정신병이나 신경증 증후에 끌려가든가.' 아니면 '그런 병적 증후와 거리를 두고 자기 자신을 격리시키든가.' 이 중에서 어느 것을 선택하느냐는 내담자 본인의 선택의 문제라고 본다.[11]

여기서 후자의 선택지를 제시하여 그 선택을 돕는 것이 '반성제거'의 기법이다.

---

10) V. Frankl, "Fragments from the Logotherapeutic Treatment of Four Cases" in *Modern Psychotherapeutic Practice: Innovations in Technique*, edited by Arthur Burton, Science and Behavior Book, Palo Alto, California, 1965.

11) V. Frankl, *Psychotherapy and Existentialims, Selected papers on Logotherapy*, 1985, p. 156.

다음은 프랑클이 실시한 한 사례다.

열아홉 살의 '분열병' 소녀와의 치료 면접에서 있었던 사례다.[12)] 이 소녀는 빈 예술아카데미Wien Academy of Arts 학생으로서 자신의 '무감동apathy'과 '환청auditory hallucination'을 호소하면서 도움을 받기 위해 찾아왔다고 한다.

환 자: 나를 당혹하게 만드는 것은 내 안에서 일어나고 있는 것들이 과연 무엇일까라고 하는 것입니다.

프랑클: 골똘하게 생각하지 않는 것이 필요합니다. 당신의 트러블의 근원을 캐려고 하지 않는 일입니다. 그것은 의사에게 맡기면 됩니다. 우리는 당신이 그 위기를 빠져나갈 수 있도록 안내할 것입니다. 혹시 당신을 기다리고 있는 목표는 없습니까? 예를 들어, 예술적인 일 같은 것 말입니다. 당신 속에서 발효되고 있는 많은 것—예컨대, 아직 형상으로 완성되어 있지 않은 예술 작품, 창조되기를 바라고 있는 미완성의 그림 등, 당신에 의해서 태어나기를 기다리고 있는 것이라도 있습니까? 이러한 것들을 생각해 주기 바랍니다.

환 자: 그렇지만 내부적인 혼란inner turmoil 때문에…….

프랑클: 당신의 내부 혼란을 생각하지 말고 당신을 기다리고 있

12) V. Frankl, *The Will to Meaning: Foundations and Applications of Logotherapy*, New American Library, 1969; Paperback edition, 1981, pp. 126-128.

> 는 것에만 생각을 돌리십시오. 중요한 것은 마음속에 숨어 있는 것이 아니라 미래에 당신을 기다리고 있는 것, 당신에 의해서 표현되기를 기다리고 있는 것들입니다. 신경을 쓰게 하는 정신적 위기가 당신을 힘들게 하고 있는 것은 알고 있습니다. 그렇지만 그 괴로움의 물결은 우리가 진정시키도록 해 주십시오. 그것은 의사가 할 일입니다. 정신과 의사에게 맡겨 주십시오. 어쨌든 자기 자신에 눈을 돌리지 마십시오. 당신 안에서 일어나고 있는 것들을 주시하지 말고 당신이 성취하기를 기대하고 있는 것들을 찾기 바랍니다. 그러니까 증상에 관한 것을 말하는 것은 그만둡시다. 불안신경증이나 강박신경증 같은 것 말입니다. 그것이 어떤 것이든, 당신은 안나Anna라고 하는 사실, 무엇인가가 안나를 기다리고 있다는 사실을 생각합시다. 당신 자신에 대해서는 생각하지 말고, 당신이 창조하지 않으면 안 될 작품, 아직 모습을 드러내지 않는 그 작품으로 눈을 돌리기 바랍니다. 당신이 어떤 사람인가는 당신이 그 작품을 만듦으로써 비로소 알게 될 것입니다.

신경증 환자나 정신병 환자는 자신의 증상과 싸움으로써 증상을 더욱 악화시키는 경우가 있다. '반성제거'는 이 악순환의 고리를 끊어 버리는 데 목적이 있다. 다시 말하거니와 자신의 내면의 혼란이나 불안 증상에 관심을 갖는 것을 버리고 해야 할 일이나 사랑하는 사람으로 의식을 돌리지 않으면 안 된다. 요컨대, '반성제거'는 증상이나 불안과 싸움으로써 증상을 더욱 악화시키고 있는 악순환으로부터 환자의 의식을 해방시켜 주는 데 목표를 둔다.

5. 인생의 목적 테스트

프랑클 심리학하면, '수용소' 같은 비극적인 상황을 비롯하여, '의미를 찾는 의지' '동물적 인간'의 연장선상에 있는 '인간적 인간' '심리차원'을 넘어선 '정신차원', 정신이 갖는 '자유성'과 '책임성' '실존적 공허' '로고테라피' '자기 결단' '인간 회복' '태도가치' 등을 떠올려 언뜻 생각해서 의미철학이나 실존 사상만을 생각하기 쉽지만 심리검사도 있다. 즉, 인생의 목적에 대해서 지금의 자기는 어떻게 생각하고 있는가를 조사해서 수량화하는 검사도 있다. 어떻게 보면 '인생의 목적 의식'을 수량화한다는 것은 실존주의적 심리학이 과학적 · 객관주의의 정통적 심리학을 비판하였다는 점에서 볼 때 모순되고 저항감이 들 수도 있다.

그러나 프랑클은 '인생의 목적 테스트Purpose-in-Life Test' 도구가 개발되었다는 것에 대해서 만족했다고 한다. 이 검사는 어디까지나 임상진단을 위해 보조적인 데이터를 제공한다는 점에서 사용한 것이라고 본다.

PIL 테스트는 프랑클이 제시한 '실존적 좌절' '실존적 공허' 특히 '정신인성 신경증noogenic neurosis' 등의 실존적 개념에 대해 수량적으로 측정할 것을 목적으로 미국의 심리학자 제임스 크럼보

James C. Crambaugh와 레오나르도 마홀릭Leonard T. Maholick에 의해서 개발되었고, 미국심리학회American Psychological Association 연차대회(1964)에서 발표되기도 하였다.[13)]

로고테라피를 위한 심리검사로서는 이 밖에도 독일의 엘리사베트 루카스Elisabeth S. Lukas에 의해서 만들어진 '로고 테스트Logo Test'라는 것도 있다.[14)] 현재는 PIL보다 이 검사가 더 널리 알려져서 더 많이 사용되고 있다고 한다.

크럼보와 마홀릭은 1,151명의 피험자에 대한 연구 결과, 정신인성 신경증은 종래의 신경증과는 다르다고 하는 결론에 도달하였으며, 인생의 의미를 추구하는 것은 성차 · 지능 수준 · 교육 수준에 의해서 좌우되는 것은 아니라는 것을 말해 주었다.

여기서 PIL의 내용에 대해서 간단히 설명하면 다음과 같다.

PIL은 A, B, C 세 부분으로 구성되어 있다.

A는 '태도 척도'이며, 어느 정도의 '인생의 의미 · 목적'을 체험하고 있는가를 묻는 20문항으로 되어 있다. 각 문항의 답란의 양단에는 측정하려고 하는 태도의 양극을 표현한 문구가 쓰여 있다.

---

13) J. C. Crumbaugh & L. T. Maholick, "An Experimental Study in Existentialism: The Psychometric Approach to Frankl's Concept of Noogenic Neurosis", *Journal of Clinical Psychology*, XX, 1964, pp. 200–207.

14) E. S. Lukas, *Auch dein Leben hat Sinn: Logotherapeutisch Wege zur Gesundung*, Freiburg, Herder, 1980.

〈예〉

- ① 나는 평소에 따분해서…… 못 견디겠다. ⑦ 매우 확실한 목표와 계획이 있다.
- ① 살아가는 일에 대하여…… 아무런 목표도 계획도 없다. ⑦ 나는 항상 기운이 넘쳐 있다.

태도의 양극 어디에 해당하느냐에 따라서 문항은 모두 7단계 척도로 평정된다.

B는 '문장완성법'으로 다음과 같은 미완성문을 완성하는 13문항으로 되어 있다.

- 내게 있어서 가장 절망적으로 느끼는 것은 ______________
- 나의 최고의 바람은 ______________________________
- 나의 인생의 진정한 목적은 _________________________
- 내가 지금 하고 있는 것은 __________________________

C는 '자유기술형식' 이며, 인생의 의미나 목적을 어떻게 경험하고 있으며, 달성하고 있는가에 대하여 기술하게 한다.

이렇듯 PIL은 인생의 의미, 목적 의식, 인생에 대한 태도, 실존적 공허 등을 알아보는 심리검사다. 그러나 엄밀히 말한다면 PIL은 프랑클이 말하는 인생의 의미를 완전무결하게 파악하기에는 한계가 있기 때문에 좀 미흡한 데가 있다고 말할 수 있다. 왜냐하면 프랑클이 말하는 '인생의 의미'란 그 본질에 있어서 의미 실현(창조가치 · 체험가치 · 태도가치의 실현)의 성부를 심리검사로 확인할 수 있는 성질은 아니기 때문이다. 프랑클이 말하는 '인생의 의미' 는 PIL나 어떤 심리검사를 사용하여 측정할 수 있는 그런 것은 아니다. 측정할 수 있는 것은 겨우 그 의미를 실현한 것으로 느껴지는 '주관적인 상태'로 끝나고 말 것이다.

이 문제는 프랑클 이론에 있어서 매우 중요한 문제가 될 수 있다. 만약에 PIL테스트를 완전한 것으로 본다면, 프랑클 이론은 단순히 주관적인 '삶의 보람'이나 '목적 의식'을 갖는 것을 강조하고 있는 이론으로 오해하기 쉬운 우려도 있다. 프랑클 자신도 자신의 이론과 PIL의 관계에 대해서 별다른 경고나 비판도 가하지 않는 것은, 자기 이론이 다소 오해를 받아가면서도 로고테라피가 널리 보급되고 있다는 점에서 만족을 얻을 수 있었기 때문인지도 모르겠다.

프랑클은 『의미를 향한 소리 없는 절규*The Unheard Cry for Meaning*』(1978)[15]에서 '자기실현'보다 '자기 초월'을 강조하고 사람의 마음은 '자기를 초월한 그 무엇'과 연결될 때 비로소 채워진다고 보았고, 여러 가지 '가치'는 전통이라는 형식을 통해서 다음 세대에 전달되지만 '의미'는 하나하나가 독특해서 한 사람 한 사람의 개인적인 발견과 관계가 있다고 보았다.

15) V. Frankl, *The Unheard Cry for Meaning: Psychotherapy and Humanism,* New York: Simon and Schuster(1978), 1985. p. 38.

요컨대, 삶의 의미는 자기 자신이 탐구하고 자기 자신이 발견하지 않으면 안 된다. 때문에 설혹 보편적인 가치가 완전히 사라졌다 할지라도 하나하나의 독특한 의미를 탐구하고 발견할 수 있다는 것이다. 즉, 가치는 죽어도 의미는 오래 존속한다는 것이다.

가치는 시대의 변천이나 문화의 변화에 따라서 모습을 잃어도 현실 속에 묻혀 있는 가능성을 지각함으로써 의미를 발견할 수 있다. 현실 속에 묻혀 있는 가능성을 지각한다고 하는 것은 좀 더 구체적으로 말한다면 자신이 직면하고 있는 상황 속에서 필요할 경우에는 현실을 바꿔 가기 위해서 자기가 할 수 있는 무엇인가를 발견한다는 것이다.

이상과 같은 점에서 PIL테스트를 통해서 알 수 있는 것과 프랑클이 말하는 '인생의 의미'와는 거리가 있다는 것을 인정하지 않을 수 없다.

6. 로고테라피와 종교

로고테라피와 종교는 어떤 관계가 있는 것일까? 여기서는 치료하는 실천의 문맥을 중심으로 로고테라피와 종교와의 관계를 생각해 보고자 한다.

프랑클의 초기 저술에서는 비교적 로고테라피와 종교를 상당히 직접적으로 관계를 지어 왔다. 예컨대, 프랑클은 1951년의 저술 『고뇌하는 인간*Homo Patience*』[16]에서 다음과 같이 말하고 있다.

심리치료의 적용 영역 안에서 실존 분석과 로고테라피는 필연적으로 종교적인 문제에 부딪히게 된다. 무의식의 종교성에 관한 연구가 밝혀 낸 바와 같이 실존 분석은 종교성의 무의식의 억압을 제거하지 않으면 안 된다. 한편 로고테라피는 종교성의 의식화를 저해하는 것을 제거하지 않으면 안 된다. 실존 분석의 대상은 무의식의 신앙이며, 로고테라피의 대상은 의식화된 불신앙이다.

이와 같은 서술은 다음과 같은 의미를 말해 주는 것처럼 보인다. 즉, 모든 인간은 본래 무의식에 있어서는 신앙심(종교성)을 갖고 있다. 그렇지만 이를 의식적으로는 인정하지 못하는 사람이 있다. 즉, 신앙심을 억압하고 있는 것이다. 때문에 로고테라피는 "이 '억압'과 '저항'을 제거해서 무의식에 있는 신앙심을 의식화하지 않으면 안 된다."라고 말했다.

어떻든 로고테라피는 꽤 종교색이 짙은 심리치료법이라고 받아들여도 어찌 할 수 없는 표현인 것은 분명하다. 모든 인간은 무의식적으로는 신앙심을 가지고 있다는 프랑클의 이 확신은, 의식적으로는 무신론자인 환자가 자신도 모르는 사이에 신앙심을 보이기 시작했다는 치료 경험을 통해서 얻은 것이다.

프랑클은 『무의식의 신*Der unbewußte Gott*』(1948)이라는 저술에서

---

16) V. Frankl, *Homo Patience: Versuch einer Pathodize*, Viennr, Franz Deuticke, 1951.

무신론자인 환자가 종교적인 내용의 꿈을 꾸었다든가, 또는 자기를 무신론자 · 유물론자라고 자처했던 환자가 자신의 정력 감퇴에 대해서 "나는 신이 내게 복수하고 있는지도 모르겠다는 강박관념을 갖게 되었습니다."라고 말한 몇 가지의 사례를 보고하고 있다.[17)]

프랑클의 이와 같은 논증은 정상인이 아닌 환자의 경우를 두고 말한 것이기 때문에 이를 근거로 인간의 무의식에 대해서 말하는 것은 설득력에 있어서 좀 부족한 감도 있다.

어찌되었든 초기(40대 중반)의 프랑클은 로고테라피와 종교 사이에 상당히 직접적이며 강한 연관성을 인정하는데 주저하지 않았다는 것을 알 수 있다. 그러나 로고테라피가 점점 보급되어 감에 따라서 그리스도교 관계자들은 프랑클을 찬양하는 한편 정신의학자들은 오히려 그를 경원시하게 되었다. 이와 같은 현실을 목격한 프랑클은 로고테라피와 종교와의 구별을 열심히 강조하게 되었다. 요컨대, 로고테라피는 신앙의 유무와는 관계없이 누구에게도 사용할 수 있으며, 어느 환자에게도 적용이 가능하다고 주장한 것이다.

프랑클이 예순네 살(1969) 때 저술한 『의미를 추구하는 의지*The Will to Meaning*』의 결론에서 그는 다음과 같이 말하고 있다.[18)]

---

17) V. Frankl, *Der unbewußte Gott,* Kösel-Verlag(1948); *The Unconscious God,* Pocket Books, New York, Washington Square Press, 1985, p. 69.

18) V. Frankl, *The Will to Meaning: Foundation and Applications of Logotherapy*, Paperback edition, New York, New American Library, 1981, pp. 142-143.

"나는 다음과 같은 질문을 받을 때가 자주 있었다. 로고테라피는 어디에 매력이 있습니까?"라고. 이때 나는 다음과 같이 대답한다.

"처방을 쓰고, 수술을 하는 의사는 될 수 있는 한 성의를 다해서 처방을 쓰며 수술을 하지 않으면 안 될 뿐이며, 매력을 느껴서 하는 것은 아닙니다."

로고테라피는 프로테스탄트의, 가톨릭의, 또는 유대교의 심리치료법은 아니다. 종교적 심리치료법이란 타당한 의미로는 생각할 수 없다. 왜냐하면 심리치료법과 종교 사이에는 본질적인 차이, 차원적인 차이가 있기 때문이다. 처음부터 양자의 목적에는 차이가 있다. 심리치료의 목적은 '정신적 건강'이며 종교의 목적은 '구제'에 있다.

진실로 가장 적절한 지적이며, 로고테라피를 종교와 확실히 구별하려고 한 프랑클의 강한 의지가 전해지고 있는 것으로 보인다. 분명히 그리스도교도는 하느님의 영광에 대해서 찬송가를 부르는 것이지 불면증의 치료를 위해 찬송가를 부르는 것은 아니다.

프랑클은 또한 다음과 같은 말을 하고 있다.

"심리치료가 환자의 종교생활에 관여해서는 안 된다. 단, 의도하지 않았던 부차적인 결과로서 환자의 종교생활에 도움을 주는 것은 상관없다."

"로고테라피는 심리치료법과 종교와의 경계선을 넘나드는 것은 아니다. 그러나 로고테라피는 종교에 문을 열어 놓고 있으며, 그 문을 지나가느냐는 어디까지나 환자에 맡긴다."[19)]

로고테라피는 환자의 신앙에 직접 관여하지는 않는다. 그렇지만 순수한 신앙심이 결과적으로는 정신적 건강을 도와주는 경우가 있는 것과도 같이 심리치료법으로서 행한 로고테라피가 역시 결과적으로 환자의 신앙심을 눈뜨게 하는 경우도 있다. 이와 같은 가능성은 인정하지 않으면 안 된다는 것이 프랑클의 관점이다.

이렇듯 프랑클의 초기 저술에서는 상당히 종교에 직접적으로 관련되어 있던 로고테라피(실존 분석)와 종교가, 후기의 저술에서는 분명하게 구별되어, 양자는 단지 의도하지 않았던 결과에 한해서 간접적으로만 관련이 있는 것으로 그 관점이 수정되었다고 볼 수 있다.

19) ibid, p. 143.

제6장

독자를 위한 리뷰

1. 초인간적 차원과 인간적 차원의 관계
2. 인생의 의미를 어떻게 이해할 것인가
3. '의미'의 부름에 호응하는 마음
4. 두 사람의 '나'–의식 수준의 '나'와 심층 수준의 '나'
5. 무의식의 종교성
6. 실존의 물음과 트랜스퍼스널 심리학
7. 현존재 분석과 실존 분석
8. 긍정적 시간론

1. 초인간적 차원과 인간적 차원의 관계

프랑클의 '삶의 의미'란 인간의 주관적인 판단이나 사유에 앞서 이를 넘어선 차원으로부터 이미 의미가 주어져 있다는 '초인간적 차원'과 그 의미는 누구에게나 무조건적으로 주어져 있다는 '인간적인 차원'에 연결되어 있다. 그러기에 프랑클은 의미란 주관적인 것이 아니라 '객관적인objective' 것이라고 말한다. 또한 그는 그의 현상학 스승의 한 사람인 오스트리아의 심리학자 루돌프 알레르스Rudolf Allers의 말을 빌려 삶의 의미나 인생의 사명은 '초주관적인 transsubjective' 것이라고 말한다.

요컨대, "인간은 의미를 지향하여 자기를 초월하고 있는 것이다. 이 경우의 의미는 단순한 자기 표현 이상의 것이며, 자기 투영 이상의 것이다. 그리고 이 세상에 태어남과 동시에 주어져 있는 그 의미는 만들어지는 것이 아니라 발견되어야 할 대상이다."[1]라고 말한다.

이렇듯 프랑클이 말하는 '의미'는 인간의 주관적인 사상이나 정서에 의해서 좌우되지 않고 인간을 초월한 차원에서 주어진다는 점에서 '초인간적'이다. 그러나 동시에 프랑클은 인생의 가치, 의미 있는 인생을 말할 때는 창조가치, 감상가치, 태도가치를 들

1) V. Frankl, *The Will to Meaning: Foundation and Applications of Logotherapy* (1969); Paperback edition, New York: New American Library, 1981, p. 60.

어, 적어도 인간은 창조가치, 감상가치 실현의 자유를 빼앗겨 어떤 극한 상황에 처한다 할지라도 '태도가치'만은 실현할 수 있기 때문에 의미 있는 인생을 보낼 수 있다고 말한다.

그러나 인간이 실현할 수 있는 '가치', 또는 의미 있는 '인생'을 보냈다고 할 경우의 의미는 생존의 문제에 앞서 인간에게 주어진 초주관적인 객관적 의미와는 다르다고 말한다. 이렇듯 프랑클은 초주관적인 '초월적' 의미에 대해서 말하면서도 의미 있는 인생을 보냈다고 하는 '주관적인 의미 감정'에 대해서도 말하고 있다. 즉, '인간을 초월한' 차원으로부터 주어지는 '인생의 의미'를 말하면서도 동시에 주관적인 감정으로서의 '의미 감정' '목적 감정' '사는 보람의 감정'에 대해서도 말하고 있다.

아쉬운 점은 프랑클의 이론에는 '초인간적 차원과 인간적 차원은 다르면서도 하나이며, 하나이면서도 다르다고 하는 변증법적 관계에 대한 설명이 분명하지 않다는 것이다. 초인간적인 차원과 인간적 차원이란 결코 분리되어 있는 것은 아니다. 인간적인 차원을 진정으로 리얼하게 다룬다는 것은 초인간적 차원과 연결된 인간적 차원을 다룬다는 것이며, 이와 같은 시각에서 인간적 차원을 볼 때 비로소 그것은 초인간적으로 리얼하게 볼 수 있기 때문이다.

2. 인생의 의미를 어떻게 이해할 것인가

인생의 의미를 이해하는 데는 그 사람의 세계관이 무엇이냐에 따라서 크게 달라진다. 예컨대, 환원주의적 세계관을 가지고 있는 사람은 인생의 무의미함과 공허함 때문에 자기 자신을 부정적으로 정의하는 부정적 자기개념negative self-concept을 갖게 될 것이다.

그러나 현명한 사람은 환원주의적인 논리를 전환시켜 이 세상·우주는 무한한 의미와 질서로 충만해 있다고 생각할 수도 있다. 또는 나를 초월한 무수한 존재와의 연결, 즉 과거의 세대와 미래 세대와의 연결, 대자연과 나와의 연결이라는 수평 차원의 연결, 자신의 심층무의식과 진정한 나와의 연결, 인간과 인간을 초월한 것과의 연결이라는 수직 차원의 연결, 이런 두 차원의 '연결' 속에서 인간으로 태어난 자신에 무한한 자부심과 긍지를 가질 수도 있다. 그리하여 내게 주어진 '인생의 의미'와 '해야 할 일'을 발견하게 된다.

관점을 바꿔 이와 같이 생각할 수도 있다. '공허와 불안한 나'에서 출발해서 '내 자신도 우주의 일부'이기 때문에 '우주 그 자체도 역시 공허하며 무질서한 것이다.'라고 생각할 수도 있으며, 이와 똑같은 논리로 '부족함이 없는 행복한 나'에서 출발하여 '내 자신도 우주의 일부'이기 때문에 '우주 그 자체는 역시 의미와 질서로 충만하여 있다.'라고 생각할 수도 있다.

후자의 전형은 자기의 본질을 아트만*ātman*(개아)으로 보고, 그것이 우주만상의 원리인 브라흐만brahman(범)과 하나로 보는 범아일여梵我一如, *aham brahmāsmi*(나는 브라흐만이다)로 생각한 우파니샤드*upanisad*의 철인들에게서 찾아볼 수 있다.

이와 같은 세계관을 가지고 있는 사람은, 사람들이 '마음이 공허함'을 느끼는 것은 이 우주의 의미와 질서를 못 느끼고, 우주의 수많은 생명 가운데서 인간으로 태어난 행복함과 우주 속에서 자신에게 주어진 자신의 위치와 사명을 발견하지 못하기 때문이라고 생각한다.

이 두 가지 세계관의 어느 한쪽을 선택할 것인가, 즉 이 세계와 우주의 일체가 의미로 차 있다고 생각할 것인가, 아니면 일체는 무의미해서 공허하다고 생각할 것인가는 최종적으로 자신의 주체적인 선택에 달려 있다.

어떤 선택이 생산적이고 건설적이냐는 너무도 자명하다. 프랑클 심리학은 최종적으로는 긍정적이며 건설적인 가능성에다 역점을 두고 있다. 요컨대, 세계와 우주를 긍정적인 것으로 보는 사람에게 삶의 의욕과 활력을 주는 심리학이다. 이 경우에 의미와 질서로 가득 차 있는 세계와 우주로부터 우리에게 '인생의 의미'와 '해야 할 사명'을 주고 있다고 생각함으로써 '의미'는 초월적인 성격을 갖게 된다.

또한 그렇게 생각함으로써 바로 그것은 인간이 살아갈 수 있는 의욕과 에너지를 환기시켜 주는 것이 된다. 이것은 단순한 주관적 감정으로서의 '삶의 보람'과 결코 혼돈해서는 안 된다. 막스 셸러의 "공간과 시간에 대한 무한한 공허함은 인간 자신의 마음의 공허함이다."라는 말은 결국, 매크로코스모스(대우주)의 공허함은 미크로코스모스(소우주=인간)의 내적인 공허함과 실존적 공허함의 투영에 지나지 않으며, 자기 자신의 존재가 무의미하기 때문에 그것이 밖으로 투영된 것이라는 것을 말해 준다. 이는 우리가 인생의 의미를 이해하는 데 있어서 하나의 교훈으로 삼을 만하다.

3. '의미'의 부름에 호응하는 마음

빅토르 프랑클 하면 바로 떠오르는 것은 로고테라피의 기본 가설인 '의지의 자유freedom of will' '인생의 의미meaning of life' '의미를 추구하는 의지will to meaning'일 것이다.

프랑클은 '의미를 추구하는 의지'의 정의를 "의미와 목적을 충족시키려고 하는 인간의 기본적인 노력"[2]이라고 보고 있다. 에이브러햄 매슬로A. Maslow도 프랑클의 논문[3]을 읽고 '의미를 추구하는 의지'에 대해 평하여 말하기를, 의미를 추구하는 의지야말로 '인간의 근원적 관심man's primary concern'이라고 말했다.[4] 프랑클도 매슬로의 '자기실현'을 '의미실현'을 통한 자기실현으로 보았다. 이와는 달리 의미의 실현보다는 자기 자신을 실현하는 일에 치중한다면 이런 자기실현은 그 정당성을 잃게 될 것이라고

2) ibid. p. 38.

3) V. Frankl, *Der unbedingte Mensch: Metaklinische Vorlesungen*, Franz Deuticke, 1949.

4) A. Maslow, "Comments on Dr. Frankl's Paper", in Anthony J. Sutich and Miles A. Vich, eds, *Readings in Humanistic Psychology*. New York: The Free Press, 1969.

보았다.

그러나 프랑클의 '의미를 추구하는 의지'에 대한 정의에서 말하고 있는 기본적 '노력'이 의식 수준의 의지적 노력인지 심층 수준의 마음의 노력인지가 분명하지 않다. 특히 어떤 경우에 인간은 "의미에 의해서 마음이 끌려가게 된다."[5]는 표현을 사용하고 있다는 점에서는 '의미를 추구하는 의지'는 단순한 의식적 노력이 아니라 의미로부터의 부름에 응답하는 마음의 호응이라고 볼 수도 있게 된다.

프랑클의 제자 가운데 한 사람인 제임스 크럼보James Crumbaugh는 '의미'와 '의미에 대한 의지'의 관계를 자석과 쇠붙이의 관계에 비유하고 있다. 이렇듯 그는 인간이 '의미'에 마음이 끌려가는 현상을 '의미'의 힘만이 아니라 마음 상태의 영향을 받고 있다는 것을 지적하고 있다. 자석에 끌려가 달라붙는 것은 쇠붙이뿐이며 나뭇조각은 그렇게 될 수 없다는 것이다. 이와 같이 '의미'에 끌려갈 수 있는 것은 인간뿐이며 동물에게는 그런 일이 일어날 수 없다는 것이 크럼보의 관점이다. 크럼보에 의한 '자석과 쇠붙이'의 비유는 간접적이기는 하지만 인간적 차원을 초월한 절대적 차원으로부터의 의미의 부름에 응답하는 마음의 움직임은 단순한 의식적 노력보다도 심층에서부터 우러나는 마음의 움직임이라는 것을 시

5) V. Frankl, *The Will to Meaning*, Paperback edition, New American Library, 1981, p. 51.

사하고 있다.

의미를 발견하고 실현화하려는 의식적 · 자각적 노력도 물론 바람직한 일임에는 틀림없다. 그러나 그와 같은 의식적 · 자각적 노력과 이보다 앞서 형성되어 있는 '의미와 인간'과의 근원적인 연결을 혼동해서는 안 된다. 어디까지나 의미와 인간과의 근원적 연결이 먼저이며, 이를 전제조건으로 의식적 노력을 하게 된다고 보아야 한다.

요컨대, 양자 사이에는 '불가동不可同 · 불가역不可逆'의 관계가 성립되고 있다. 또한 이 연결이 있음으로서 의미의 부름을 수용하고 이에 부응하려는 심적인 활동이 다름 아닌 심층에 있는 마음의 활동인 것이다. 이것이 프랑클이 말하는 '정신적 무의식noetic unconsciousness'의 개념이다.

앞에서도 이미 설명한 바와 같이 프랑클은 인간을 '신체' '심리' '정신'의 3차원으로 구성되고 있는 존재로 이해하였다. 또한 '의미'로부터의 부름을 수용하고 여기에 부응하려는 '마음의 움직임'은 물론 '정신' 차원에 속하지만, 프랑클은 이를 깊은 무의식층에 속하는 활동이라고 생각하였다.

특히 프랑클의 이론에 있어서 "진정한 심층인격, 즉 심층인격의 깊이에 있어서 정신적 · 실존적인 것은 언제, 어떤 경우에도 무의식적이다." "정신적인 것은 그 심층에 있어서, 또한 그 근거에 있어서, 본질적으로 필연적으로 무의식적이다."[6]라고 하는 이론은 정신적 무의식과 '의미를 추구하는 의지'를 이해하는 데 중요한 부분이다.

프랑클이 말한 '정신'이란 불안이나 분노와 슬픔과 같은 정동情動(심리차원)을 말한 것은 아니다. 이와 같은 정동에 어떤 때는 억지로라도 따르고, 어떤 때는 여기에 대항하는 주체가 행사하는 마음의 활동을 '정신'이라고 본 것이다. 그리고 자유롭게 결단하는 주체, 즉 '나(자아)'는 그 자체가 근원에 있어서는 필연적으로 무의식이라고 프랑클은 말한다.

요컨대, 사고하고 판단하여 결단하는 주체로서의 '나(자아)'는 일반적으로 생각한다면 의식 수준의 심적 주체다. 그러나 이것이 그 근원에 있어서는 실은 필연적으로 무의식적인 것이라고 프랑클은 말한다. 정신적 무의식은 '나(자아)', 즉 '실존' 또한 의식적 반성의 대상으로 만들려고 해도 만들 수 없다는 것이 그 이유다. 즉, 정신이 완전히 근원적이며, 완전히 '자기 자신'일 경우에 정신은 자기 자신에 관해서 무의식적이라는 것이다. 이와 같은 정신을 가장 잘 표현하고 있는 고대 인도의 성전*Śruti* 『베다*Veda*』에 다음과 같은 말이 있다.

> 보는 자는 보는 자기를 볼 수 없으며, 듣는 자는 듣는 자기를 들을 수 없고, 생각하는 자는 생각하는 자기를 생각할 수 없다.

6) V. Frankl, *Der unbewußte Gott,* Kösel-Verlag, *1948; The Unconscious God*, Pocket Books, New York: Simon and Schuster, 1985. p. 26.

이렇듯 프랑클은 사고하고, 판단하고, 결단하는 주체인 나 자신은 그 근원에 있어서는 아무리 시도해 봐도 의식적 반성의 대상이 될 수 없기 때문에 필연적으로 무의식적인 것이라고 보았다. 요컨대, 정신은 그 근원에 있어서는 무의식적인 정신이라는 것이다.[7] 이렇게 볼 때 프랑클이 말하는 정신적 무의식의 개념은 동양사상에 부합하고 있는 부분이라고 말할 수 있다.

4. 두 사람의 '나'-의식 수준의 '나'와 심층 수준의 '나'

나는 프랑클이 무의식의 심층 수준에, 더구나 최심층에 스스로 결단하는 '주체적인 마음'이 존재하고 있다는 것을 인정한 점을 높이 평가한다. 사실 무의식의 근원이란 이를 파고들어 가게 되면 결국 그것은 바로 '나'라고 말할 수밖에 없는 자기 근저에 있는 '주체적인 심적 작용'이기 때문이다.

무의식의 심적 내용은 통상은 의식 수준의 나인 '자아'에 의해서 소유되고 있는 것으로 알고 있다. 이 때문에 프로이트S. Freud는 무의식의 내용을 '에스Es'라는 삼인칭으로 표현하여 이를 무의식의 심적 에너지의 원천이며 본능 에너지의 근원과 같은 것으로 생각했다. 그러나 프랑클은 무의식 가운데는 충동적인 '에스'도 있지만 동시에 그 최근원에는 이미 내가 소유하기 전에 주체적인 마

7) ibid.

음이 존재하고 있다고 생각한다. 이 점도 프랑클 심리학을 특징짓는 이론의 하나다.

과연 프랑클이었기에 그는 주체적 · 실존적인 '나'가 무의식의 최근원(최심층)에 뿌리를 내리고 있다는 것을 알게 된 것이다. 그러면 통상적인 의식 수준의 '나'와 심층 수준의 '나'의 관계란 무엇인가?

프랑클은 '나'를 독일어의 일인칭 단수인 'Ich'라는 말을 사용하였거니와 이를 영어로 번역할 경우에는 '자아ego'라는 말을 사용한다. 그러나 '자아'라는 말은 의식의 센터로서 의식층의 심적 주체라는 통념이 너무도 인상이 강하게 남아 있기 때문에 '무의식의 자아'라는 표현은 문맥상 부자연스럽고 어색하게 느껴진다. 이 점을 감안하여 여기서는 편의상 통상적인 의식 수준의 자아인 '나'와 프랑클이 말하는 심층 수준의 자아인 '나'로 구별한다(참고: 융Jung은 자아ego는 의식적인 마음의 중심이며, 자기self는 의식과 무의식을 포괄한 심적인 통합의 중심이라고 보았다).

물론 의식 수준의 '나'도, 심층 수준의 '나'도 동전의 양면과도 같이 양자가 같은 '나'라는 심적 주체의 다른 측면을 보이고 있기 때문에 양자를 엄밀하게 구별할 수는 없다. 엄밀하게 본다면 양자는 '하나'다. 그렇지만 여기서는 양자를 상대적으로 구별하는 관점에서 양자의 관계에 대해서 검토해 보고자 할 뿐이다.

요컨대, 양자 사이에는 「나」의 근저, 즉 궁극의 〈나〉라는 관계가 성립되고 있는 셈이다. 그렇지만 이렇게 보는 것도 헷갈리기 쉽기 때문에 다른 말로 바꿔 보려고 한다.

먼저 낫표로 표기하고 있는 「나」다. 이는 통상 '나' 라고 불리고 있는 의식 수준의 나이며 '자아' 로 옮길 수 있다. 또 하나의 꺾쇠 괄호 〈나〉는 무엇인가? 그것은 '나(자아)' 의 근저에 있으면서 「나」를 「나」답게 해 주고 존재의 근거가 되는 '생명의 작용' 그것이다. 다시 말해서, 궁극의 〈나〉는 '자기 근저에 있으면서 작용하는 생명력'이라고 보아 통상적인 의식의 센터로서의 「나」와 구별하고자 한다.

그렇다면 '자기 근저의 생명력'이란 무엇인가? 그것은 분명히 의식적 '자아'를 초월한 무의식의 심층이다. 그러나 융 심리학에서 말하는 '심층심리' 영역과는 다르다. 아무리 캐도 캘 수가 없는 '심층'이 아니라 자아를 초월하여 그 깊이를 (불필요한 것은 제거하면서) 어디까지나 추구해 갈 때 최후에 직면하게 되는 것이 '자기의 근저'인 것이다. 그리고 '자기 근저에서 작용하는 생명력'은 단순히 주체로서 결단한다는 것만은 아니다. '자기 근저의 생명력'은 거기에 들려오는 부름의 의미에 호응하는 방식으로 결단하게 된다.

의미의 부름에 자기 근저가 여기에 호응하는 기능이란 엄밀히 말하자면 '하나'다. 일체화一體化되어 하나가 된 '부름＝호응' 하는 그 자체가 '나'다. 이런 점에서 '자기 근저의 생명력'은 단순한 자아적 주체를 초월한 진정한 의미의 주체인 것이다.

사람은 어떤 극한 상황의 위기에 처하게 되면 존재의 근저에 있는 생명력의 위대함과 신비함을 의식하게 된다. 여기서 구체적인 사례를 가지고 생각해 보자.

중소기업을 하고 있는 한 중년의 사업가는 일이 뜻대로 되지 않을 뿐더러 하는 일마다 실패에 실패를 거듭한 나머지 고민하는 것 자체에 지쳐서 산다는 것이 이렇게도 괴로운 것이라면 죽는 것이 차라리 좋겠다고 생각하게 되었다.

이렇듯 의식 수준의 '나(자아)'가 완전히 의욕을 잃고 삶에 싫증이 나서 인생을 포기하고 있을 때, 이를 초월한 무의식의 심층 수준 가운데서도 최심층에 있는 스스로 결단하는 주체적인 마음, 자기 근저에 있는 생명력이 자기를 자기답게 키우고 조절하며 지키려는 힘이 마치 칠야漆夜의 한 줄기 불빛처럼 의식 수준의 절망적인 나(자아)를 비쳐 줌으로써 자기 생명이 다른 생명들과 유기적으로 연결되어 있다는 것을 생생하게 실감할 수 있었다.

이 '실감'이란 사상이나 관념 수준에서는 이해할 수는 없다. 자기 근저에 있는 '생명'과 다른 '생명'과는 별개의 것이 아니라 모두가 연결되어 있으며, 자신의 '생명'과 이 세상, 이 우주의 삼라만상의 '생명'과 본래 근원은 '하나의 생명'이라고 하는 것을 바로 실감하게 된다.

이렇듯 자기 생명은 나눌 수 없는 깊은 뿌리에서 나온 하나의 생명, 즉 산 · 천 · 초 · 목의 생명과 나의 '생명'이란 본래 나눌 수가 없는 '하나의 생명'이며, 다만 나타난 실상만 다른 생명의 실재 reality를 깨닫게 될 때 자신의 '생명'의 실상을 직시하게 된다. 동시에 번뇌와 죽음에 대한 불안이나 두려움도 사라지며 생사관을 바꾸게 한다.

프랑클이 말하는 '정신적 무의식'의 개념, 요컨대 '무의식의 근저'인 심층 수준의 '나(자아)'라고 하는 생각도 나와 우주는 하나며, 생명은 본래 뿌리는 하나라는 생명관의 방향으로 발전되어야 한다. 그 가능성은 충분히 있는 개념이다.

5. 무의식의 종교성

프랑클은 실존의 본질은 자기초월에 있으며, 그 실존이란 자기 이외의 그 무엇을 위해, 누군가를 위해, 즉 진실을 위해, 친구를 위해, 선을 위해 자기를 초월할 때 진정한 자기를 발견하게 된다고 보았을 뿐만 아니라 자기초월을 위한 정신적 노력을 밀고 나아가다 보면 결국 언젠가는 초월적 존재와 만나게 된다고 보았다.

프랑클 심리학은 유대교 · 그리스도교적인 전통에 기반하고 있으며, 그 자신이 독실한 유대교도인 것은 널리 알려진 사실이다. 그러나 프랑클의 저술 가운데서 '신'이라는 말을 타이틀에 포함시켜 이를 솔직하게 다룬 책은 단 한 권밖에 없다. 그것은 『무의식의 신*Der unbewußte Gott*』(1962)이다.

이 책은 실존 분석적인 꿈 해석을 다룬 책으로서 비종교적인 사람이 종교적인 꿈을 꾸었으며, 잠을 깨고 났을 때의 황홀한 행복감을 체험한 사실을 다루고 있다. 이와 같은 사실을 기초로 프랑클은 무의식 안에는 '종교성'이 있다고 확신하게 되었으며, 이를 '무의식의 신'이라고 말했다.

요컨대, 사람은 의식하고 있든 의식하지 못하든 간에 또한 바라던 바라지 않던 간에 무의식이지만 언제나 신과의 지향적인 관계를 '이미' 맺고 있다고 생각한 것이다. 뿐만 아니라, 사고하고, 판단하고, 결단하는 주체인 '나(자아)' 도 의식 수준의 심적 주체가 아니라 그 근원은 무의식적인 것이라고 본 '정신적 무의식spiritual unconsciousness' 도 프랑클의 무의식의 종교성을 이해하는 데 중핵적인 개념이다. 요컨대, 결단하는 주체가 무의식의 최심층을 이루는 '자아'라고 하는 발상은 프로이트나 융에게는 없는 관점이다.

프로이트가 무의식의 내용을 '에스Es', 즉 억압된 충동성이나 본능 에너지의 근원으로 생각한 점에 대하여 프랑클은 "충동적인 것만이 아니라 정신적인 것도 무의식인 것이다."[8]라고 비판하고 있다.

프랑클에 의하면 무의식의 내용은 충동성을 의미하는 에스만은 아니다. 정신적인 것, 그중에서도 결단하는 주체로서의 자아도 무의식이라는 것이다. 더욱 관심을 끄는 것은 다음과 같은 융Carl Jung 에 대한 비판이다.

> 융이 무의식 가운데서 종교적인 것을 인정한 것은 그의 업적으로서 평가할 만하다. 그렇지만 그가 무의식의 종교성을 충동적인 것으로 돌려 버리는 근본적 오류를 범하고 말았다. 즉, 그는 '무의식의 신' 을 잘못된 곳으로 보내 버리고 만 것이다.

---

8) ibid. p. 25.

> 융은 내 안에 있는 '에스'가 종교적인 것이지, '자아'가 신앙을 갖는 것은 아니라고 본다. '에스'가 자아를 신에 지향하도록 충동적으로 부추기는 것이지, 자아가 신을 지향하도록 결단하는 것은 아니라고 본 것이다.[9]

이상과 같은 관점에서 프랑클은 '무의식의 종교성unconscious religiousness'을 인정한 점에서는 융을 높이 평가하며 융의 업적을 인정하였다. 프랑클 자신도 환자의 꿈 분석을 통해서 의식적으로는 무신론자였던 환자의 꿈에서 자주 종교적인 내용이 나타난다는 것을 체험적으로 알고 있었기 때문이다.

그렇지만 프랑클에 의하면 무의식의 종교성은 결코 '심리차원'에서가 아니라 무의식의 중핵을 차지하는 '정신차원', 즉 주체로서의 '나(자아)'의 결단에 의해서 존재하게 된다. 요컨대, 프랑클은 종교적 충동에 힘입어 얻어지는 종교성을 배격한 것이다.

왜냐하면 진정한 종교성은 충동적인 성격이 아니라 주체적인 결단의 성격을 갖는 것이기 때문이다. 종교성이란 실존적인 것이거나 그렇지 않으면 전혀 성립할 수 없든가 하는 그중의 어느 것이다. 무의식의 종교성이란 '결단하는 무의식ein entscheidendes unbewußtsein'이며 무의식의 충동에 힘입어 성립된다는 것은 잘못된 것으로 본 것이다. 요컨대, 우리에게 정신적 무의식이나 무의식의 종교성은, 특히 '초월적 무의식'은 결정짓는 무의식이 아니라 '실존하는 무

9) ibid. p. 64.

의식ein existieren des unbewußtes' 인 것이다.[10)]

이상 프랑클의 비판 가운데서 한 가지 주목되는 것이 있다. 즉, '무의식의 자아' '결단하는 무의식' '실존하는 무의식'이라는 매우 독특한 개념이다.

프랑클은 무의식의 심층의 중핵을 차지하는 것은 주체적 · 실존적인 성격을 지닌 '나(자아)'이며, 이 무의식의 자아가 결단하고 실존한다고 생각한 것이다. '결단하는 무의식' '실존하는 무의식'이라는 발상은 프랑클의 수많은 저술 가운데서는 그렇게 많이 펼친 이론은 아니다. 다만, 『무의식의 신*Der unbewußte Gott*』(1948년)에서 다소 서술되었을 정도다.

그러나 이 개념은 앞으로 검토해 볼 만한 가능성을 가진 개념이다. 왜냐하면 그것은 '의미'의 요청이나 부름에 답하고 호응하는 최심층의 마음의 문제와도 직접 관계되고 있기 때문이다.

프랑클은 무의식의 정신성의 발견을 통해서 에스(무의식)의 배후에 자아(정신)가 있다고 발견하였을 뿐만 아니라 무의식의 종교성의 발견을 통해서 내재적 자아의 배후에 '초월적 당신transcendent thou' 을 발견한 것이다. 즉, 자아가 '무의식적인 것'이라는 것을 알고, 무의식이 '정신적인 것'이라는 것을 알고 나서 정신적 무의식이 '초월적인 것'을 알게 된 셈이다.[11)]

10) ibid. pp. 64-65.

11) ibid.

요컨대, 프랑클에 의하면, 무의식의 종교성이 발견되는 것은 무의식의 정신성의 차원에서이며, 결코 그 이외의 충동적인 에스에 의해서가 아니다. 그러나 융은 에스라는 충동성이 신과 연결되어 있다고 했으며, 프랑클은 이 점을 비판한 것이다.

뿐만 아니라 프랑클은 이와 같은 관점에서 융의 '원형Archetypus'이나 '집단무의식kollektives Unbewusstes'에 대해서도 비판적이다. 융에 의하면 인간의 마음 깊숙한 곳에는 부모나 환경에 의해 억압되어서 만들어진 '개인적인 무의식' 외에 옛날부터 상상력의 원점으로서 존재한 '집단적인 무의식'이 존재하고 있다. 그리고 이 집단무의식의 내용인 '원형'에서 민족의 전설이나 신화, 동화 같은 것이 나왔다고 생각한다.

융 심리학에서는 무의식의 종교성도 '집단무의식'이나 '원형'의 관점에서 설명된다는 것에 대해서 프랑클은 인정하지 않는다. 집단무의식이나 원형으로 종교성을 설명한다는 것은 '개인적인 결단'을 부정하고 종교의 본질을 해명할 수 있다고 생각하기 때문이라고 비판한다.

요컨대, 프랑클에게 종교성이야말로 개인적인 것, 지극히 개인적인, 자아 결단에 속하며, 종교성이 집단무의식과 같은 것에서 나오는 일은 결코 있을 수 없다는 것이다. 무의식의 정신성의 차원이나 결단하는 무의식에 의하지 않고서는 진정한 종교성 같은 것은 있을 수 없다는 것이 프랑클의 관점이다.

6. 실존의 물음과 트랜스퍼스널 심리학

우리는 자기 인생에서 무엇을 해도 좋고 하지 않아도 좋은 그런 무의미한 존재는 아니다. 하물며 있으나 없으나 상관없는 그런 무의미한 존재는 더욱 아니다. 우리에게는 자기가 몰라서 그렇지 자기 인생이 부여한 '하지 않으면 안 될 일'이 있고 '실현하지 않으면 안 될 의미'가 있다. 그러나 '해야 할 일'이나 '실현해야 할 의미'는 그저 얻어지는 것이 아니라 이를 발견하고 실현하려는 사람에게만 주어진다.

요컨대, 사람은 누구에게나 그 사람만을 기다리고 있는 일과 사람이 있고, 해야 할 일이 있기 때문에 아무리 절망과 허무 속에서 인생을 포기한 사람도 자기를 고대하고 있는 일과 사람을 발견함으로써 자기 인생의 의미를 찾게 되고, 의미의 '부름'을 발견함으로써 자기 내면의 생명의 역동을 체험하게 된다.

이와 같은 체험은 우리에게 살아가는 의미와 의욕을 주게 되고 삶의 열정과 생명력을 얻게 된다. 또한 매일같이 기계적으로 반복된 일상생활 속에서 극도의 권태로 지쳐 있는 사람에게는 살아가는 에너지를 북돋워 준다.

프랑클 심리학이 '삶의 의미와 의욕'을 주는 심리학이란 이와 같은 것을 말한다. 즉, 복잡다기한 무한경쟁의 현대 사회와 능률 지상주의적인 관리사회라는 닫힌 체제 속에서 소외되고 지친 사람에게 희망을 주고 삶의 의욕과 에너지를 충전시켜 주는 심리학이다.

대저 인간은 '어떻게 살아야 할 것인가?' 라고 하는 실존의 물음과 윤리의 물음이란, 이를 자력으로 추궁하게 되면 반드시 좌절할 수밖에 없는 운명에 처하게 될 물음이다. 이 물음은 인간의 힘으로 답하기에는 한계가 있는 물음이기 때문이다. 때문에 이 물음에 대한 추궁은 논리적으로는 초월의 차원, 자기초월의 차원으로 돌아가지 않을 수 없게 된다는 것을 알게 된다.

키르케고르Sören Aabye Kierkegaard도 '어떻게 살 것인가?'라는 윤리 단계에 있어서 실존적 물음에 대한 답을 인간의 힘으로 찾기란 불가능하기 때문에, 결국 종교의 단계로 나아가지 않으면 안 된다고 생각하였다.

이와 같은 관점에서 볼 때, 프랑클 심리학만이 아니라 실존심리학, 인간학적 심리학도 '어떻게 살 것인가?'라는 물음을 끝까지 추구하고자 한다면 반드시 트랜스퍼스널 심리학의 이론적 접근에서 그 답을 찾지 않을 수 없다.

7. 현존재 분석과 실존 분석

학문의 이론을 설명하고 이해하는 데 개념을 정확히 이해하는 것은 매우 중요하다. 만약에 한 개념에 대해서 통일된 뜻으로 이해하지 않고 서로 다르게 이해한다면 소통도 안 되려니와 학문의 발전도 저해하는 요인이며, 이는 불행한 일이다.

이와 같은 관점에서 프랑클 심리학의 '실존 분석Existenzanalyze'과 빈스방거Ludwig Binswanger와 보스Medard Boss에 의해서 재창된 '현존재 분석Daseinanalyze'이 다른 점에 대해서 설명해 두고자 한다.

양자는 설명할 필요가 없을 정도로 전혀 다른 개념이지만 자주 혼동되기 쉽다. 이미 앞에서(제5장 1. 로고테라피와 실존 분석) 설명한 바와 같이, 미국의 경우 1960년대에 들어서서 프랑클의 '실존 분석'과 빈스방거와 보스의 '현존재 분석'을 구별하지 않고 모두 'existential analysis'로 영역해 버림으로써 양자가 혼동되기 시작했다.

프랑클은 이 오해를 막기 위하여 실존 분석이라는 명칭을 버리고 될 수 있는 한 '로고테라피'라는 용어를 사용하도록 하였다. 그리하여 영문으로 쓸 경우에는 빈스방거, 보스의 현존재 분석을 'existential analysis'로 번역하지 않고 'ontoanalysis'로 번역하는 경우도 생겼다.

그렇다면 이 두 개념은 어떤 점에서 다를까? 양자는 접근하는 '대상' '목적' '방법' '인간관'에 있어서 다르다는 것을 말하고자 한다.

대상

프랑클의 실존 분석이 다루는 대상은 '실존적 공허'라고 하는 삶의 의미와 목적을 상실한 공허감을 안고 있는 일반인들이며, 신경증자다.

이와는 달리 '현존재 분석'이 다루는 대상은 중증의 정신질환자, 정신분열병이나 울병의 환자들이다.

목적

프랑클의 실존 분석에서는 실존적인 공허감을 안고 있는 사람에게 생각을 바꾸게 하고 '사는 방식'을 전환시키고자 한다. '자기를 위해서' '자신의 행복'을 위해 살아가는 데에 실패하여, 어딘지 모르게 '허전함과 충족되지 못함'을 느낄 수밖에 없는 사는 방식에서 자기가 누군가(무엇)를 위해서 어떤 일을 할 수 있는가를 자각한 '보다 본래적인 인간의 삶'으로 전환시키는 것을 목적으로 한다.

이와는 달리 현존재 분석에서는 어디까지나 정신병자의 현존재의 내면적 변화의 기술記述과 이해를 목적으로 한다. 예컨대, 프로이트의 정신분석은 인간의 심리적 세계를 '초자아-자아-에스'라는 구조로 보고 밖에서 이를 이해하려고 하지만, 현존재 분석에서는 환자의 세계를 그것이 환자에게 보여 주고 있는 의미 그대로를 내면으로부터 이해하려고 한다. 현존재 분석은 철저히 환자를 현실 상황과의 관련 속에서 이해하려고 하는 것이 그 특징이다.

방법

프랑클의 실존 분석에서는 '실존적 공허감'을 안고 있는 사람이나 신경증자에 대하여 적극적이며 능동적으로 대한다. 프로이트의 정신분석에서 환자는 침상couch에 눕힌 뒤 분석가는 머리맡에 앉아서 환자의 자유연상free association을 촉진하여 잡다한 관념·느낌이 의식에 잘 들어오게 하는 무의식의 의식화법을 사용한 데 대해서, '로고테라피'의 경우는, 환자와 테라피스트는 공동 존재coexistence의 관점에서, 즉 '나와 너Ich und Du'의 '인간적인 만남

humanistic encounter'에서 대화를 나눔으로써 의미 실현을 도와주며, 환자의 운명에 대한 태도의 변화와 운명에 대한 의미 부여를 촉진하는 데 있다. 예컨대, 리프레이밍reframing 기법도 그중의 하나다. 따라서 다른 심리치료 기법에 비해서 상당히 능동성이 강한 접근법이라고 볼 수 있다.

한편, 현존재 분석은 현상학적인 기술을 지향한다. 때문에 수동적이며 정적靜的인 접근법을 사용한다. 그것은 현존재 분석이 '현상학적 세계phenomenological world'를 중시하기 때문이다. 현상학적 세계란, 이성적인 반성을 통하지 않고 개인이 인지하고 체험하는 있는 그대로, 본 그대로의 세계를 의미한다. 때문에 동일한 현실 세계도 개개인의 성격 · 기질 · 능력 · 경험 등의 특성 차이에 따라서 전혀 다른 세계로 체험하게 된다.

인간관

프랑클의 인간관이 환자의 신체차원 · 심리차원 · 정신차원의 각 차원의 차이를 강조한 데 반하여 빈스방거, 보스는 '전체로서의 통합'을 강조하며, 환자를 고유한 세계 내 존재being in the world로서 이해하며, 환자를 현상학적 세계를 통해서 이해한다.

지금까지의 설명을 그림으로 요약 · 정리해 본다면 [그림 3]과 같다. 이와 같이 볼 때 양자는 전혀 다른 접근을 하고 있다는 것을 일목요연하게 알 수 있을 것이다. 여기에다 프랑클은 또 다음과 같이 보충하고 있다.

	실존 분석	현존재 분석
제창자	프랑클	빈스방거, 보스
대상	허무감을 안고 있는 일반인, 신경증자	정신병자
목적	사는 방식의 전환	정신병의 이해
방법	실존적 대화를 통해 적극적·능동적으로 대한다.	정적이며 중립적으로 현상학적 기술을 사용한다.
인간관	신체·심리·정신의 각 차원의 차이를 강조	하나로 통일된 인간의 전체성을 강조
이론적 기반이 되고 있는 철학자	막스 쉘러	마르틴 하이데거

[그림 3] 실존 분석과 현존재 분석의 차이

> 정신의학에 대한 빈스방거의 공헌으로 집약할 수 있는 것은 정신병에 대한 보다 나은 이해, 좀 더 정확히 말해서 '정신병적 세계 내 존재psychotic being-in-the-world'에 대한, 특수하고 독특한 양상에 대한 보다 나은 이해다. 현존재 분석과는 반대로 로고테라피는 정신병을 이해하는 데 있지 않으며, 신경증의 단기치료를 목적으로 한다.[12)]

그렇지만 현존재 분석에 대한 프랑클의 태도에는 연대에 따라서 약간의 변화를 발견할 수 있다. 그가 1956년에 저술한 심리치

12) V. Frankl, *The Will to Meaning*, Paperback edition, New York: New American Library, 1981, pp. 9-10.

료 이론의 역저인 『신경증의 이론과 치료*Theorie und Therapie der Neurosen*』에서는 현존재 분석의 '정적靜的'인 점에 대해서 다음과 같은 비판적 태도를 보이고 있다.

> 정신병의 이해를 위하여 현존재 분석은 하이데거의 '세계 내 존재 being in the world'의 일체성一體性을 고려하지 않으면 안 되지만 실존 분석은 이 일체성 안에 있는 '다양성'을 환기시키고 인격에 호소하기 위해 이 일체성을 차원적으로 나누어, 실존과 사실성, 인격과 유기체, 정신성과 심신성이라는 다양성으로 나누지 않으면 안 된다. 만약에 실존 분석이 현존재 분석과 동일하게 정신적인 인격을 생리, 심리, 정신적으로 중립적인 현존재로 해소시켜 버린다면 인격에 대한 호소는 누구를 향해서 해야 할 것인가? 이 점이 불분명해질 것이다.

이런 의미에서 현존재 분석의 인간학은 정적이기 때문에 역동적인 심리치료법인 정신분석에 대립하며, 또한 정신적인 것에 호소하는 심리치료법인 로고테라피에도 대립되고 있다.

하지만 그 후 프랑클의 현존재 분석에 대한 태도는 확실히 부드러워진 면을 보여 준다. 그렇다는 것은 1967년에 저술한 『심리치료와 실존주의*Psychotherapy and Existentialism*』에서 "현존재 분석과 실존 분석은 상반의 관계가 아니라 상보하는 관계다."[13]라고 표현한

13) V. Frankl, *Psychotherapy and Existentialism: Selected Papers on Logotherapy,* Pocket Books, New York: Simon and Schuster, 1985, p. 133.

것을 발견할 수 있다. 뿐만 아니라, 빈스방거의 최대 공헌의 하나는 프로이트식의 환원주의적인 관점, 요컨대 유아기의 결정적인 영향에 의해서 인간이 달라진다고 하는 인과론(결정론)의 관점에 반대하고, 인간의 '주체성subjektität'을 회복시킨 점이라고 말하고 있다.

이 밖에도 프랑클 심리학이 미국에 완전히 뿌리를 내린 1969년에 저술한 『의미를 추구하는 의지*The Will to Meaning*』에서는 다음과 같은 흥미 있는 지적을 발견할 수 있다.

> 어느 날 루드비히 빈스방거는 나와의 개인적 대화에서 현존재 분석에 비해서 로고테라피는 보다 능동적이며, 여기에 첨가해서 로고테라피는 현존재 분석에 대하여 '치료적 보완therapeutic supplement'의 역할을 할 수 있다는 것을 내게 말했다.[14)]

이상과 같은 몇 가지 지적으로 미루어 볼 때, 프랑클의 현존재 분석에 대한 비판은 초기에 비해서 상당히 완화된 면모를 보여 주고 있을 뿐만 아니라 인간적인 신뢰감을 느끼게 하는 언어를 구사하고 있다.

---

14) ________, *The Will to Meaning: Foundations and Applications of Logotherapy* (1969), Paperback edition, New York, New American Library, 1981, p. 9.

8. 긍정적 시간론

프랑클의 사상과 그 실천에서 '시간' 이라는 관점은 그의 이론전개에 있어서 불가결한 개념이다.

이미 제3장의 '3. 노년과 프랑클 심리학' 과 제5장의 '2. 로고테라피의 적용 영역' 에서도 '긍정적 시간' 에 대해서 언급한 바가 있지만 여기서는 인간 존재의 본질을 '시간성' 의 관점에서 논술한 프랑클의 다섯 번째 저서인 『시간과 책임*Zeit und Verantwortung*』(1947)에서 발표한 그의 시간론에 대해서 리뷰해 보고자 한다.

프랑클은 『시간과 책임』의 시간론에서 '현존재의 덧없음' 이라는 장에서 다음과 같이 말한다.

> 미래는 '아직' 존재하지 않는다. 과거도 또한 '이미' 존재하지 않는다. 진실로 존재하는 것은 오직 현재뿐이다.
>
> 혹은 이렇게 말해도 좋을 것이다. 미래는 무Nichts이며, 과거도 또한 무다. 요컨대, 인간은 무로부터 와서 무를 향해 가는 존재ein Wesen, das aus dem Nichts kommt und ins Nichts geht다. 무로부터 와서, 생존에 던져져, 무에 위협받고 있는 존재다. 인간의 숭고한 본질은 바로 이 '~로부터 ~에로' 라고 하는 점에, 즉 '무로부터 무로' 라고 하는 점에 있다.

인간 존재의 본질은 과연 무로부터 와서 무를 향해 가는 존재인가? 그렇다면 인간은 인생의 의미를 발견할 수 있을 것인가? 이와 같은 회의는 흔히 있을 수 있는 물음이며, 이는 실존철학의 상투적 접근 수단이다.

프랑클 시간론의 특성을 보여 주는 것은 여기서부터다. 실존주의 사상의 영향을 받은 많은 심리학자가 오로지 '현재'를 강조하는 것과는 달리 프랑클은 '과거'를 중시한 것이다.

프랑클은 자신의 시간론을 '모래시계hourglass'에 비유하여 설명하였다. 모래시계의 윗부분에 아직 남아 있는 모래는 미래를, 아랫 부분에 떨어져 모인 모래는 과거를, 그리고 한가운데 우묵한 곳을 지나서 지금 떨어지고 있는 모래는 현재를 의미한다고 보았다. 이 경우에 실존주의는 상하의 모래(과거와 미래)를 '무'로 보고 한가운데 우묵한 부분을 지나서 지금 떨어지고 있는 모래(현재)만을 강조한다고 비판하였다.

이 점에 대해서 프랑클은 미래는 분명히 무Nichts이지만 과거Vergangenheit는 본래 현실성을 갖는다고 말한다. 모래시계라면 뒤집게 되면 다시 원 상태로 돌릴 수가 있지만 진짜 시간은 모래시계와는 달리 뒤집을 수가 없다. 시간은 '불가역적irreversible'이다. 이 말은 미래는 자유롭게 사용할 수 있지만 과거는 현재를 통과하자마자 과거가 되어 수정할 수도 없고 고정되어 버리기 때문이다.

프랑클은 또 실존 분석의 관점에서 인생이 덧없다고 한 생각을 비판하며 다음과 같이 주장한다.

본래 덧없다는 것은 인생의 의미와 가치실현의 가능성의 기회와 관련되어 있을 뿐이다. 때문에 우리가 이 가능성을 실현함과 동시에 그 가능성은 덧없는 것이 아니라 의미 있는 것이 되며, 그것은 이미 가능성을 실현시켰다는 점에서 '지나가서 존재하다*sind* vergangen'의 의미를 갖는다. 이는 바로 지나간 과거인 동시에 '존재하고 있다sind'의 의미다. 이 말은 실현된 과거는 없어지지 않고 그대로 보존되고, 또한 가능성이 한 번이라도 현실화되면 이는 영원히 그대로 남게 될 뿐만 아니라 과거의 한 부분으로서 현재도 남아 있다는 것을 말해 준다.

프랑클은 하이데거Martin Heidegger가 빈을 방문했을 때 자기 집을 찾아와 '과거'라는 시간성에 대한 자기 생각에 찬동하여 자필로 써 준 다음과 같은 말을 인용하였다.[15)]

Das Vergangene geht;
Das Gewesene kommt.

이를 프랑클은 다음과 같이 영역하였다.

What has passed, has gone
(그저 지나쳐 간 것뿐인 과거는 이미 지나가 버렸다.)

15) V. Frankl, *The Unheard Cry for Meaning: Psychotherapy and Humanism*, New York: Simon and Schuster, 1985, p. 105.

What is past, will come.

(참고 꿋꿋하게 살아 낸 과거는 찾아온다.)

이상은 실존주의가 주장하는 현재에 대한 '비관주의'와 반대되는 과거에 대한 낙관주의라는 긍정적 시간론을 말해 주고 있다.

이 점을 로고테라피의 존재론, 특히 시간의 존재론의 관점에서 구체적인 그 적용에 대해서 생각해 보자.

결혼 후 겨우 1년만에 남편을 잃은 한 여성의 경우를 생각해 보자. 그녀는 남편의 죽음에 절망하고 자기 인생에서 아무런 삶의 의미를 찾지 못한 것이다. 이런 사람의 경우, 1년간의 결혼생활에서 있었던 행복감은 그 누구도 빼앗아 갈 수가 없다는 것을 깨닫는 것이 매우 중요하다. 말하자면 결혼생활의 행복감을 과거라는 저장고에 넣어서 보존할 필요가 있다. 이 보물은 무엇과도 바꿀 수도 없고, 어떤 사람도 빼앗아 갈 수 없다는 자신의 과거에 대한 긍정적인 태도가 필요하다. 설혹 자식이 없는 경우라도 행복했던 사랑의 경험이 과거라는 저장고 속에 들어가 영원히 남아 있다면 그녀의 인생은 결코 무의미한 것이 될 수는 없다는 것이다.

프랑클은 가치실현이 끝난 과거는 끝났다 할지라도 그 가치는 계속된다고 본 것이다. 이런 점에서 그는 '영원eternity'이란 현재 · 과거 · 미래를 포함한 '동시 진행의 세계simultaneous world'를 의미한다고 보았다. 바꿔 말한다면, 부정되고 있는 것은 과거의 현실이나 미래의 현실도 아니며, 시간이라는 현실이라는 것이다.

프랑클의 과거에 대한 이와 같은 시각은 사람이 시시각각을 어떻게 살았으며 시시각각으로부터 받은 '인생의 물음'에 어떻게 답했는가는 영원히 그대로 남게 된다는 '과거에 대한 낙관주의 optimism of the past'의 사상을 보여 주고 있다.

이와 같은 프랑클의 긍정적인 시간성 가운데는 다음과 같은 의미의 가르침을 주고 있다. 끝나 버린 것은 결정적으로 endgültig, 끝나 버린 것이며, 때문에 이 끝남은 결과적으로 가치가 있는 end-*gültig*, 이미 끝나 버림으로 남기 때문에 이 가치는 계속되며 그대로 남아 있게 된다.

현재만을 강조하는 실존주의적 찰나주의나 인간을 폄하하는 환원주의적이며 허무주의적인 태도와 어쩔 수가 없어서 살아가는 숙명론적인 태도가 아니라, 자기 몸은 죽어서 흙으로 돌아간다 하더라도 자기가 살아온 인생 그 자체와 시간 그 자체는 영원한 기록으로 남는다는 시간의식과 책임의식을 가지고 살아가는 사람은 자신의 어떤 운명에 대해서도 당당하며, '아모르 파티*amor fati*', 자신의 어떤 운명조차도 사랑할 줄 아는 사람이 될 것이다.

과거the past · 현재the present · 미래the future는 인간의 의식이 만들어 놓은 환상에 지나지 않으며, 모든 것은 동시에 진행하며 존재한다.

| 찾아보기 |

‖ 인명 ‖

‖ 내용 ‖

| 저자 소개 |

• **정인석**鄭寅錫

1929년 10월 16일(음) 전남 강진 병영(兵營)에서 출생하였으며, 서울대학교에서 문학사(교육학 전공), 교육학 석사학위(교육심리학 전공)를, 한양대학교에서 교육학 박사학위를 받았다. 조선대학교, 고려대학교, 숙명여자대학교, 한양대학교 외래교수, 명지대학교에서 교수 및 사회교육대학원장을 역임하였고, 현재 한국 트랜스퍼스널 학회 고문으로 있다.
저서 · 역서로는 다음과 같은 것이 있다.

[저서]

- 교육심리학(재동문화사, 1965)
- 청년심리학(재동문화사, 1966)
- 교육원리(형설출판사, 1967)
- 생활지도(공저, 재동문화사, 1970)
- 현대교육원리(재동출판사, 1973)
- 교육원리(공저, 삼광출판사, 1975)
- 현대교육심리학(재동문화사, 1976)
- 심리학요론(재동문화사, 1977)
- Durkheim의 도덕교육론(재동문화사, 1982)
- 청년발달심리학(재동문화사, 1982)
- 교육심리학(개정판, 재동문화사, 1984)
- 교육학개론(재동문화사, 1985)
- 신교육학개론(교육출판사, 1986)
- 교과교육론(교육출판사, 1987)
- 현대심리학개론(교육출판사, 1987)
- 신청년심리학(대왕사, 1988)
- 신교육심리학(개정판, 대왕사, 1989)
- 상담심리학의 기초이론(대왕사, 1991)

- 인간존중을 위한 교육의 탐구(교육출판사, 1996)
- 트랜스퍼스널 심리학: 동서의 지혜와 자기초월의 의식(대왕사, 1998)
- 자기를 이기는 자는 자유롭다: 구제프의 사상과 가르침(학지사, 2001)
- 트랜스퍼스널 심리학(제2판, 대왕사, 2003)
- 삶의 의미를 찾는 역경의 심리학(나노미디어, 2003)
- 인간중심 자연관의 극복(나노미디어, 2005)
- 상담심리학의 기초(대왕사, 2006)
- 삶의 의미를 찾는 역경의 심리학(제2판, 나노미디어, 2008)
- 의식과 무의식의 대화(대왕사, 2008)
- 트랜스퍼스널 심리학(제3판, 대왕사, 2009)
- 용기있는 사람으로 키우는 심리학의 지혜(대왕사, 2011)

[역서]

Robert F, DeHaan, *Accelerated Learning Programs*, 1963. (촉진학습을 위한 교육. 서울: 재동문화사, 1968)

William R. Niblett (ed.). *Moral Education in a Changing Society*, 1963. (변천하는 사회의 도덕교육. 서울: 교육출판사, 1985)

Anna Freud, *Einfürung in die Psychoanalyse für Pädagogen*, Translated by Barbara Low, *Psycho-Analysis for Teachers and Parents*, Gergo Allen & Unwin, 1963. (안나 프로이트가 풀어 주는 아이들의 심리. 서울: 열린책들, 1999)

Warwick Rox, *Toward a Transpersonal Ecology: Developing New Foundations for Environment*, Boston, Mass.: Shambhala, 1995. (트랜스퍼스널 생태학: 인간중심 환경주의를 넘어서. 서울: 대운출판사, 2002)

Arnold Mindell, *Working on yourself Alone*, Oregon: Lao Tse Press, 2002. (명상과 심리치료의 만남. 서울: 학지사, 2011)

Stanislav Grof (ed.). *Ancient Wisdom and Modern Science*, Albany, N.Y.: State University of New York Press, 1984. (고대의 지혜와 현대과학의 융합. 서울: 학지사, 2012)

의미 없는 인생은 없다–빅토르 프랑클의 의미심리학

2013년 2월 20일 1판 1쇄 인쇄
2013년 2월 25일 1판 1쇄 발행

지은이 • 정인석
펴낸이 • 김진환
펴낸곳 • (주) 학지사
121-837 서울특별시 마포구 서교동 352-29 마인드월드빌딩 5층
대표전화 • 02)330-5114 팩스 • 02)324-2345
등록번호 • 제313-2006-000265호

홈페이지 • http://www.hakjisa.co.kr
커뮤니티 • http://cafe.naver.com/hakjisa

ISBN 978-89-6330-980-4 03180

정가 14,000원

저자와의 협약으로 인지는 생략합니다.
파본은 구입처에서 교환해 드립니다.